아빠와 함께
과학 영재를 만드는
아두이노 교실 2/e

아빠와 함께

과학 영재를 만드는

아두이노 교실 2/e

최재철 · 마창수 지음

i!i
에이콘

최재철(cjc07@naver.com)

아두이노를 사랑하는 개발자로서 수년간 금융권에서 서비스 및 애플리케이션 개발을 담당했다. 현재는 SK에서 IoT와 인공지능 관련 업무를 하고 있으며, IoT 사내 강사를 겸하고 있다. 관심사는 아두이노 플랫폼, 오픈소스 하드웨어 프로젝트와 3D 프린팅이다. 아두이노와 3D 프린터로 무언가를 만드는 시간 이외에는 사진을 찍으며 자연을 즐긴다.

마창수(charlesma73@gmail.com)

IMF 시절 대학을 졸업하고 취직을 위해 6개월간의 소프트웨어 엔지니어링 과정을 수료하고 개발자의 길로 들어섰다. 약 15년간 C, C++, MFC, 안드로이드, 자바 애플리케이션 서버, 리치 웹 UI 등 다양한 언어를 이용해 개발을 수행했다. 개발에 참여한 프로젝트는 그룹웨어, 증권 HTS, 위치기반 시스템(Location base System) 소프트웨어, 지능형 교통 시스템(Intelligent Transport System), 에너지 관리 시스템(Energy Management System), 원격 검침 시스템(Auto Meter Reading) 등이다. 이전에는 전문 영역에서 깊이를 더해가기 위해 노력했으며 현재 창의성을 발휘할 수 있는 다양한 응용 영역에 노력을 기울이려고 한다. 미래에는 빅데이터, 클라우드, IoT, 블록체인과 같은 새로운 기술이 산업의 변화를 이끌며 4차산업 시대로 이끌어 나갈 것이다. 이제 IT는 컴퓨터 전공자들의 전유물이 아니라 모든 산업 영역에서 필수적으로 가져야 하는 역량이 될 것이다. 이러한 변화에 맞춰 비전공자나 미래를 준비하는 학생을 위해 소프트웨어 교육에 도움 되고자 한다.
『왓슨을 이용한 인공지능 서비스 입문』(책만, 2017)의 공동 역자로 참여했다.

🤖 지은이의 말 ————•

우리는 지금 사물인터넷(IoT), 빅데이터, 클라우드, 딥러닝(Deep Learning), 모바일, 블록체인 등 엄청난 기술의 홍수 속에 살고 있습니다. 웹 2.0의 데이터 홍수에 이어 웹 3.0에서는 정보의 의미와 품질이 중요해지고 개인화되어 가는 새로운 흐름을 맞이하고 있습니다. 이런 데이터 기반이 기술을 DT(Data Technology)라고 부릅니다. 이런 기술들은 어느날 갑자기 생겨난 것이 아닙니다. 한때 어디서든 컴퓨터를 사용할 수 있다는 유비쿼터스라는 말이 유행하던 시대가 있었습니다. 이에 더 나아가 모든 전자기기나 사물 간에 연결되는 M2M(Machine to Machine)으로, 그 모든 연결을 인터넷을 기반으로 정보를 수집하고제어하는 IoT(Internet of Things)로, 요즘에는 연결 대상에 대한 제안을 한정 짓지 않는 초연결시대를 일컫는 IoE(Internet of Everything)로 그 범위를 확대해가고 있습니다.

IoT의 성장은 단지 기기 간 연결하기 위한 통신 기술에만 있지 않습니다. 수집된 방대한 데이터를 저장하기 위해 공유 인프라 형태의 클라우드 서비스 환경이 필요했고, 대량의 데이터를 분석하기 효율적으로 다루며 깊이 있는 분석을 하기 위해 빅데이터 기술도발전했습니다. 이제 머지않아 실현될 1,000배 빠른 네트워크 5G가 도래하면 IoT로 생산되는 데이터의 시공간적 한계는 없어질 것입니다.

이런 모든 기술은 서로 순환하는 형태로 발전되고 있습니다. 가상화 기술이 분산 컴퓨팅 기술로 구현되며 클라우드 기술이 발달했고, 이렇듯 저렴하고 신축성 있는 인프라 기술은 그동안 침체되어 있던 인공지능 및 머신 러닝을 발전시켜 딥러닝이나 왓슨과 같은인지컴퓨팅이 가능하게 만들었습니다. 성능이 표준화된 x86 서버의 확대와 성숙도 높은다양한 리눅스 운영 체제가 발달해 유닉스 서버를 대체하고 있고, 이런 서버 장비의 범용화(commodity)는 대량의 장비를 운용하는 서비스 사업자에게는 기존의 스토리지 제품, 네트워크 장비들을 대체하고 싶은 욕망을 이끌어내서 소프트웨어 기반으로 장비를 제작하는 SDx(Software Defined Anything)으로 확대되어 기존 상용제품으로부터의 독립을 시도하고 있습니다.

최근에 화두 되는 이러한 기술들은 몇 가지 특징을 가지고 있습니다. 첫 번째는 IT 기술이 활용되는 비중이 점점 커지고 산업의 경계가 허물어지고 있다는 것입니다. 기존 IT 의존도가 높았던 금융이나 가전, 반도체 등과 같은 영역 이외에도 전통적인 제조 영역인 자동차, 항공, 서비스 업종에서도 IT를 통한 변화의 폭이 커지고 있으며 법률이나 의학과 같은 전문가 중심의 영역에서도 인공지능을 통한 새로운 사례가 증가하고 있습니다. 두 번째는 기술과 산업 영역이 경계가 무너지고 기술이 다양한 방식으로 함께 활용되며 융합과 조화를 이루며 새로운 가치를 만들어 간다는 점입니다. 세 번째는 오픈소스에 기반을 두고 있다는 점입니다.

아두이노는 오픈 하드웨어라 불리는 제품군입니다. 아두이노는 IoT의 최말단을 구성하는 센서류이기도 하고, 다른 한편으로는 자동화된 로봇을 구성하는 핵심 엔진으로 동작하기도 합니다. 예전에도 마이크로프로세서를 이용해 간단한 로봇을 제작하는 사례는 많았습니다. 그러나 아두이노의 차별점은 오픈소스 플랫폼이라는 것입니다. 오픈소스는 공개의 힘으로 확대되고 성장하는 속도가 빠릅니다. 벌써 아두이노를 모방한 많은 유사 보드들이 출시돼 있습니다. 더 저렴하고 기능이 좀 더 추가된 제품들도 있습니다. 아두이노는 이러한 건전한 성장을 추구합니다. 바로 이것이 아두이노에 주목하는 이유입니다. 이미 외국에서는 소프트웨어 교육을 초등학교 공식 교과목으로 채택하고 있으며, 우리나라도 2018년 올해부터 소프트웨어 교육을 의무화했습니다. 올해 중학교 1학년으로 시작된 소프트웨어 의무교육 대상은 내년부터 초등학교 5, 6학년까지 확대됩니다. 이에 따라 컴퓨터 관련 기업, 대학, 지방자치단체 등이 주최하는 코딩 대회도 매년 늘어나는 추세입니다.

아두이노는 어린이들도 쉽게 소프트웨어와 하드웨어를 동시에 경험해볼 수 있는 도구입니다. 처음 아두이노를 접하고 나서 아두이노는 어른들이 재미있어 할만한 도구라는 생각과 더불어 어린 학생들에게도 참 좋은 학습 도구가 될 것 같다는 생각을 해봤습니다. 아이디어를 모은 저희는 소프트웨어 프로그램이나 공학 전문 지식이 없는 사람도 아두이노의 재미에 빠져볼 수 있게 도와주는 책을 함께 쓰게 되었습니다. 이 책을 쓰는 몇 개월 동안 단순히 글을 쓴다는 것 이상으로 아이디어를 모으고 실험하는 과정을 중요하게 생각하고, 가능하면 아두이노를 처음 접하시는 분들에게 도움이 될 수 있는 책이 되기를 바라며 노력했습니다.

십여 년 이상 소프트웨어 개발자로 살면서 많은 개발 프로젝트를 수행했고 다양한 개발 언어를 활용해본 경험에 비춰볼 때 아두이노에서 사용하는 프로그래밍은 난이도가 월등히 높은 것은 아니지만, 단순히 소프트웨어뿐만 아니라 직접 하드웨어 작품을 만들며 프로그래밍하는 데에서 각종 센서나 디스플레이 등 보이고 움직이는 장치들을 사용하는 또 다른 재미를 느낄 수 있었습니다. 여러분들도 쉽지만 단순하지 않은 아두이노의 가능성과 즐거움을 경험해 보시기를 기대해 봅니다.

최재철 · 마창수

🤖 감사의 글 ──•

2015년 첫 출간 이후 몇 달 동안 얼마나 많은 일이 있었는지 생각만 해도 가슴이 벅찹니다. "2016 세종도서 학술부문"에 선정되고, 수많은 독자의 사랑을 받아 문의도 많이 받았습니다. 책을 사랑해 주시고 응원해주신 많은 분들 덕분에 여기까지 온 것 같습니다. 처음 책을 쓸 때 최대한 쉽게 이해할 수 있도록 사례 위주로 쓰려고 노력했습니다. 이 점 때문에 과분하게도 많은 사랑을 받은 것 같습니다.

이번에는 특히 아두이노와 IoT에 관한 설명을 상세히 담았습니다. 많은 정보보다는 정말 필요한 정보만 담도록 노력했습니다. 코딩이 중요한 이 시대에 정말 필요한 것은 코딩의 한 줄, 한 줄이 중요한 게 아니라 왜 코딩을 배우는지가 중요합니다. 코딩은 상상력과 창의력을 바탕으로 하는 구현체입니다. 미래 사회는 아이들에게 무한한 상상력과 창의력을 요구하고 있습니다. 아두이노는 상상력과 창의력 발달에 도움을 줍니다. 이 책을 통해 아두이노에 푹 빠져서 여러 가지를 따라 하다 보면 나만의 멋진 작품을 만들 수 있을 것입니다.

끝으로 이 책이 세상에 나올 수 있게 애써주신 에이콘출판사와 밤새 책을 쓰는 나를 위해 간식을 챙겨주고 응원의 말을 아끼지 않았던 사랑하는 아내 연희와 아두이노로 작업을 할 때 같이 도와주고 아이디어를 준 사랑하는 유민, 유나에게 감사의 말을 전하고 싶습니다. 마지막으로 이 책이 출판되도록 축복하신 하나님께 감사드립니다.

최재철

이 책이 완성되는 몇 달 동안 없는 시간을 쪼개 실험과 글쓰기를 이어가는 데 도움 준 아내 희정이에게 고마운 마음을 전합니다. 부쩍 바빠져서 시간 만들기도 어렵고 달라진 업무에 스트레스로 민감한 나를 다독여주고 힘을 실어주어 드디어 마무리 단계까지 오게 됐습니다.

또한 사랑하는 딸 지희. 주말이면 아빠랑 놀고 싶었을 텐데 참아주어 참 고맙고 아빠가 너무 사랑한단다. 태어나는 순간부터 아빠를 딸 바보로 만드는 초능력을 발휘한 딸을 생각하며 언젠가는 우리 딸이 이 책을 보고 아빠랑 같이 재미있는 작품을 만들 날을 꿈꾸어 봅니다. 항상 '내가 해볼게'를 연발하며 모든 일에 적극적인 딸. 아빠는 요즘 말하는 돈 많이 버는 성공한 사람보다 신나고 재미있게 인생을 살아가는 창의적이고 꿈을 좇는 행복한 인생 여행자가 되었으면 한다.

늘 우리 가족을 위해 기도해주시는 부모님과 형님 가족, 손녀를 돌보시느라 힘드실 장모님과 항상 내 편을 들어주는 처제, 새로 사회생활을 시작한 처남에게 감사합니다. 또한 다 언급하지 못했지만 주변에서 나에게 영감을 불어 넣어주시는 많은 분께 감사의 마음을 전합니다. 잠깐 쉬었던 코딩을 다시 하면서 개발자로서 느꼈던 재미를 다시 느낄 수 있는 시간이었습니다. 나의 꿈을 좇는 여정도 다시 힘을 내보려고 합니다. 평생 꿈을 바라보고 묵묵히 새롭게 도전하던 시간이 헛되지 않도록, 인생을 돌아봤을 때 웃으며 한바탕 재미있는 꿈을 꿨다고 말할 수 있는 dreamer가 되었으면 합니다.

이 책이 처음 출간되고 3년의 시간이 흘렀고 IT에 종사한지도 근 20년에 가까워지고 있습니다. 내가 하고 있는 IT 영역이 점점 다양하고 방대하게 사용되며, 미래의 변화를 주도할 것이라는 가능성 있는 영역이라는 것에서 자부심을 느낍니다. 많은 사람들에게 내가 배운 경험과 지식을 전할 수 있는 기회가 점점 늘어날 것이라 생각합니다. 그동안 특정한 기술을 선택하고 깊이 알기 위해 노력했다면, 이제는 다양하고 창의성을 발휘할 수 있는 영역에 노력을 기울이려고 합니다.

몇 년 사이 학교에서도 코딩 교육을 기본 과정에 포함시키며 코딩 교육에 대한 분위기가 점점 뜨거워지고 있습니다. 내가 하고 있는 IT 영역이 점점 다양하고 방대하게 사용되며, 미래의 변화를 주도할 것이라는 가능성 있는 영역이라는 것에서 자부심을 느낍니다. 많은 사람들에게 내가 배운 경험과 지식을 전할 수 있는 기회가 점점 늘어날 것으로 생각합니다.

마창수

목차 ———•

전 세계는 지금 사물인터넷 시장에 주목하고 있습니다. 구글과 같은 인터넷 기업, 삼성과 같은 가전 기업, 아우디와 같은 자동차 및 제조업체 등 수많은 기업들이 사물인터넷 기술을 확보하기 위해 적극적으로 투자하고 있고, 국가 차원에서도 사물인터넷 시장의 지원을 확대하고 있습니다.

우리나라는 미래창조과학부 주도로 2020년까지 30조원 규모의 시장으로 키운다는 내용의 사물인터넷 기본 계획을 2014년 5월에 확정했으며, 2015년 초 지방 자치단체를 대상으로 126억 원이 투자되는 IoT 실증단지 선정 작업에 착수했습니다.

사물인터넷 시장을 노리는 스타트업도 크게 증가하고 있습니다. 사물인터넷 기반 가정용 온도 조절기 회사인 네스트랩스의 경우 2014년 1월 구글에 3조 5천억 원에 인수되기도 했습니다. 네스트랩스가 성공할 수 있었던 이유는 기존 온도 조절기에 사물인터넷 기술을 적용하고 창의적인 디자인과 사용자의 생활 패턴에 맞추어 스스로 학습한다는 기발한 아이디어로 상품을 발전시킨 데 있습니다. 또한 최근 킥스타터나 인디고고 등 크라우드 펀딩 사이트에서는 아두이노를 활용한 아이디어 기반의 시제품으로 수십만 불의 투자를 유치하는 사례가 늘고 있습니다.

IoT 분야에서는 독창적이고 창의적인 아이디어에 기반한 빠른 제품화가 성공의 관건입니다. 이런 면에서 아두이노는 아이디어를 빠르게 제품화할 수 있는 최고의 도구입니다. 이 책은 공학적 지식과 프로그래밍 경험이 없는 사람도 아두이노를 통해 빠르게 구현하고 실험해볼 수 있도록 도와주는 것이 목표입니다.

이 책의 특징

초보자도 주변에서 쉽게 구할 수 있는 물건을 이용해서 상용 수준의 작품을 만들 수 있도록 상세한 설명과 사진을 담았습니다. 독자들이 배운 기술을 적용해 스스로 일상 생활에서 사용할 수 있는 새로운 DIY 제품을 응용해 제작할 수 있도록 도와주는 데 목적이 있습니다. 특히 3부, '응용 작품 제작'에서는 우리 주변의 물건을 활용해 제작할 수 있는 여러 가지 아이디어가 담긴 예제 작품들을 자세한 설명과 함께 직접 만들어보고 알아봅니다. 평소에 그냥 지나치던 물건들에 생명을 불어넣고 새로운 가치를 만들어 내는 일은 주변을 잘 살피고 다르게 생각해보는 발상의 전환에서 시작합니다. 여러분도 에디슨을 뛰어넘는 창의적인 발명가나 과학자가 될 수 있을 것입니다.

왜 꼭 아두이노인가?

사물인터넷을 구현하는 방법에는 아두이노Arduino와 라즈베리파이Raspberry Pi가 있는데, 이 두 제품의 차이점은 명확합니다. 두 제품이 추구하는 방향 또한 다릅니다.

아두이노는 저렴한 컴퓨터가 아니고 직접 자신만의 하드웨어 기기를 만들어주는 도구로서 센서 연동, 자동 제어, 웨어러블, 3D 프린터, 드론 같은 기기나 전자제품을 만드는 데 특화되어 있습니다.

라즈베리파이는 기본으로 리눅스 OS를 이용해서 동작하는 컴퓨터입니다. 일단 컴퓨터처럼 모니터와 연결하고 인터넷 랜선과 연결해서 웹 서핑도 할 수 있습니다. 여기서 추가로 기계 제어가 가능하도록 설계되어 있다고 생각하면 됩니다. 그렇지만, 일반 PC와 마찬가지로 OS를 설치하는 과정이 필요하고, 기본적으로 사용되는 OS인 리눅스에 대한 기본 지식이 없다면 사용하기가 어렵습니다.

반면에 아두이노는 설치해야 하는 별도의 OS가 없이 간단한 아두이노 통합 개발 도구를 이용해서 바로 개발할 수 있습니다. 또한 아두이노는 사용법이 매우 간단합니다. 아두이노 보드를 PC와 연결하고 PC에 아두이노의 통합 개발 환경(IDE)을 인터넷(http://arduino.cc)으로 다운로드해서 설치하면 모든 준비는 끝입니다.

통합 개발 환경에서 C 언어로 프로그램을 짠 뒤 아두이노 보드에 업로드만 하면 바로 실행됩니다. 준비만 되었다면, 몇 줄 안 되는 간단한 C 언어 문장만으로 아두이노 보드에 연결된 LED는 깜박깜박 불을 밝힐 수 있습니다. 전 과정이 10분 이내로 끝난다는 사실이 놀랍지 않습니까?

이 책의 대상 독자

- 과학 영재를 꿈꾸는 초·중·고등학생
- 과학 실습을 학생에게 가르치려고 하는 교사 및 부모님
- IT 업계로 전향하려고 하는 비전공자
- 졸업 작품을 제작하려는 공학계열 대학생 및 고등학생
- IoT 관련 시제품을 제작하려는 기업과 스타트업을 준비하는 직장인

이 책의 구성

1부, 'IoT와 아두이노'에서는 IoT 기술의 의의와 개요를 소개하고, IoT와 아두이노의 연관성을 배울 수 있으며 아두이노의 기본 기능과 프로그래밍하는 기초 방법을 이해할 수 있습니다.

2부, '아두이노와 대화하기'에서는 아두이노에서 가장 많이 활용되는 대표적인 센서, 디스플레이, 모터 등 기본 기능을 다루며, 아두이노를 통해 소리와 모터 제어를 할 수 있는 방법에 대해 자세히 다룹니다.

3부, '응용 작품 제작'에서는 1부와 2부에서 배운 내용을 바탕으로 우리 주변에서 활용될 수 있는 다양한 응용 작품을 만들어 보면서 내가 가진 아이디어를 어떻게 현실화하는지 배웁니다.

실습을 위한 사전 준비사항

아두이노 우노 구매

아두이노를 별도로 구매하실 경우에는 부록 A에서 소개하는 아두이노 전문 쇼핑몰이나 일반적인 인터넷 쇼핑몰을 통해 구입할 수 있습니다. 구매할 때는 가장 많이 사용되는 '아두이노 우노UNO' 모델을 구입하는 것이 좋습니다. 초보자 교육용 키트를 구매하면 다양한 부속품과 아두이노 우노 보드가 포함되어 있습니다.

1부와 2부를 위한 초보자 교육용 키트 구매

1부와 2부는 초보자를 위한 교육용 아두이노 키트를 구입하면 됩니다. 판매처는 부록 A에서 소개하는 아두이노 전문 쇼핑몰을 참고하기 바랍니다.

메카솔루션

- 제품명: 입문자를 위한 아두이노 우노 종결 키트[KIT-2014] (옵션 없이 기본 상품 구매)
- 홈페이지: http://www.mechasolution.com/shop/goods/goods_view.php?goodsno=1374

아트로봇

- 제품명: 아두이노 기초실습킷 F형 Beginner Kit for Arduino v3.0 [FT0100DFR]
- 홈페이지: http://www.artrobot.co.kr/front/php/product.php?product_no=1080

디바이스마트

- 제품명: 아두이노 고급키트 [SZH-EK013]
- 홈페이지: http://www.devicemart.co.kr/1264627

3부를 위해 필요한 각종 센서 및 모듈 구매

3부에서는 초보자 교육용 키트에 포함되지 않은 장치들을 사용합니다. 이 장치들은 개별적으로 구매하기 바랍니다. 판매처는 부록 A에서 소개하는 아두이노 전문 쇼핑몰을 참고하기 바랍니다.

노트북 혹은 PC

아두이노 통합 개발 도구를 설치하고 USB를 통해 컴파일된 소스 코드를 아두이노에 업로드하기 위해 필요합니다. 최소 사양으로 윈도우 XP 이상, 맥 OS 10.7 Lion 이상, 리눅스 32비트 혹은 64비트 환경이 구축되어 있는 노트북이나 PC라면 누구나 사용 가능합니다.

예제 코드 다운로드 및 실습 관련 사항

- 저자진이 직접 운영하는 아두캠프 카페(http://cafe.naver.com/arducamp)에서는 이 책에서 사용된 예제 코드 및 예제에 대한 설명이나 추가적으로 활용해볼 수 있는 다양한 예제를 제공할 예정입니다. 소스 코드가 수정될 경우 해당 카페에 공지하겠습니다. 또한 깃허브 사이트(https://github.com/Charlesma/arducamp)에 서도 내려받을 수 있습니다.
- 몇몇 프로그램을 제외한 대부분의 예제 코드는 직접 작성했습니다. 또한 모든 예제들은 아두이노 개발 환경 v.1.8.5 버전에서 테스트됐습니다. 버전이 다를 경우 컴파일 혹은 동작에 문제가 발생할 수 있으니 가급적 버전을 맞추는 것이 좋습니다.
- 예제들을 실습하려면 다양한 라이브러리를 다운로드해야 합니다. 책에 표기된 URL을 잘 참고하여 다운로드하면 됩니다.
- 책에서 소스 코드 내에 설명을 위해 추가된 한글 주석은 아두이노 개발 환경에 서 인코딩 문제를 발생시킬 수 있으므로 실제 소스 코드에서는 영문만을 사용해 야 합니다.

독자 의견과 정오표

이 책에 대한 문의 사항이 있을 경우 아두캠프 카페(http://cafe.naver.com/arducamp)에 방문하거나 에이콘출판사 편집 팀(editor@acornpub.co.kr)으로 문의하시기 바랍니다.

정오표는 에이콘출판사 도서 정보 페이지 htt://www.acornpub.co.kr/book/arduino에서 찾아볼 수 있습니다.

1부 IoT와 아두이노

1부에서는 IoT에 대해 알아보고, IoT와 아두이노의 연관성을 살펴봅니다. 아두이노의 기본 기능과 프로그래밍하는 기초 방법을 이해할 수 있습니다.

IoT와 아두이노

우리 주변에서 볼 수 있는 스마트 워치, 스마트 냉장고 등은 모두 IoT(Internet Of Things)라 불리는 사물인터넷을 일컫는 말입니다. 이 장에서는 IoT에 대해 알아보고, 아두이노의 개념과 보드 종류, 설치 방법 등을 살펴봅니다.

IoTInternet Of Things는 우리말로 사물인터넷이라고 하는데, 우리 주변에 있는 사물들이 인터넷과 연결되고 또 사람과 연결되는 초연결 시대를 일컫는 말입니다. 사물인터넷의 주요 3대 기술은 센싱sensing 기술, 유/무선 네트워크 기술, IoT 서비스 인터페이스 기술입니다.

우선, 센싱 기술은 주위 환경으로부터 정보를 취득하고 표준화된 인터페이스를 제공하는 것을 말합니다. 다음으로, 유/무선 네트워크 기술은 와이파이WiFi, 3G/4G/LTE, 블루투스Bluetooth, ZigBee, RFID 등의 통신 기술과 스마트 디바이스Smart Device를 의미합니다. 마지막으로, 정보를 센싱, 가공/추출/처리 및 저장을 하고 상황인식, 판단, 보안/프라이버시privacy 보호, 인증/인가 등과 응용 서비스와 연동하는 기능입니다.

아두이노는 센싱 기술을 체험해볼 수 있는 기기입니다. 주위 환경에서 정보를 수집하고 저장하고, 상황에 맞게 반응하는 방법을 접하게 될 것입니다. 아두이노를 통해 IoT 시대를 조금이나마 느껴보시길 바랍니다.

1.1 IoT 시대

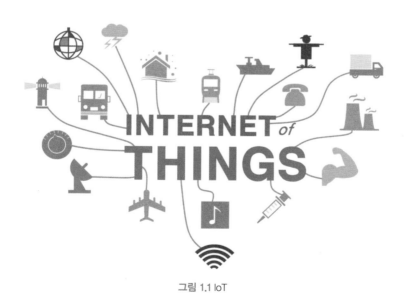

그림 1.1 IoT

토요일 이른 아침 시간, 홈 스마트 로봇에게 미리 설정해둔 시각에 맞춰 방 안의 조명이 서서히 켜지고 커튼이 열리며 햇볕이 방안으로 들어오고, 부드러운 음악 소리가 들립니다. 커피메이커는 자동으로 커피를 만들기 시작합니다. 진한 원두커피의 향기가 서서히 방안에 가득 찹니다. A는 침대에서 일어나 그 향기에 이끌려 주방으로 걸어갑니다. 한 손에 커피를 들고 냉장고 앞에 섭니다.

냉장고의 스크린에는 오늘의 뉴스와 냉장고 안에 있는 식재료로 만들 수 있는 아침 메뉴가 보입니다. 아침 식사를 간단히 한 뒤, 화장실 세면대 앞에 섰습니다. 스마트거울이 혈압과 체온 등의 몸 상태를 체크해줍니다. 현관을 나서려고 하는데, 스마트 워치에서 밖에 비가 온다고 우산을 챙기라고 조언합니다.

이러한 상황은 모두 공상 과학 영화에서나 나올만한 이야기 같지만, 이는 멀지 않은 우리의 일상입니다. 이를 가능케 해주는 것이 바로 사물인터넷IoT, Internet of Things입니다.

우리의 미래는 우리가 말하고 표현하기 전에 사물이 알아서 인간이 원하는 것을 행동하고 알려주는 세상이 될 것입니다. 모든 사물이 인터넷에 연결되어 서로 데이터를 공유하고, 우리의 행동 하나하나가 데이터로 저장됩니다. 이로써 인간의 생활 패턴이 분석되고 학습되어, 우리의 삶을 더욱 풍요롭게 할 것입니다.

사물인터넷 시대가 열렸습니다. 상상했던 아이디어가 기술력의 뒷받침으로 실현이 되고, 작은 아이디어가 기존 세상에 없던 창의적인 제품을 만들어내는 꿈이 아닌 현실이 되는 시대입니다.

영국의 던디Dundee대학교 학생의 아이디어로 만들어진 베개가 화제입니다. 여느 베개와는 다른 특별한 기능이 있는데, 그것은 바로 베개에 누우면 사랑하는 연인의 심장소리가 들린다는 점입니다. 한 사람이 머리를 베개에 대면 다른 사람의 베개가 색을 내면서 상대방이 있음을 알려주고, 서로의 심장 박동수를 전송해 두 사람을 연결해주는 로맨틱한 제품입니다.

사람들은 사물인터넷이 세상을 바꿀 것이라고 말합니다. 사물인터넷을 가능하게 하는 그 중심에 '아두이노Arduino'가 있습니다. 신용카드 같은 작은 이 기판 위에 나만의 상상을 결합하면 새로운 물건을 만들어 낼 수 있습니다.

> **tip** **사물인터넷이란?**
>
> 사물인터넷이란 말을 오늘날의 의미로 처음 사용한 미국 매사추세츠공대(MIT) 오토 ID 센터의 케빈 애시턴은 2009년 RFID 저널에 기고한 「사물인터넷이라는 것(That 'Internet of Things' Thing)」이란 논문에서 이렇게 얘기했습니다.
>
> "문제는 사람이 쓸 수 있는 시간과 집중력, 정확함에는 한계가 있다는 것입니다. 그러니까 사람들은 현실 세계로부터 정확한 데이터를 파악하는 능력은 부족합니다. 그리고 그게 바로 문제입니다. …(생략)… 오늘날의 정보 기술은 사람들이 먹고 움직이면서 쌓아 놓은 데이터에 의존하고 있습니다. 이를 정확하게 파악하는 건 사람이 아니라 컴퓨터입니다. 만약 우리가 이런 데이터를 모으는 일은 컴퓨터에게 시키고 우리는 그 데이터를 이용해 아이디어만 낼 수 있다면 낭비를 줄이고 효율을 극적으로 높일 수 있을 것입니다."
>
>
>
> 동영상 1.1 사물인터넷 참조 동영상 (출처: https://www.youtube.com/watch?v=T1-Zeedt1A4)   동영상 1.2 오픈 하드웨어 홍보 동영상 (출처: https://www.youtube.com/watch?v=tj4tPm2mCRM)

1.2 다양한 창작물과 활용 예

사물 간에 인터넷으로 연결되어 정보를 주고받을 수 있는 IoT, 원하는 모양이나 원하는 재료의 물건을 사용자가 직접 제작할 수 있게 해주는 3D 프린터, 몸에 입거나 착용하여 사람의 능력을 높여주거나 정보를 수집하여 안전과 편리함을 제공해주는 웨어러블 디바이스, 우리 집을 더욱 똑똑하고 안전하게 관리해주는 가정 자동화Smart Home 장치 등 실로 다양한 혁신 기술들이 실현되어 우리 주변을 더욱 편리하고 풍부하게 만들어주고 있습니다.

다만 이러한 장치들을 구입하여 사용하는 데 그치지 않고 아두이노Arduino나 라즈베리파이Raspberry Pi 같은 오픈소스 하드웨어를 이용하면 여러분이 직접 원하는 제품을 내가 원하는 기능을 추가하여 제작할 수도 있습니다. 이러한 도구들은 공개된 표준화 모델이라는 장점 때문에 훌륭한 기능을 가졌음에도 저렴하게 구입할 수 있습니다. 또한 인터넷을 통해 다양한 예제들을 찾아보고 쉽게 따라 할 수 있어 전자 회로나 컴퓨터 프로그램을 잘 모르는 사람이라도 쉽게 시작할 수 있고, 최근에는 교육이나 경진대회 등 다양한 활동들이 활발히 진행되고 있습니다.

> **tip 오픈소스 하드웨어란?**
>
> 오픈소스 하드웨어란 아두이노, 라즈베리파이와 같이 기계를 구성하고 있는 회로도와 자재 명세서, 인쇄 회로 기판 도면 등을 대중에게 공개한 제품을 말합니다.

다음은 오픈소스 하드웨어를 활용해 제작된 다양한 작품들과 활동들에 대해 알아보겠습니다.

1.2.1 드론

드론Drone은 사람이 타지 않은 무인 항공기를 의미하며 처음에는 군사용으로 개발되기 시작했습니다. 벌이 윙윙거리는 소리와 비슷하다고 해서 드론이라는 애칭이 사용되다가 공식화되었습니다.

최근에는 방송에서 촬영 장비로 많이 사용되며 사람들에게 알려지기 시작하였고 취미용으로 개인이 많이 구입을 하고 있어 장난감 정도로 인식되고 있지만 해외에서는 아마존의 무인 배송 시스템, 페이스북의 무선 인터넷을 위한 허브 등 미래의 신규 사업을 위해서도 많은 활용이 추진되고 있습니다.

그림 1.2 드론 (홈페이지: http://diydrones.com/profiles/blogs/arduimu-quadcopter-part-iii)

시중에서 완성된 제품을 직접 구입할 수도 있지만 아두이노를 이용하면 자신만의 드론을 직접 제작하고 원하는 기능을 추가하는 재미를 느껴볼 수 있습니다.

1.2.2 3D 프린터

3D 프린터는 재료를 여러 계층으로 분사해서 설계도에 맞게 3차원 물체를 제조하는 기술입니다. 기존의 주조, 밀링Milling, 절삭, 프레스press 방법들과 다르게 마치 잉크젯 프린터에서 잉크를 분사해서 종이를 인쇄하는 것과 비슷한 적층 방식으로 제조합니다. 제작하는 시간이 다소 느리고 표면이 매끄럽지 못하다는 단점이 있지만 기술이 발전됨에 따라 점점 빨라지고, 품질이 높아지고 있고 설계도와 재료만 있다면 다품종 소량생산이 가능해져서 제조의 혁신이라고 불리고 있습니다.

3D 프린터의 응용 분야는 기존의 기계, 공산품 등 영역을 넘어 의료, 식품, 엔터테인먼트, 건축 등 그 영역을 한정 지을 수 없이 다양한 분야에서 활용되고 있습니다. 적용 가능한 사례는 다음과 같습니다.

- **생활용품**: 칫솔, 신발, 의류, 보석, 완구, 각종 계기판, 스마트폰 케이스, 악세사리, 장난감
- **식품**: 액상 초콜릿 등 음식 재료, 노인 요양식 등 식품

- **엔터테인먼트**: 영화용 캐릭터, 애니메이션용 툴 등
- **가전**: 카메라, GPS 디바이스, 각종 전자부품, 각종 전자제품 케이스
- **의료**: 인공뼈, 인공귀, 인공관절, 인공치아, 치과 보형물, 임플란트, 의료용 로봇팔, 보청기, 인식 가능한 의수 및 의족 등 의료용 생체조직
- **기계**: 자전거, 자동차, 항공기 등
- **건축**: 구조가 매우 복잡한 사무실이나 건물의 건축모형 및 건축 자재

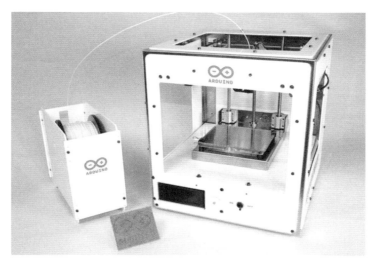

그림 1.3 아두이노 3D 프린터 DIY 키트 (홈페이지: http://techholic.co.kr/archives/22793, 참고 자료: 정보통신산업진흥원, 3D 프린팅 산업 동향)

아두이노를 활용하면 DIYDo It Yourself 키트Kit를 통해 자신이 직접 3D 프린터를 제작할 수 있습니다.

> **tip DIY란?**
>
> DIY(Do It Yourself)는 스스로 하는 작업이라는 뜻으로 '다이'라고 읽습니다. 전문 업자나 제조된 상품을 구매하는 것이 아니라 사용자가 직접 재료를 이용해 만드는 것을 의미합니다.

1.2.3 종이 비행기 키트

종이 비행기 키트는 마이크로 컨트롤러(팁)를 응용하여 제작한 재미있는 응용 작품입니다. 55미터까지 통신이 가능한 블루투스 장치, 10분간 동작할 수 있는 배터리, 동력 프로펠러와 방향 전환용 날개를 장착하고 직접 접은 종이 비행기에 해당 기기를 장착하여 완성한 후 날리면 스마트폰을 이용해 비행기를 조종할 수 있습니다.

> tip **마이크로컨트롤러란?**
> 집적회로 위에 있는 조그만 컴퓨터로 프로세서(CPU), 메모리, 그리고 프로그램이 가능한 입력과 출력을 가지고 있습니다. 우리가 다루게 될 아두이노도 CPU와 저장소, 디지털/아날로그 입출력을 할 수 있는 포트를 가지고 있어 직접 프로그램으로 제어할 수 있는 마이크로컨트롤러입니다.

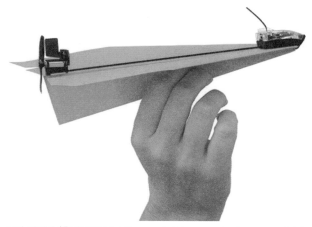

그림 1.4 아두이노 종이 비행기 (홈페이지: http://www.robotshop.com/en/powerup-3-iphone-ipad-paper-airplane-kit.html, 동영상 보기: https://www.youtube.com/watch?v=1Lu6nt1-Lxo)

1.2.4 LED 큐브

LED 큐브는 우리가 가장 흔하게 사용하는 LED를 입체적인 3차원으로 배치한 것입니다. 크기는 3×3×3부터, 16×16×16 혹은 그 이상까지도 가능합니다. 사각 큐브 모양의 LED를 배치하고, 프로그램을 통해 각 LED를 켜거나 끄기, 색 변경하기 등 다양한 연출을 통해 자신만의 시각적으로 훌륭한 예술 작품을 만들 수 있습니다. 또한 음악과 함께 동작시키면 훌륭한 광고 제작물로도 활용할 수 있습니다.

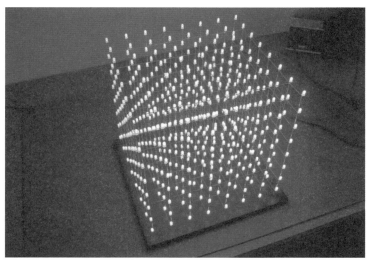

그림 1.5 LED 큐브 (동영상 보기: https://youtu.be/6mXM-oGggrM,
https://youtu.be/dVHP7Nhsn4E)

1.2.5 3D 프린터로 찍어낸 노트북

명함만한 ARM 기반 라즈베리파이를 이용하여 사용자가 원하는 모양을 3D 프린터로 노트북을 직접 만들어 크라우드 펀딩으로 투자받고 있는 기업이 있습니다. Pi-Top 회사에서 제공하는 키트는 3D 프린터로 찍어낸 본체에 전력 공급 장치, HDMI 포트, 배터리, 어댑터와 13.3인치 LCD, 와이파이Wifi와 키보드 등을 포함하여 라즈베리파이를 이용해 노트북을 제작할 수 있는 재료를 포함하고 있습니다. 크라우드 펀딩 사이트인 인디고고를 통해 약 12만 5천 달러(약 1억 4천만 원)의 투자를 유치했습니다. 이 사례는 오픈 하드웨어를 통해 자신만의 가전을 만들어 보는 좋은 사례를 제공하고 있습니다.

그림 1.6 라즈베리파이 DIY 노트북

1.2.6 다양한 경진대회

국내에는 공공기관, 대학교, 기업 등 다양한 곳에서 주최하고 일반인과 학생들이 자유롭게 참여할 수 있는 크고 작은 행사들이 열리고 있습니다. 이러한 행사는 다양한 순수 창작물, 아이디어 작품 등 참가자들이 제작한 결과물들에 대해 시상하고 개발의 재미를 더할 수 있는 창작과 도전의 기회를 제공하고 있습니다. 다음은 다양한 경진대회나 공모전 행사를 보여주고 있으니 용기를 내어 참가해보면 좋은 경험이 될 것입니다.

글로벌 소프트웨어 공모전

- 주최: 미래창조과학부
- 주관: 정보통신산업진흥원, 전자신문사
- 참가대상: 일반부, 학생부
- 응모 주제: 응용 SW, 모바일 앱, 게임, 임베디드, 보안 등
- 홈페이지: http://www.globalswcontest.com/

임베디드 소프트웨어 경진대회

- 주최: 산업통산자원부

- 참가 대상: 일반 분야, 주니어 분야, 국제 분야
- 홈페이지: http://eswcontest.com/

융합과학(STEAM) 창작 경진대회

- 주최: 목원대학교
- 응모 주제: 아두이노 및 3D 콘텐츠를 활용하는 융합 과학(STEAM) 시나리오 구현
- 홈페이지: http://cafe.naver.com/steamcontest

메이크올

- 주최: 한국과학창의재단
- 내용: 메이커 행사, 사업화 및 메이커 자료 제공
- 홈페이지: http://www.makeall.com

세상을 바꾸는 아두이노 미니톤

- 주최: 경기지방중소벤처기업청(경기중기청)
- 참가 대상: 중·고등학생
- 홈페이지: 아두이노 보드를 활용한 발명품을 통해 창의적 아이디어를 공유

2018 SK텔레콤 장애청소년 ICT 메이커톤 대회

- 주최: SK텔레콤
- 참가 대상: 장애청소년
- 응모 주제: 아두이노 프로그램 코딩 및 무선통신 기술을 활용

1.3 아두이노의 탄생

아두이노는 오픈소스/오픈 하드웨어를 기반으로 하는 플랫폼입니다. 이것은 아주 유연하고 사용하기 쉬운 하드웨어와 소프트웨어로 이루어져 있습니다. 그림 1.7은 초기 아두이노 보드의 모습입니다.

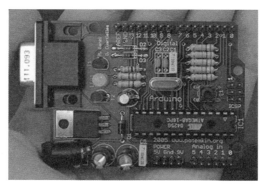

그림 1.7 초기 아두이노 보드 (출처: http://www.ketti.or.kr)

아두이노의 역사는 다음과 같습니다.

- 2005년, 이탈리아 이브레아Ivrea에서 초기 프로젝트가 만들어졌다.
- 2008년 10월, 아두이노 두에밀라노베Arduino Duemilanove가 출시됐다(그림 1.8 참조).

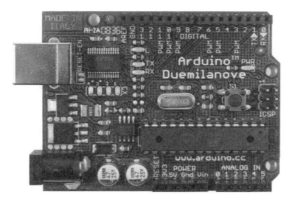

그림 1.8 아두이노 두에밀라노베 보드 (출처: http://www.arduino.cc/)

- 2009년 3월, 아두이노 메가Mega가 출시됐다.

- 2011년 3월, 전 세계적으로 30만 개 이상의 아두이노 유닛을 사용할 수 있다.
- 2015년 3월, 아두이노가 10주년을 맞았다.

간단한 대학교재로 만들었던 아두이노는 오픈소스의 특징인 쉬운 접근성, 저렴한 비용, 무한한 확장성을 인정받으며 유명세를 타기 시작했습니다. 그리고 현재의 다양한 기능이 있는 아두이노가 등장했습니다.

그 후, 세계 각지에서 자발적인 커뮤니티와 워크샵이 생겨났고, 각종 하드웨어 사이트의 메인으로 자리잡게 되었습니다. 그리고 이탈리아어로 아두이노가 '절친'인 것처럼, 지금은 세계인의 절친이 되었습니다.

> **tip** '아두이노'는 이탈리아 북부 토리노 인근의 이브레아(Ivrea)라는 작은 도시에서 시작되었습니다. 이곳 조그마한 전문 대학원 인터랙션 디자인 전문학교(IDII)의 마시모 반지(Massimo Banzi) IDII 교수는 학생들에게 정보기술(IT)를 가르쳐야 하는데 문제점이 있었습니다. 그것은 기존 IT 교육용 제품의 값이 너무 고가였습니다. 이를 해결하고자 프로젝트를 시작했고, 지금의 아두이노가 탄생하게 됐습니다. 이 프로젝트는 주머니가 얇은 학생들이 쓰기 좋게, 좀 더 저렴하고 유용한 컨트롤 장치를 만들기 위해 시작한 것입니다.

1.4 아두이노의 종류

아두이노를 시작할 때 첫 번째 걸림돌은 기기입니다. 초보자들이 "어떤 종류의 아두이노 기기를 구입해야 아두이노를 본격적으로 시작할 수 있는가?"는 어려운 질문입니다. 하나의 답이 있는 것이 아니기 때문입니다. 아두이노 보드Arduino Board만 해도 우노UNO, 메가Mega 등 그 종류가 다양합니다. 아두이노 보드는 다양한 시리즈를 가지고 있어서 용도에 따라 적절히 사용하시면 됩니다.

학습용으로 적절한 아두이노 보드는 우노(http://arduino.cc/en/main/arduinoBoardUno)입니다. 아두이노 우노 보드는 다음 부품들로 구성되어 있습니다.

- ATmega328 마이크로 컨트롤러
- USB 플러그

- 외부 전원 공급 장치
- 리셋 버튼
- 디지털 입력/출력 핀(14개)
- 아날로그 입력 핀(6개)
- 플래시 메모리(32KB)
- SRMA(2KB)

아두이노 우노 R3

현재 아두이노의 표준 보드입니다. 온라인 상에 있는 대부분의 예제와 강좌, 소스, 라이브
러리가 우노 보드에 맞춰져 있기 때문에 초보자라면 당연히 우노 보드를 선택하면 됩니
다. 현재 R3 버전까지 나와 있습니다.

그림 1.9 아두이노 우노 R3 (출처: 아두이노 공식 사이트 – http://store.arduino.cc)

아두이노 메가(Mega2560) 보드

아두이노 우노 보드의 약 2배 크기에 제어할 수 있는 핀도 훨씬 많고, 더 빠르고, 저장 용
량도 더 많이 가진 보드입니다. 아두이노 우노 보드로 처리하기 벅찬 멀티미디어 관련 작
업이나 복잡한 제어가 필요한 작업에 알맞은 보드입니다.

그림 1.10 아두이노 메가 (출처: 아두이노 공식 사이트 – http://store.arduino.cc)

아두이노 나노

아두이노 우노 보드의 소형화 버전이라고 생각하면 됩니다. 아두이노 우노 보드가 가진 대부분의 특징을 그대로 물려받고 있어서 호환성도 좋은데다 크기도 굉장히 작습니다. 가격 또한 우노 보드와 비슷합니다.

그림 1.11 아두이노 나노(Nano)
(출처: 아두이노 공식 사이트 – http://store.arduino.cc)

아두이노 프로/프로 미니

아두이노 보드 중 가장 작은 사이즈로 손가락 두 마디 정도에 아두이노의 기능이 탑재되어 있습니다. 하지만 3.3v/5v용이 별도로 존재하기 때문에 외부 센서나 모듈의 동작 전압과 맞춰야 하고 USB를 바로 꽂아 소스를 업로드할 수 없어서 별도의 외부 USB 모듈을 납땜해서 사용해야 하는 등의 제약이 있습니다.

그림 1.12 아두이노 프로(Pro)/프로 미니(Pro Mini)
(출처: 아두이노 공식 사이트 – http://store.arduino.cc)

아두이노 릴리 패드

웨어러블, 전자 바느질 등에 적당하도록 변형된 아두이노 보드입니다. 패션쪽에 사용될 것을 염두에 뒀는지 모양도 꽃 모양으로 예쁘게 생겼고 여러 가지 전용 악세사리 장치들도 함께 선보이고 있습니다. 포트에 연결된 패드가 매우 넓어서 전도성 실을 연결해서 꿰맬 수 있도록 디자인되어 있습니다.

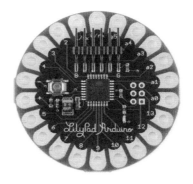

그림 1.13 아두이노 릴리 패드(Lily Pad)
(출처: 아두이노 공식 사이트 – http://store.arduino.cc)

SPECIAL BOARD FIELD GUIDE

EVOLUTION OF ARDUINO

2005 2006 2007 2008

In 2005, a group at Italy's **Interaction Design Institute Ivrea** developed Arduino as a low-cost, easy-to-use electronics platform for students and artists. It borrows its name from nearby watering hole **Bar di Re Arduino**. Since exploding onto the maker scene, Arduino has cultivated a flourishing community of inventors, engineers, and hackers dedicated to sharing code and developing hardware under an open-source banner.

Old-style RS-232 serial port rather than USB.

Serial

Designed to be built on a home-etched PCB.

Single-Sided Serial

Adds female pin headers, data transfer LEDs.

USB
First board to bear the Arduino name.

Extreme

NG (Nuova Generazione)

Severino (aka S3V3)
Most advanced etch-it-yourself PCB design.

Atmel's 8-bit megaAVR microcontroller family is an Arduino signature.

ATmega8

First to ship with ATmega168.

NG+
Sew-through contact pads for connecting conductive thread.

Bluetooth

Nano

LilyPad

Underside pins for breadboard connection.

Designed for battery-powered wireless projects.

The ATmega168 doubles on-board memory to 16KB, but is otherwise nearly identical to the ATmega8.

ATmega168

Large 28-pin Plastic Dual In-line Package (PDIP-28) for through-hole soldering.

Thin Quad Flat Package (TQFP) designed for suface-mount soldering.

Very thin Quad Flat No-lead (VQFN) package replaces leads with underside pads.

Mini
First board to use surface-mount processor.

Diecimila

Duemilanove

Nano

Fio

Bluetooth

On-chip memory doubles again to 32KB.

ATmega328

Auto-selects power supply. First to ship with ATmega328.

Duemilanove

LilyPad

LilyPad Simple

LilyPad Simple Snap

Replaces sew-through contacts with button snaps.

Designed for semipermanent installation.

Pro

Mini form-factor compatible.

Pro Mini

Uno

Ethernet

Official reference model for Arduino platform.

The Mega took Arduino to a new level, quadrupling on-chip memory to 128KB and more than tripling the total number of I/O and input pins in a significantly larger form factor.

ATmega1280

Mega

Emulates mouse and keyboard over USB.

Leonardo

LilyPad USB

ATmega32u4
Integrates USB controller into processor chip.

Micro

Yún

With the Mega2560, memory doubled again to 256KB. Though larger, the new form factor remains pin-compatible with the standard Arduino shield footprint.

ATmega2560

Mega2560

Mega update for use with Android Accessory Development Kit (ADK).

ADK

First dual-core model, combining ATmega32u4 with MIPS embedded Linux machine.

The Due marks Arduino's first departure from the AVR architecture. The ATSAM3X8E is an ARM Cortex M3 processor with twice the memory and four times the clock speed of the ATmega2560.

ATSAM3X8E

Co-founder Banzi interviewed on TWiT.

Arduino IDE begins rapid development.

300,000 Arduinos "in the wild."

First Arduino to mount 32-bit processor. Runs at 3.3V rather than 5V.

Due

2009 2010 2011 2012 2013

그림 1.14 아두이노의 발전 역사 (출처: http://labs.sogeti.com/?s=arduino)

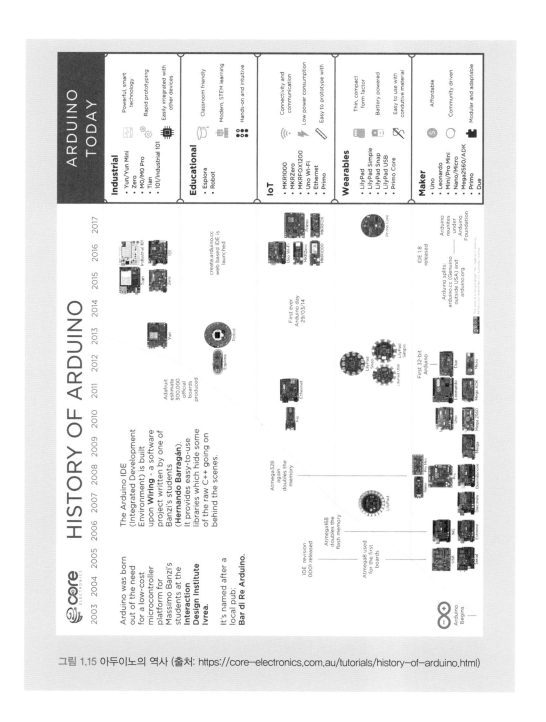

그림 1.15 아두이노의 역사 (출처: https://core-electronics.com.au/tutorials/history-of-arduino.html)

1.5 아두이노 개발 환경

아두이노를 사용자가 원하는 대로 움직이거나 센서 값을 읽거나 작동하게 하려면 프로그램을 작성하여 업로드해야 합니다. 아두이노는 오픈소스 정책에 따라 통합 개발 환경을 무료로 제공하며 프로그램을 쉽게 개발하고 테스트 및 적용할 수 있는 환경을 제공해줍니다. 이제 아두이노에게 생각하고 반응할 수 있는 살아 있는 생명을 불어넣어줄 차례입니다. 통합 개발 환경을 설치하는 방법과 중요 기능들에 대해 알아보겠습니다.

1.5.1 아두이노 통합 개발 환경 설치

아두이노 통합 개발 환경(IDE)을 통해 다음과 같은 중요한 기능을 수행할 수 있습니다.

- **프로그램 소스 작성**: 소스 코드 저장, 불러오기, 편집 등
- **컴파일**: 소스 코드를 아두이노가 실행할 수 있는 기계 언어로 변환
- **업로드**: 컴파일한 결과를 아두이노에 전송
- **시리얼 통신**: 아두이노가 실행될 때 중간 결과를 출력하거나 사용자의 입력을 전달하기 위한 통신 방식

1단계: 아두이노 공식 홈페이지(http://arduino.cc)에 접속하여 **다운로드(Download)** 탭으로 이동합니다.

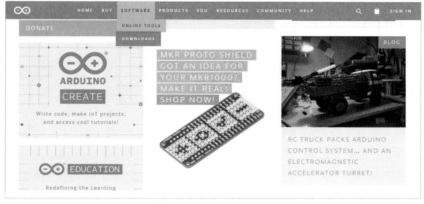

그림 1.16 아두이노 공식 홈페이지

2단계: 우측에 다양한 운영체제에 따르는 설치 파일의 다운로드 목록을 볼 수 있습니다. 우리는 윈도우 운영체제의 설치 버전을 이용하는 방법을 설명하겠습니다. Windows Installer 링크를 클릭합니다(현재 기준으로 최신 버전은 1.8.5입니다).

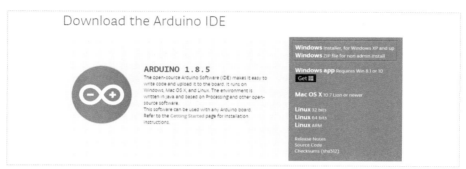

그림 1.17 아두이노 공식 홈페이지 내 다운로드 탭 화면

tip ZIP 파일을 이용하여 설치하는 경우 압축 파일을 푼 후 arduino.exe 파일을 이용하여 실행하는 것은 같습니다. 단, 아두이노 보드를 USB 케이블을 이용하여 처음 컴퓨터에 연결한 경우 장치를 인식하기 위해 드라이버를 별도로 설정해줘야 합니다. 장치 관리자에서 '알 수 없는 장치' 목록을 선택한 후 압축을 푼 디렉토리의 drivers 위치를 지정하여 드라이버를 설정하면 됩니다. 설치 버전을 통해 설치한 경우 드라이버는 자동으로 설치됩니다.

3단계: 기부 및 실행 파일 다운로드 화면입니다. 하단의 JUST DOWNLOAD 버튼을 클릭하여 실행 파일을 컴퓨터에 다운로드합니다(현재 최신 버전의 파일은 arduino-1.8.5-windows.exe입니다. 이 파일은 지속적으로 업데이트되므로 최신 버전에 따라 파일명이 달라질 수 있습니다).

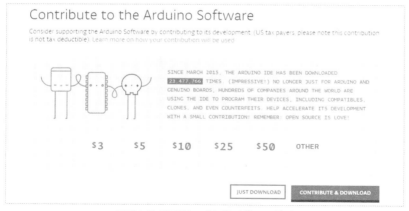

그림 1.18 아두이노 기부 및 다운로드 화면

4단계: 다운로드한 실행 파일을 더블 클릭하여 설치를 시작합니다(사용자에 따라 파일을 다운로드한 위치는 다를 수 있습니다).

그림 1.19 다운로드한 설치 파일

5단계: 라이선스 동의 화면입니다. **동의**(I Agree) 버튼을 클릭합니다.

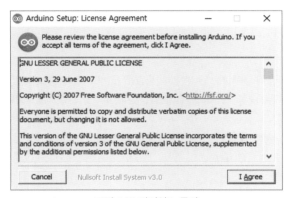

그림 1.20 라이선스 동의

6단계: 설치 옵션 화면입니다. 기본 설정을 그대로 두고 **다음**(Next) 버튼을 클릭합니다.

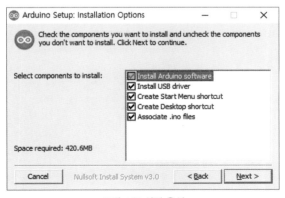

그림 1.21 설치 옵션

7단계: 프로그램 설치 경로를 설정하는 화면입니다. 기본 설정을 그대로 두고 **설치**(Install) 버튼을 클릭하면 컴퓨터에 설치를 시작하면 다음 단계를 거쳐 프로그램이 설치게 됩니다. 설치 경로를 변경하는 경우 어디에 설치되는지 잘 기억해둬야 합니다.

그림 1.22 프로그램 설치 경로 설정

8단계: 다음 단계를 거쳐 프로그램이 설치됩니다. 설치하는 도중에 "이 장치 소프트웨어를 설치하시겠습니까?"라는 확인 창이 나오면 **설치** 버튼을 클릭하고 설치를 진행합니다.

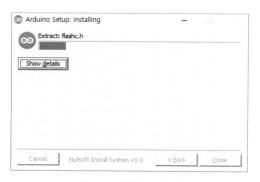

그림 1.23 파일 복사 및 설치

그림 1.24 Adafruit 드라이버 설치

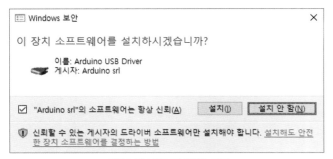

그림 1.25 USB 드라이버 설치

그림 1.26 USB 드라이버 설치

9단계: 프로그램이 설치가 완료되면 그림 1.25와 같이 7단계에서 설정한 설치 경로에 프로그램 실행 파일과 샘플 프로그램, 드라이버 및 각종 라이브러리들이 설치된 것을 볼 수 있습니다.

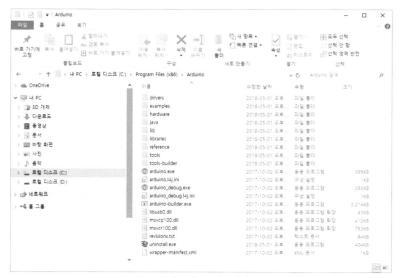

그림 1.27 아두이노 통합 개발 도구 설치 폴더

1.5.2 아두이노 통합 개발 도구의 기본 구조

그림 1.26와 같이 아두이노 통합 개발 도구는 크게 ① 메뉴, ② 툴바, ③ 소스편집창, ④ 출력 창으로 구분됩니다.

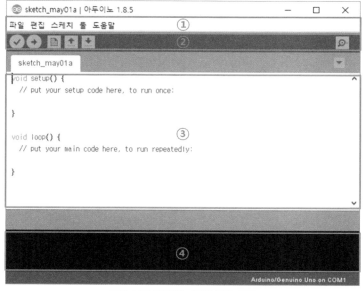

그림 1.28 아두이노 통합 개발 도구

① **메뉴:** 프로그램에서 지원하는 모든 기능들을 실행할 수 있는 전체 목록입니다.

② **툴바:** 메뉴 중에서 가장 자주 사용하는 기능들을 모아 놓은 버튼으로 클릭 한 번으로 간단히 실행할 수 있습니다.

③ **소스편집창:** 소스 코드를 입력하고 편집하는 화면입니다.

④ **출력창:** 컴파일을 실행할 때 발생된 오류 내용을 표시하거나 컴파일 완료 결과와 업로드를 위해 생성된 파일의 크기 정보를 보여줍니다.

---

tip 컴파일이란?

컴파일(Compile)이란 사람이 이해할 수 있는 자연 언어로 작성된 소스 코드를 기계가 이해하고 실행할 수 있는 기계 언어로 변환하는 것을 말합니다. 아두이노의 경우 사람은 C 언어로 개발을 하지만, 기계는 C 언어를 이해하지 못합니다. 그래서 기계가 이해할 수 있는 언어로 변환을 해야 하는데 이러한 과정을 컴파일이라고 합니다. 아두이노 통합 개발 도구는 컴파일을 수행할 때 사람이 작성한 소스 코드가 C 문법에 맞게 잘 작성되어 있는지 검사를 수행하기도 하고, 추가로 포함시킨 사용자 라이브러리가 사용하기에 문제가 없는지도 함께 검사합니다.

처음 사용하는 아두이노 2장

이 장에서는 처음 아두이노를 사용하는 사람들을 위해 아두이노를 이용한 개발 방법, 아두이노 활용법, 기본적인 센서 사용 예제를 통해 기본기를 익히는 내용이 담겨 있습니다. 아두이노를 이용해 개발하려면 몇 가지 기본적인 지식들이 필요합니다. 아두이노는 하드웨어와 소프트웨어 두 가지 지식을 모두 필요로 합니다. 브레드 보드에 회로를 구성하고 아두이노 보드와 선을 연결해서 전기를 제공해주는 하드웨어적인 요소와 그렇게 연결된 센서들에서 발생되는 정보를 어떻게 활용하고 또 어떻게 제어할지 프로그래밍하는 소프트웨어적인 요소가 있습니다. 이 두 부분이 익숙해지면 아두이노를 잘 사용할 수 있습니다.

2.1 아두이노 개발 도구 사용

사물인터넷을 간단하게 한마디로 정의하면, 말 그대로 인터넷에 연결된 사물입니다. 1장에서 사물인터넷의 여러 가지 사례를 배웠습니다. 사물인터넷을 가능하게 하는 장치인 아두이노에 대해서 좀 더 구체적으로 알아보겠습니다.

아두이노의 가장 큰 특징은 다루기가 쉽다는 것입니다. 컴퓨터 프로그램을 잘 모르는 사람이라도 쉽게 시작할 수 있고, 기계에 대해 아무것도 모르는 사람이라도 쉽게 따라할 수 있습니다. 남녀노소 누구나 부담 없이 아두이노를 통해서 자신만의 상상물을 창조할 수 있습니다.

이번 장에서는 아두이노 개발 도구를 사용하는 법을 배우겠습니다. 아두이노 보드 연결 등 환경 설정하는 방법과 입력한 소스 코드를 컴파일하는 방법, 컴파일된 프로그램을 아두이노 보드에 업로드하는 방법을 배우겠습니다.

2.1.1 기본적인 준비물

아두이노로 무언가를 만들려면, 가장 기본적으로 두 가지의 준비물이 필요합니다.

- 아두이노 보드(아두이노 우노 R3)
- 컴퓨터와 연결하기 위한 USB 케이블

아두이노 개발을 하기 위해 가장 먼저 할 것은 USB 케이블을 통해 아두이노 보드와 컴퓨터를 연결하는 것입니다. 그림 2.1과 같이 USB 케이블을 이용해 아두이노 보드와 컴퓨터를 연결합니다. USB 케이블을 연결해야 전원 공급과 컴퓨터와 아두이도가 서로 정보를 주고받을 수 있습니다. 전원이 정상적으로 연결된 경우 아두이노 보드에 초록색 LED 불이 들어옵니다.

그림 2.1 아두이노와 컴퓨터를 USB 케이블로 연결

2.2 LED 램프 깜빡이게 하기

준비되었나요? 자, 그럼 다음의 순서를 참고해 한 단계씩 차근차근 따라해 봅시다.

1단계: 아두이노를 컴퓨터에 USB로 연결합니다.

2단계: 아두이노에 전원이 잘 들어오는지 확인합니다.

3단계: 아두이노 개발 도구를 실행합니다. 그림 2.2는 아두이노를 실행하면 나타나는 화면입니다.

그림 2.2 아두이노 실행

4단계: 그림 2.3처럼 아두이노 개발 도구에 포트_{port}가 제대로 설정되었는지 확인합니다
(※주의: 사용자 컴퓨터마다 포트번호는 다를 수 있습니다).

그림 2.3 시리얼 포트 선택

5단계: 그림 2.4처럼 아두이노 개발 도구에 보드가 Arduino Uno라고 되어 있는지 확인합니다.

그림 2.4 보드 모델 선택

6단계: 그림 2.5처럼 아두이노 개발 도구의 **파일 ➤ 예제**에 보면 다양한 예제들을 선택하실 수 있습니다. 이 중에서 **01.Basics ➤ Blink**를 선택합니다.

그림 2.5 Blink 예제 선택

7단계: **컴파일**(그림 2.6)과 **업로드**(그림 2.7) 버튼을 차례대로 눌러서 아두이노 보드에 프로그래밍한 것을 업로드합니다.

그림 2.6 컴파일 선택

그림 2.7 업로드 선택

8단계: 그림 2.8처럼 아두이노 보드에서 불빛이 깜빡이는 것을 확인할 수 있습니다.

그림 2.8 Blink 결과 화면

너무 간단했나요? 따라하다보니 금새 전구를 제어할 수 있게 되었습니다. 여러분은 벌써 반이나 학습한 것입니다. 시작이 반이라는 말처럼 간단한 예제이지만, 아두이노를 통해 처음으로 기계를 제어할 수 있는 능력이 생긴 것입니다. 앞으로 계속 반복적으로 체크해야 할 사항은 4, 5단계입니다.

포트와 개발보드의 종류를 제대로 선택하지 않는다면, 아무리 프로그래밍을 잘 작성했더라도 아두이노로 보낼 수 없는 상황이 발생하니 꼭 체크해야 합니다.

tip 아두이노 보드가 연결된 시리얼 포트 확인하기

연결된 시리얼 포트 번호는 컴퓨터마다, 그리고 연결할 때마다 다를 수 있습니다. 아두이노 보드가 연결된 포트는 장치 관리자에서 확인할 수 있습니다.

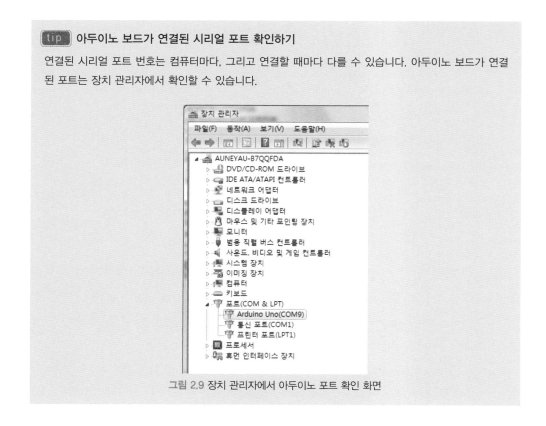

그림 2.9 장치 관리자에서 아두이노 포트 확인 화면

2.3 프로그래밍 구조 학습

아두이노 통합 개발 도구는 사용자들이 쉽게 프로그램을 공부하고 활용할 수 있도록 수많은 샘플 예제들을 제공하고 있습니다. 이 기본 샘플들을 잘 활용하고 이해하기만 해도 아두이노에 대해 많은 것을 배울 수 있습니다.

첫 번째 예제인 Blink 예제를 통해 아두이노 전용 프로그래밍의 구조 및 동작 방식에 대하여 알아보겠습니다. 먼저 메뉴에서 **파일 ➤ 예제 ➤ 01.Basics ➤ Blink**를 클릭합니다. 아두이노 통합 개발 도구 창이 새로 뜨고 예제 2.1과 같은 소스 코드가 보일 것입니다.

```
01 // setup 함수는 처음 한 번만 실행된다.
02 void setup() {
03   // 13번 디지털 핀을 출력 핀으로 설정한다.
04   pinMode(13, OUTPUT);
05 }
06
07 // loop 함수는 계속해서 영원히 반복 실행된다.
08 void loop() {
09   digitalWrite(13, HIGH);    // LED 켜기(HIGH("1") 출력)
10   delay(1000);               // 1초 동안 대기(1000 밀리초)
11   digitalWrite(13, LOW);     // LED 끄기(LOW("0") 출력)
12   delay(1000);               // 1초 동안 대기(1000 밀리초)
13 }
```

예제 2.1의 결과는 이미 여러분이 실습을 통해서 확인해 봤습니다. 간단히 설명하면, 아두이노 13번 핀에 연결된 LED 조명을 1초마다 껐다/켰다를 반복하는 기능을 구현한 것입니다. 아직은 잘 이해가 되지 않겠지만 일단 소스 코드가 문제없이 작성되어 실행된 것을 알 수 있습니다.

컴파일을 하기 위해 메뉴에서 **스케치 ➤ 확인/컴파일**을 선택합니다. 컴파일이 성공적으로 완료되면 하단 출력 창에 다음과 같이 표시가 됩니다.

> **출력**
>
> 스케치는 프로그램 저장 공간 (3%) 중 1,030 바이트를 사용. 최대 32,256바이트.
> 전역 변수는 (0%)의 동적 메모리중 9바이트를 사용, 2,039바이트의 지역변수가 남은. 최대는 2,048바이트.

소스 코드가 컴파일되면 아두이노 보드가 이해하는 기계 코드가 생성이 되는데 이것을 업로드 버튼을 눌러서 아두이노 보드에 장착을 하게 되는 것입니다.

소스 코드의 실행 구조는 다음과 같습니다.

아두이노에서는 통합 개발 도구를 사용하여 프로그래밍하고, 컴파일하여 소스 코드에 문제가 없는지 확인하고 완성된 코드를 아두이노 보드에 업로드할 수 있습니다. 아두이노 통합 도구를 이용하여 C 언어 형태의 코드를 개발하게 되는데, 이렇게 작성한 프로그램을 스케치Sketch라고 합니다. 스케치는 기존의 C 구조보다도 쉽게 구성되어 있는데 이렇게 쉽게 밑그림을 그리듯이 프로그램을 한다고 하여 스케치라고 부릅니다. 이제 앞으로는 아두이노 통합 개발 도구를 스케치라고 부르겠습니다.

다음은 스케치 코드의 구조를 보여주고 있습니다. 스케치 코드는 기본적으로 2개의 함수를 갖고 있습니다.

첫 번째 함수인 setup( )은 프로그램이 아두이노 보드에서 실행될 때 최초로 한 번 수행됩니다. 이름에서 알 수 있듯이 초기 설정을 수행하는 함수입니다. 보통 이곳에 입력/출력 핀 설정이나 시리얼 통신을 위한 Baud Rate 설정, 라이브러리 사용 설정, 변수의 초기화 등의 작업을 수행하게 됩니다. 실제로 이 함수가 실행되는 것은 처음 전원을 연결했을 때, 아두이노 보드의 **초기화**(reset) 버튼을 클릭했을 때, 통합 개발 도구에서 스케치를 업로드했을 때입니다.

두 번째 함수인 loop( )는 아두이노 보드에 전원이 들어오는 한 끝없이 반복해서 호출이 되는 무한 루프 함수입니다. 실제 이 함수가 원하는 기능들을 구현하는 주요 함수입니다. loop( ) 함수는 처음에 setup( ) 함수가 한 번 호출된 이후 계속해서 호출됩니다.

예제 2.2 스케치 기본 구조

```
01 // 초기화 함수
02 void setup( ) {
03
04 }
05
06 // 반복 실행 함수
07 void loop( ) {
08
09 }
```

2.4 처음 해보는 아두이노 프로그래밍

그럼 이제 본격적으로 아두이노 프로그래밍하겠습니다. 기존에 했던 Blink 예제를 살짝 숫자만 고쳐보면서 프로그래밍해보겠습니다.

예제 2.3의 12행과 같이 수정해봅시다.

```
01 // setup 함수는 처음 한 번만 실행된다.
02 void setup( ) {
03    // 13번 디지털 핀을 출력 핀으로 설정한다.
04    pinMode(13, OUTPUT);
05 }
06
07 // loop 함수는 계속해서 영원히 반복 실행된다.
08 void loop( ) {
09    digitalWrite(13, HIGH);     // LED 켜기(HIGH("1") 출력)
10    delay(1000);               // 1초 동안 대기(1000 밀리초)
11    digitalWrite(13, LOW);      // LED 끄기(LOW("0") 출력)
12    delay(5000);               // 5초 동안 대기(1000 밀리초)
13 }
```

소스 맨 마지막 부분 12행 부분의 **delay** 함수 안에 값을 1000에서 5000으로 수정해보겠습니다. 그러면 깜빡이는 속도가 현저히 줄어드는 것을 알 수 있습니다. 숫자는 1000은 1초를 의미합니다. 그러므로 5000이라는 숫자는 5초를 가리킵니다. 5초 동안 대기했다가 다음 작업을 수행하므로 처음보다 많이 깜빡이는 속도가 늦어지는 것을 알 수 있습니다.

2.4.1 소스 코드 컴파일 및 업로드

소스 코드 작성이 완료되어 프로그램을 실행할 준비를 마쳤으면 소스 코드를 컴파일해서 아두이노 보드에 업로드해야 합니다. 소스 코드가 문법 오류 없이 잘 작성되었는지 확인하려면 컴파일 해보면 됩니다. 만약 소스 코드에 문제가 있다면 하단의 출력 영역에 발생한 오류의 내용과 발견한 소스 코드 위치가 표시됩니다.

먼저 소스 코드를 컴파일하겠습니다. 소스 코드를 컴파일하는 방법은 통합 개발 도구 툴바 영역의 **확인** 버튼(✓)을 클릭하거나 메뉴에서 **스케치 ▶ 확인/컴파일**(Ctrl+R)을 선택하면 됩니다.

컴파일이 시작되면 그림 2.10과 같이 출력 창에 초록색의 바가 현재의 진행 상태를 보여줍니다.

그림 2.10 컴파일 진행 상태 표시

컴파일 과정을 마치고 소스 코드에 오류가 없는 경우에는 그림 2.11과 같이 컴파일 완료 메시지와 함께 사용할 메모리 정보를 확인할 수 있습니다.

그림 2.11 컴파일 완료

만약 소스 코드에 오류(버그)가 포함되어 있어서 컴파일 진행 과정에서 에러가 발생했다면 그림 2.12와 같이 출력 창에 발생한 오류의 내용과 소스 코드의 행 번호가 표시되고 소스편집창에는 노란색 표시로 발생한 소스 코드 위치를 알려줍니다. 출력 창과 소스편집창에 제공되는 정보를 통해 작성한 코드에 어떠한 문제가 있는지 발견한 후, 정상적인 스케치로 수정해서 다시 컴파일을 수행해보는 과정을 반복하여 정상적으로 동작되는 코드가 되도록 프로그래밍을 진행하면 됩니다.

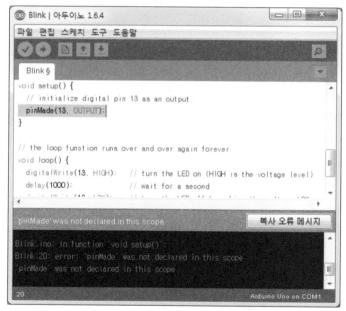

그림 2.12 컴파일 오류 발생

이제 아두이노 보드에 작성한 스케치를 업로드할 차례입니다. 컴파일이 정상적으로 완료된 것을 확인한 후 툴바의 업로드 버튼(🔘)을 클릭하거나 메뉴의 **파일 > 업로드**(Ctrl + U)를 선택합니다. 정상적으로 업로드가 완료되었나요? 정상적으로 프로그래밍 수정 또는 업로드가 완료되었다면, 깜빡이는 속도가 늦어졌음을 알 수 있습니다.

지금까지는 아두이노 보드에 내장된 LEDLight Emitting Diode를 깜빡이게 해보았습니다. 이번에는 좀 더 사실적으로 외부 LED를 연결해서 깜빡이도록 해보겠습니다. 아두이노 보드를 보면 숫자가 쓰여 있습니다. 지금 할 작업에서 필요한 것은 13번입니다. LED 전구를 하나 집어서 여기에 넣기만 하면 됩니다.

잠깐 주의해야 할 점이 있습니다. 그건 바로 극성이라는 것인데요. LED 전구는 +, -가 들어가는 곳이 별도로 존재합니다.

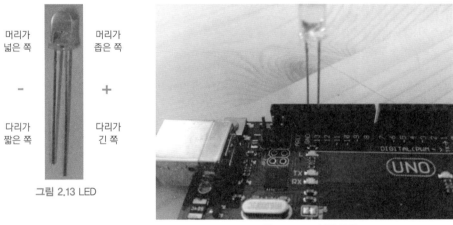

그림 2.13 LED

그림 2.14 LED 설치 화면

LED의 +극(다리가 긴 쪽) 다리를 13번에, -극(다리가 짧은 쪽) 다리를 13번 옆에 위치한 GND 영역에 꽂겠습니다(주의할 점은 방향이 틀리면 LED가 파손됩니다). 여기까지 제대로 진행이 되었으면 아두이노를 통해 LED가 깜빡거리는 것을 볼 수 있습니다.

여러분은 아두이노를 통해 하드웨어를 제어하는 원리를 어렴풋이 이해할 수 있었을 것입니다. 처음에는 이런 과정들이 어색할 수 있지만 몇 번만 반복해보면 이러한 과정이 참 쉽게 느껴질 것입니다. 앞으로의 계속적인 학습을 통해 여러분만의 멋진 작품을 기대하겠습니다.

2.4.2 실행 화면

그림 2.15 LED 실행 화면

> `tip` 아두이노 우노 보드에는 기본적으로 LED가 4개 있습니다.
>
> • 프로그램을 업로드할 때 깜빡이는 TX/LX 각각 1개씩
> • 아두이노에 전기가 공급될 때 켜지는 전원 LED
> • 아두이노 보드 디지털 핀 13번에 연결된 LED

2.5 브레드 보드 사용법

브레드 보드breadboard란 우리말로 빵판이라고도 합니다. 회로를 이용해 제품을 만들려고 하면 연결 선Jumper Wire을 이용해 서로 멀리 있는 소자들을 연결해줘야 합니다. 이때 납땜해서 직접 연결하는 대신 브레드 보드의 구멍에 간단히 꽂아 전기가 통하도록 해주면 여러 가지 테스트를 하거나 학습을 할 때 소자를 연결하고 재활용하기가 훨씬 쉬워집니다.

브레드 보드는 연결 형식에 따라 3홀식과 5홀식이 있습니다. 그림 2.16은 우리가 자주 사용하는 5홀식의 모습을 보여주고 있습니다. 그림에서 A, B, C, D는 각각 가로선에 따라

각 홀들이 내부로 연결되어 있습니다. 예를 들어 A 선에 점퍼 선이나 소자를 연결한다고 할 때 가로 선에 해당되는 어떤 홀에 끼우더라도 서로 연결이 됩니다. A 선과 B, C, D는 서로 연결되어 있지 않지만 각 선 내에서는 가로로 위치한 어떤 홀에 끼워도 서로 연결이 됩니다.

E와 F의 경우에는 세로로 5개의 점에 대해 연결되어 있습니다. G와 같이 세로로 뚫려 있는 홀들은 서로 연결되어 있어서 이 5개 홀에 끼운 소자 혹은 연결선은 서로 연결되어 전류가 흐르게 됩니다.

간단히 말하면 그림 2.16의 브레드 보드 그림에서 가로 혹은 세로로 연결된 화살표(→)에 걸친 구멍들 간에는 보드 아래에 전기 선으로 연결되어 있다고 생각하면 됩니다.

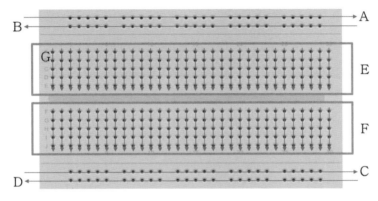

그림 2.16 브레드 보드

보통 A와 C에는 음극(접지, Ground)을 연결하고 B와 D에는 양극(VCC)을 연결합니다. 나머지 E와 F 영역에 각 소자[1] 와 연결선을 꽂아 배치를 하게 되며 이때 필요한 전원을 B 혹은 C에서 연결해 사용하고 접지는 A 혹은 C에서 연결해 사용합니다.

---

1   소자(素子): 장치, 전자 회로 따위의 구성 요소가 되는 낱낱의 부품으로, 독립된 고유의 기능을 가지고 있는 것

디지털 입력과 출력

3장

아두이노 우노의 경우 14개의 디지털 포트와 6개의 아날로그 포트를 가지고 있습니다. 그중 센서로부터 값을 읽거나 쓰기 위해 사용되는 가장 간단한 방법은 디지털 입력과 출력을 사용하는 것입니다. 디지털은 0과 1 두 가지 값을 갖습니다. 이 두 값을 이용하는 다양한 센서에 대해 알아보고, LED 램프를 이용한 간단한 실습 몇 가지를 해봅니다.

3.1 입력과 출력의 개념

아두이노는 연결한 기기에서 정보를 읽거나 쓰기를 할 수 있습니다. 아두이노는 다음과 같이 네 가지의 입출력 모드를 제공합니다.

- 디지털 입력
- 디지털 출력
- 아날로그 입력
- 아날로그 출력(PWM 출력)

아두이노 우노 보드의 경우 14개의 디지털 핀과 6개의 아날로그 핀을 가지고 있습니다. 디지털은 0(LOW)과 1(HIGH)의 두 가지 값만을 가질 수 있습니다. 버튼을 누르거나 누르지 않거나, LED 전구를 켜거나 끄거나 하는 등 두 가지 정보로 나타낼 수 있는 입출력을 할 때 사용할 수 있습니다. 그와 다르게 아날로그는 0과 1뿐만 아니라 더 큰 숫자 값을 표현할 때 사용합니다. 온도나 습도 센서의 경우 아날로그 값을 제공합니다. 아날로그 값을 입출력하는 방법은 4장에서 자세히 설명하겠습니다.

이제 디지털 입출과 출력을 하는 방법에 대해 자세히 알아보겠습니다. 먼저 디지털 입력입니다.

아두이노 보드에서 원하는 핀을 디지털 입력 혹은 출력을 사용하기 위해서는 해당 핀을 어떤 모드로 사용할지 아두이노에게 미리 알려줘야 합니다. 설정을 위해서는 pinMode( ) 함수를 사용하면 됩니다. 기본적으로 아두이노는 모든 디지털 핀이 입력 핀으로 설정되어 있어서 해당 핀을 입력 핀으로 사용하려고 하면 따로 설정해주지 않아도 됩니다. 하지만 출력 핀으로 사용하려면 잊지 말고 꼭 출력 핀 설정을 해줘야 합니다. 디지털 입력을 통해 현재의 값을 읽어오려면 digitalRead( ) 함수를 이용하면 됩니다. 예제 3.1은 디지털 입력 값을 읽어오는 소스 코드입니다.

예제 3.1 **디지털 입력**

```
01 int BUTTIN_IN = 3;
02 int digitalVal = 0;
03
04 digitalVal = digitalRead(BUTTIN_IN);
```

각 행에 해당되는 소스 코드의 내용을 알아보겠습니다.

01행: 3번 핀(BUTTIN_IN)을 통해 디지털 입력을 받기 위해 변수를 선언하고 숫자 3을 할당합니다. 다른 입력 핀을 사용하려면 숫자를 바꿔도 됩니다.

02행: 3번 핀을 통해 읽어온 디지털 값을 저장하기 위한 변수를 선언하고 초기 값을 0으로 설정합니다. 0은 LOW와 같습니다.

04행: 3번 핀에서 디지털 값을 읽어와서 변수 digitalVal에 저장합니다. 만일 3번 핀이 버튼이라면 버튼이 눌리면 1값을 읽어오고 버튼이 눌리지 않았으면 0값을 읽어옵니다.

디지털 출력은 digitalWrite( ) 함수를 이용하여 0(LOW) 또는 1(HIGH) 값을 출력합니다. 기본적으로 디지털 핀은 입력으로 설정되어 있기 때문에 값을 출력하기 위해서는 사용할 핀을 출력 핀으로 사용하겠다고 아두이노에게 알려줘야 합니다. 사용할 핀을 출력 핀으로 설정하기 위해서는 스케치의 setup( ) 함수에 pinMode( ) 함수를 사용합니다.

이제 디지털로 출력을 하는 간단한 예제를 통해 디지털 출력을 사용하는 방법을 알아보겠습니다. 그림 3.1과 같이 아두이노 보드에 LED 센서를 구성합니다. 주의할 점은 LED에서 다리가 긴 쪽이 +로 13번 핀에 연결해야 합니다. 다른 짧은 쪽은 -인 접지(GND)로 연결합니다.

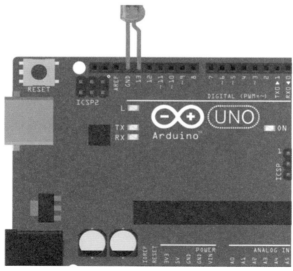

그림 3.1 LED 출력

예제 3.2는 디지털 출력을 위해 3번 핀을 사용하고, 3번 핀에 연결된 LED를 1초마다 껐다 켰다를 반복하는 예제입니다.

예제 3.2 **디지털 출력 예제**

```
01 int LED_OUT = 13;
02
03 void setup( ) {
04    pinMode(LED_OUT, OUTPUT);
05 }
06
07 void loop( ) {
08    digitalWrite(LED_OUT, HIGH);
09    delay(1000);
10
11    digitalWrite(LED_OUT, LOW);
12    delay(1000);
13 }
```

각 행에 해당되는 소스 코드의 내용을 알아보겠습니다.

01행: 13번 핀을 통해 디지털 출력을 하기 위해 변수를 선언하고 숫자 13을 할당합니다.

04행: 13번 핀을 디지털 출력(OUTPUT) 핀으로 설정합니다(참고로 입력 핀으로 설정할 때는 INPUT이라고 써주면 됩니다).

08행: 13번 핀에 1(HIGH) 값을 기록합니다. 13번 핀에 HIGH가 기록되면 13번 핀에 연결된 LED에 불이 들어옵니다.

09행: 1초 동안 아무런 동작을 하지 않고 기다립니다.

11행: 13번 핀에 0(LOW) 값을 기록합니다. 3번 핀에 LOW가 기록되면 13번 핀에 연결된 LED에 들어와 있던 불이 꺼집니다.

12행: 1초 동안 아무런 동작을 하지 않고 기다립니다.

예제 3.2에서 7~13행 사이의 **loop( )** 함수에 해당하는 코드가 끝없이 반복되게 됩니다.

tip **아두이노 우노 보드가 기본 장착된 13번 포트 LED**

아두이노의 우노 보드에는 기본 내장된 LED가 있습니다. 사용하는 핀은 13번입니다. 만약 간단한 LED 출력을 확인해보고 싶은 경우에는 13번 핀을 출력 핀으로 설정(pinMode(13, OUTPUT))하고 프로그램을 실행하면 별도로 13번 핀에 LED를 끼우지 않아도 아두이노 보드를 통해 쉽게 상태를 확인할 수 있습니다. 물론 디지털 13번 핀에 LED를 직접 끼워도 똑같이 확인할 수 있습니다.

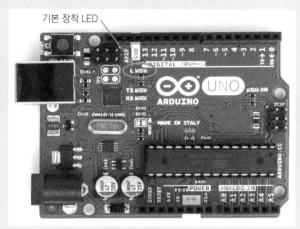

기본 장착 LED

그림 3.2 아두이노 우노 보드의 기본 장착 LED

3.2 Hello World를 컴퓨터로 출력

이제 시리얼 모니터 창에 글자를 출력하는 방법에 대해 알아보겠습니다. 시리얼로 출력하는 방법은 프로그램을 동작시킬 때 상태를 모니터링하거나 현재 읽어온 값을 글자로 확인하는 등 다양한 용도로 활용할 수 있으니 잘 알아두면 좋습니다.

예제 3.3 **시리얼로 Hello World 출력**

```
01 void setup( ) {
02   Serial.begin(9600);
03 }
04
05 void loop( ) {
06   Serial.println("hello world!");
07   delay(1000);
08 }
```

각 행에 해당되는 소스 코드의 내용을 알아보겠습니다.

02행: 통신 속도를 9600으로 설정합니다. 아두이노는 기본적인 통신 속도로 9600을 사용합니다. 이 값이 통합 개발 도구의 설정과 다르면 데이터를 원활하게 주고받을 수 없습니다.

06행: Serial.println() 함수를 이용해 글자 "hello world!"를 전송합니다.

07행: 1초 동안 잠시 기다립니다. delay() 함수는 1/1000초 단위로 설정할 수 있습니다. 1초동안 멈추게 하려면 1000을 0.5초 동안 멈추게 하려면 500 값을 써줍니다.

이제 통합 개발 도구의 시리얼 모니터를 실행해보면 그림 3.3과 같이 "hello world!"라는 문자가 1초에 한 번씩 표시되는 것을 확인할 수 있습니다.

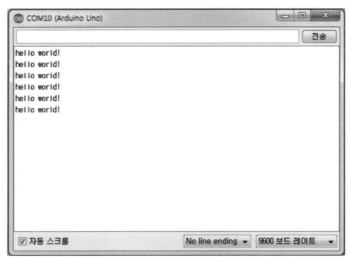

그림 3.3 시리얼 모니터에 "hello world!"가 출력되는 모습

3.3 컴퓨터에서 특정 숫자를 입력받아 LED 램프 동작

이제 컴퓨터와 통신을 통해 반응하는 프로그램을 개발해 보겠습니다. 컴퓨터를 통해 글자를 입력받고, 그 값에 따라 LED를 동작하게 만드는 프로그램입니다. 컴퓨터와 통신을 하기 위해서 시리얼 모니터를 사용하게 되고, 시리얼 모니터에서 글자를 입력하면 그 입력 값을 검사해 경우에 따라 LED를 켜거나 끄게 만들 예정입니다. 아두이노 보드의 구성은 그림 3.1과 동일합니다.

```
01 int LED_OUPUT = 13;
02
03 void setup() {
04   Serial.begin(9600);
05   pinMode(LED_OUPUT, OUTPUT);
06 }
07
08 void loop() {
09   if (Serial.available() > 0) {        // 시리얼로부터 읽어올 값이 있는지 검사
10
11     char readChar = Serial.read();     // 기시리얼 값을 1자씩 읽기
12
13     Serial.println(readChar);          // 읽어온 값을 다시 시리얼 모니터에 표시
14
15     if (readChar == '1') {
16       digitalWrite(LED_OUPUT, HIGH);   // LED 켜기
17     } else {
18       digitalWrite(LED_OUPUT, LOW);    // LED 끄기
19     }
20   }
21 }
```

각 행에 해당되는 소스 코드의 내용을 알아보겠습니다.

04행: 통신 속도를 9600으로 설정합니다. 아두이노는 기본적인 통신 속도로 9600을 사용합니다. 이 값이 통합 개발 도구의 설정과 다르면 데이터를 원활하게 주고받을 수 없습니다.

05행: 13번 핀을 디지털 출력 핀으로 설정합니다.

09행: 시리얼 통신으로 읽어올 값이 있는지 검사합니다. 읽어올 데이터가 없으면 0을 반환하고 읽어올 데이터가 있으면 데이터 크기를 반환합니다.

11행: 시리얼 통신을 통해 수신된 데이터의 맨 앞 1바이트를 읽어옵니다.

13행: 읽어온 값을 다시 시리얼 통신을 통해 전송합니다. 그 이유는 PC의 시리얼 모니터 화면에 본인이 전송한 데이터가 정상적으로 전송되었는지 확인하기 위한 목적입니다.

15행: 읽은 값이 글자 '1'에 해당되는지 검사합니다. 글자 '1'이면 if 함수 안에 있는 16행으로 이동하여 실행하고 아니면 17행으로 이동합니다.

16행: 디지털 출력으로 1(HIGH)을 기록합니다. 즉, LED 불이 켜지게 합니다.

17행: 만일 읽어온 값이 '1'이었다면 else 절을 실행하지 않고 20행으로 바로 이동합니다. 1이 아닌 경우 else 절이 실행되며 18행으로 이동합니다.

18행: 디지털 출력으로 0(LOW)을 기록합니다. 즉, LED 불이 꺼지게 합니다.

예제 3.4를 컴파일하고 아두이노 보드에 업로드해 시리얼 모니터 화면을 실행합니다. 그림 3.4처럼 시리얼 모니터 화면의 상단 입력창에 글자 '1'을 입력해봅니다. 그러면 아두이노의 LED 불이 켜집니다. 이제 글자 '1'이 아닌 다른 글자를 입력합니다. '0' 이나 '2'를 입력하면 LED 불이 꺼집니다.

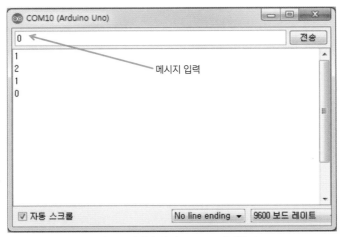

그림 3.4 시리얼 입력으로 LED 제어하기

3.4 컴퓨터로 LED 램프 2개 조작

이제 3.3절에서 배운 시리얼 통신을 통해 LED를 조작하는 방법을 이용하여 2개의 LED를 조작하는 방법을 구현해보겠습니다. 시리얼 통신을 하는 방법은 이전과 똑같지만 전송된 값에 따라 처리하는 방법과 출력을 수행할 LED의 개수가 더 많아졌습니다. 아두이노 보드를 그림 3.5와 같이 구성합니다. 주의할 점은 전류가 과도하게 흘러 LED가 고장나는 것을 방지하기 위해 LED의 입력(+) 부분에 저항을 직렬로 연결하는 것입니다. 두 개의 LED 출력 핀은 6번과 7번입니다.

우리가 구현할 예제는 아두이노에 두 개의 LED를 연결하고 컴퓨터에서 시리얼 모니터를 입력을 받아 두 개의 LED를 다양한 방법으로 제어할 것입니다. 입력에 따르는 처리는 다음과 같습니다.

- **글자 '0' 입력**: LED 모두 *끄기*
- **글자 '1' 입력**: 1번 LED만 켜기
- **글자 '2' 입력**: 2번 LED만 켜기
- **글자 '3' 입력**: 1번과 2번 LED 모두 켜기

그림 3.5와 같이 아두이노를 구성합니다. LED의 입력 핀은 6번과 7번입니다. LED의 전원 입력 부(+)에 연결된 저항은 300Ω(옴)을 사용했습니다.

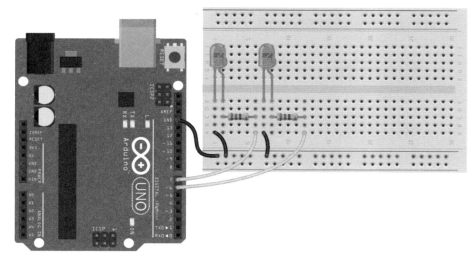

그림 3.5 LED 2개 연결

예제 3.5 시리얼 입력을 통한 두 개의 LED 제어하기

```
01 int LED1_OUPUT = 6;
02 int LED2_OUPUT = 7;
03
04 void setup() {
05   Serial.begin(9600);
06   pinMode(LED1_OUPUT, OUTPUT);
07   pinMode(LED2_OUPUT, OUTPUT);
08 }
09
10 void loop() {
11   if (Serial.available() > 0) {      // 시리얼로부터 읽어올 값이 있는지 검사
12
```

```
13    char readChar = Serial.read();   // 기시리얼 값을 1자씩 읽기
14
15    Serial.println(readChar);        // 읽어온 값을 다시 시리얼 모니터에 표시
16
17    if (readChar == '0') {
18      digitalWrite(LED1_OUPUT, LOW);
19      digitalWrite(LED2_OUPUT, LOW);
20    } else if (readChar == '1') {
21      digitalWrite(LED1_OUPUT, HIGH);
22      digitalWrite(LED2_OUPUT, LOW);
23    } else if (readChar == '2') {
24      digitalWrite(LED1_OUPUT, LOW);
25      digitalWrite(LED2_OUPUT, HIGH);
26    } else if (readChar == '3') {
27      digitalWrite(LED1_OUPUT, HIGH);
28      digitalWrite(LED2_OUPUT, HIGH);
29    }
30  }
31 }
```

각 행에 해당되는 소스 코드의 내용을 알아보겠습니다.

05행: 통신 속도를 9600으로 설정합니다. 아두이노는 기본적인 통신 속도로 9600을 사용합니다. 이 값이 통합 개발 도구의 설정과 다르면 데이터를 원활하게 주고받을 수 없습니다.

06~07행: 6번 핀과 7번 핀을 디지털 출력 핀으로 설정합니다.

11행: 시리얼 통신으로 읽어올 값이 있는지 검사합니다. 읽어올 데이터가 없으면 0을 반환하고 읽어올 데이터가 있으면 데이터 크기를 반환합니다.

13행: 시리얼 통신을 통해 수신된 데이터의 맨 앞 1바이트를 읽어옵니다.

15행: 읽어온 값을 다시 시리얼 통신을 통해 전송합니다. 그 이유는 PC의 시리얼 모니터 화면에 본인이 전송한 데이터가 정상적으로 전송되었는지 확인하기 위한 목적입니다.

17행: 읽은 값이 글자 '0'에 해당되는지 검사합니다. 글자 '0'이면 if 함수 안에 있는 16, 17행을 실행합니다. 디지털 출력 6번 핀과 7번 핀을 0(LOW)으로 설정하여 불이 꺼지게 합니다.

20행: 읽은 값이 글자 '1'에 해당되는지 검사합니다. 글자 '1'이면 else if 함수 안에 있는 19, 20행을 실행합니다. 디지털 출력 6번은 1(HIGH)로 설정하여 불을 켜고 디지털 7번 핀은 0(LOW)으로 설정하여 불이 꺼지게 합니다.

23행: 읽은 값이 글자 '2'에 해당되는지 검사합니다. 글자 '2'이면 else if 함수 안에 있는 22, 23행을 실행합니다. 디지털 출력 6번은 0(LOW)으로 설정하여 불이 꺼지게 하고 디지털 7번 핀은 1(HIGH)로 설정하여 불이 켜지게 합니다.

26행: 읽은 값이 글자 '3'에 해당되는지 검사합니다. 글자 '3'이면 else if 함수 안에 있는 25, 26행을 실행합니다. 디지털 출력 6번 핀과 7번 핀을 1(HIGH)로 설정하여 불이 켜지게 합니다.

예제 3.5를 컴파일하고 아두이노 보드에 업로드하여 시리얼 모니터 화면을 실행합니다. 시리얼 모니터 화면의 상단 입력 창에 글자 '1', '2', '3', '0'을 차례대로 입력해봅니다. 그러면 아두이노의 LED 불이 "1번 켜짐 → 2번 켜짐 → 1번과 2번 켜짐 → 모두 꺼짐"의 순서대로 동작되는 것을 확인할 수 있습니다.

3.5 스위치 버튼을 이용한 LED 램프 동작

이제 스위치 버튼을 이용하여 LED 램프를 동작하는 방법에 대하여 알아보겠습니다. 스위치 버튼은 디지털 입력을 위한 것으로 버튼이 눌리면 1(HIGH), 눌리지 않으면 0(LOW) 값을 나타냅니다. 이번에는 시리얼 입력이 아닌 디지털 입력을 통해 디지털 출력을 제어해보겠습니다.

그림 3.6과 같이 아두이노를 구성합니다. 스위치 버튼의 디지털 입력은 2번 핀을 사용합니다. 디지털 출력을 위한 LED는 13번 핀을 사용하였습니다.

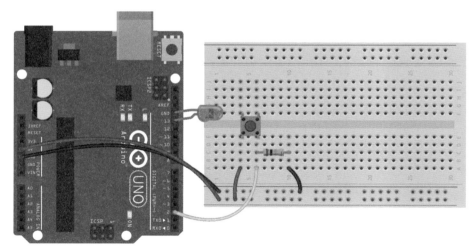

그림 3.6 스위치 버튼으로 LED 제어

```
01 int BUTTON_INPUT = 2;
02 int LED_OUPUT = 13;
03
04 void setup( ) {
05   pinMode(BUTTON_INPUT, INPUT); // 디지털 입력 설정 (생략 가능)
06   pinMode(LED_OUPUT, OUTPUT);   // 디지털 출력 설정
07 }
08
09 void loop( ) {
10   int buttonState = digitalRead(BUTTON_INPUT);
11   if (buttonState == HIGH) {
12     digitalWrite(LED_OUPUT, HIGH);
13   }
14   else {
15     digitalWrite(LED_OUPUT, LOW);
16   }
17 }
```

각 행에 해당되는 소스 코드의 내용을 알아보겠습니다.

05행: 2번 핀을 스위치 버튼을 위한 디지털 입력으로 사용하기 위해 설정합니다.

06행: 13번 핀을 LED 디지털 출력으로 사용하기 위해 설정합니다.

10행: 스위치 버튼의 현재 상태 값을 읽어와서 buttonState 변수에 저장합니다.

11행: buttonState 변수에 저장된 값이 1(HIGH)인지 검사해 맞다면 12행을 실행합니다.

12행: LED를 켜기 위해 13번 핀의 출력에 1(HIGH)의 값을 기록합니다.

14행: 만약 스위치 버튼의 값이 1(HIGH)이 아닌 경우 15행을 실행합니다.

15행: LED를 끄기 위해 13번 핀의 출력에 0(LOW)의 값을 기록합니다.

예제 3.6을 컴파일하고 아두이노 보드에 업로드해 시리얼 모니터 화면을 실행합니다. 스위치를 누르면 LED에 불이 들어오고 스위치를 누르지 않으면 LED 불이 꺼지는 것을 확인할 수 있습니다.

아날로그 입력과 출력

아날로그는 디지털과 다르게 0과 1만이 아닌 더 큰 숫자를 갖습니다. 디지털은 '꺼지거나 켜지거나, 움직이거나 안 움직이거나'와 같은 식으로 두 가지 상태만을 갖습니다. 하지만 아날로그는 숫자의 크기로 현재의 상태를 표현합니다. 얼마나 뜨거운지, 얼마나 밝은지 등 숫자로 그 정도를 표현하는 것입니다. 아날로그 값을 이용하면 좀 더 정밀한 정보를 취득하고 세밀하게 제어할 수 있습니다. 아날로그 입력과 출력에 대해 알아보고, 포텐셔미터를 이용한 실습도 해보겠습니다.

4.1 아날로그의 의미

지금까지 디지털 입출력에 대해 살펴보았으니 이제 디지털과 아날로그 입출력의 차이점을 이야기해보고자 합니다.

먼저 아날로그는 빛이나 소리 또는 파장 등을 자연 상태의 정보를 전달하는 것입니다. 그렇기 때문에 먼 거리로 전송할 때 변형되기 쉽습니다. 그러나 디지털은 0, 1이라는 숫자로 변형해서 먼 거리까지 전송할 수 있고, 변형되지 않지만, 그만큼 표현 자체가 딱딱합니다. 0과 1로만 표현되기 때문입니다.

예를 들면, 예전에 LP판이라는 것이 있었습니다. 지금의 mp3 플레이어 같은 것인데요. 커다랗고 동그란 LP판을 턴테이블 위에 올려 놓고 핀을 그 위에 올려놓으면 핀이 회전하면서 거기에 기록된 음악이 흘러나오는 것입니다.

그런데 LP판이나 핀 상태가 안 좋으면 "치지직"하고 이상한 소리가 나거나 음악이 중간에 나오다가 끊어질 때가 많았습니다. 이것이 아날로그입니다. 기기의 상태나 환경에 따라 시시각각 달라지는 것입니다.

예전부터 음악을 좋아하던 사람들은 지금도 이 아날로그 형태의 음악을 찾는 사람이 많습니다. 가끔씩 섞여 나오는 잡음조차도 아름답게 들리기 때문입니다. 디지털 음악에서는 낼 수 없는 소리 형태입니다.

이처럼 우리가 사는 세상에는 디지털보다 아날로그[1] 형태가 훨씬 많이 존재합니다. 우리나라 국어도 햇빛의 뜨거운 정도를 표현할 때, "뜨겁다", "차다"라고만 표현할 수 있는 게 아니라, "따사롭다", "포근하다" 등 여러 가지로 형태로 표현됩니다. 아날로그는 이를테면 빛의 밝기, 소리의 높낮이나 크기, 바람의 세기 등 같은 것입니다.

---

1 국어사전에서는 아날로그라는 뜻을 "어떤 수치를 길이라든가 각도 또는 전류라고 하는 연속된 물리량으로 나타내는 일"이라고 표현하고 있습니다.

4.2 포텐셔미터 신호 받기

입출력에는 디지털과 아날로그는 차이점이 있습니다. 디지털은 LED를 on 또는 off 하는 단순한 2가지의 반응만을 가능하지만, 아날로그는 음악 소리를 점점 크게 하거나 반대로 작게 하거나, 불빛을 아주 밝게 하거나 점점 어둡게 하거나 이처럼 단계적인 반응 혹은 결과를 만들 수 있습니다.

아두이노는 소리나 빛과 같은 아날로그 신호를 어떻게 받아들이는지 알아보겠습니다. 아두이노는 아날로그 신호를 받아들이기 위해 ADCAnalog -Digital Converter라는 장치를 이용하는데, 이 장치는 아날로그 신호를 디지털 신호로 변환해줍니다.

그림 4.1처럼 보드의 아래쪽에 ANALOG IN이라고 표시된 부분에 있으며, 앞에 A가 붙은 핀들이 아날로그 신호를 받을 수 있습니다.

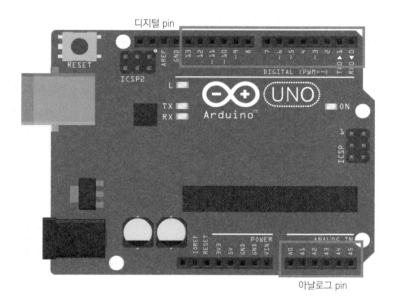

그림 4.1 아두이노 우노 디지털핀과 아날로그 핀 위치

아두이노 우노의 경우 0~5V를 1024개의 구간으로 나누어서 디지털 신호를 그 구간 사이의 값으로 표현하게 되는 것입니다.

다시 말하면, A가 붙어 있는 아날로그 입력 핀을 통하여 외부로부터 0~5V 사이의 값이 들어오고, 이 값이 ADC로 변환되어 0~1023 사이의 값으로 치환됩니다.

　참고로, 아두이노 우노의 경우 그림 4.2처럼 6개의 아날로그 핀을 가지고 있고, 아두이노 메가는 16개의 아날로그 입력 핀을 가지고 있습니다.

그림 4.2 아두이노 우노 아날로그 핀

　아두이노 보드에서 **analogRead( )** 함수를 이용하면 핀에서 넘어온 아날로그 값을 읽을 수 있습니다.

【준비물】

포텐셔미터Potentiometer는 동그란 손잡이를 시계, 반시계 방향으로 돌릴 때마다 내부의 저항이 바뀌는 장치입니다. 그래서 가운데 핀(아날로그 0번 핀)으로 들어가는 전압이 바뀝니다. 즉, 아날로그 0번 핀으로 입력받는 전압이 0V~5V 사이에서 변화하는데 이 값을 읽어서 입력 장치처럼 사용하는 것입니다.

　지난 시간에는 버튼의 on/off를 읽었기 때문에 **digitalRead( )** 함수를 사용했습니다. 이제는 0V~5V 사이에서 변화하는 값을 읽어야 하기 때문에 **analogRead( )** 함수를 사용할 것입니다. 그리고 아날로그 값이 잘 전달되었는지 확인하기 위해서 아두이노 보드와 PC 사이의 시리얼 통신으로 값을 확인하겠습니다. 그림 4.3은 전체적인 연결 방법입니다.

구성품	모습	개수	설명
아두이노 보드		1개	우노(Uno) 보드 사용

(이어짐)

브레드 보드		1개
USB 케이블 및 점퍼선		1개
포텐셔미터		1개

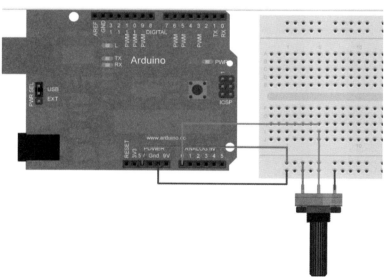

그림 4.3 아두이노 우노 포텐셔미터 아날로그 핀 세팅 방법

```
01 void setup( ) {
02   // 시리얼 모니터와 통신하기 위해 초기화한다.
03   Serial.begin(9600);
04 }
05
06 void loop( ) {
07   // 아날로그 0번 핀의 값을 읽어서 시리얼 모니터에 출력한다.
08   Serial.println(analogRead(A0)); // 0~ 1023 사이의 값이 입력된다
09   delay(1000);                     // 1초 동안 대기(1000 밀리초)
10 }
```

예제 4.1의 코드를 입력한 뒤, 컴파일하고 업로드해보면 아무런 동작이 발생하지 않습니다. 코드에 대한 결과를 보려면, 시리얼 모니터를 띄워야 합니다. 시리얼 모니터에 구동 방법에 대해서는 이전 장에서 배웠습니다. 다시 한 번 복습하는 차원에서 실행하자면, 그림 4.4와 같이 메뉴를 통한 접근 방법과 우측의 돋보기 아이콘을 통해 실행할 수 있습니다. 단축키인 Ctrl+Shift+M을 눌러도 실행할 수 있습니다.

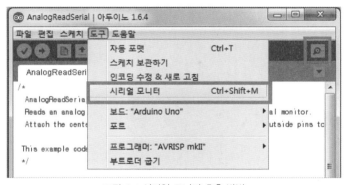

그림 4.4 시리얼 모니터 호출 방법

시리얼 모니터가 정상적으로 구동된다면, 포텐셔미터의 동그란 손잡이를 시계, 반시계 방향으로 돌려보세요. 돌릴 때마다 그림 4.5와 같은 수치가 변하는 것을 볼 수 있습니다. 값은 최소 0부터 최대 1023까지 출력됩니다.

간단하게 포텐셔미터를 통해서 아날로그 입력을 배워보았습니다. 아날로그 입력 핀을 통해 들어온 값을 analogRead( ) 함수로 읽어들이고, 이를 시리얼 모니터에 출력해봤습니

다. 아두이노 우노의 기준으로 0~1023이라는 값을 들어오는 것을 알 수 있습니다.

그림 4.5 포텐셔미터를 이용한 아날로그 출력 모습

tip 이러한 예제는 A0(아날로그 0번) 핀에서 0~1023으로 구분된 값을 읽는 것이죠. 여기서 한 가지 생각하셔야 할 점은 digitalRead 함수를 쓸 때처럼 pinMode 함수로 read/write 모드를 설정해주지 않았다는 점입니다.

이것은 analogRead를 사용할 수 있는 핀이 아날로그 입력 핀인 A0~A5(또는 A7)로 고정되어 있고 여기에는 Read 작업만 할 수 있어서 모드를 설정할 필요가 없기 때문입니다. 그래서 포텐셔미터를 아날로그 핀에 연결해서 analogRead를 사용한 것입니다.

4.3 아날로그 출력

아두이노는 아날로그 신호를 디지털화하는 ADC라는 장치를 이용해서 값을 입력받을 수 있었습니다. 그럼 이렇게 입력받은 아날로그 값을 출력하려고 합니다. 그러나 아쉽게도 특별한 아두이노 보드를 제외하고는 입력받은 아날로그 값을 그대로 출력할 수 없습니다.

아날로그 입력은 ADC 장치에 의해 사용할 수 있는 반면, 아날로그 출력은 PWM_{Pulse} _{Width Modulation}이란 방법을 이용해 표현할 수 있습니다. 아두이노에서 아날로그 값을 출력하기 위해서는 입력받은 값을 디지털 신호로 다시 변환해야 합니다. 이때 PWM이라는 특별한 방식으로 출력하는 것입니다.

앞에서 해봤듯이 디지털 신호는 오직 HIGH(5V) 아니면 LOW(0V) 두 가지만 표현할 수 있어서 실제로는 아날로그 형태의 출력 값을 만들 수 없습니다. 하지만 PWM 기능을 이용하면 마치 아날로그 전압처럼 0V와 5V 사이의 전압으로 (예를 들면 1.25V, 2.5V 등) 출력을 낼 수 있습니다. 따라서 LED의 밝기를 제어하거나 모터의 회전 속도를 제어하는 데 사용할 수 있습니다.

PWM은 진정한 의미의 아날로그 출력은 아니고 흉내를 내는 것인데 그 원리는 다음과 같습니다. 아두이노가 아날로그 출력을 만들어 낼 수 없기에 펄스Pulse의 폭을 빠르게 변화시킴으로써 평균 전압의 양을 조절해 아날로그 출력을 만들어 내는 것입니다. 비유하자면, 우리의 눈꺼풀은 하루에도 수 만번 깜빡이지만, 아주 빠르게 감았다가 다시 뜨기 때문에 마치 계속 눈을 뜨고 있는 것처럼 보입니다.

우리가 일상 속에 보는 모든 조명들이 이 방법으로 서서히 어두워지거나 밝아지는 것입니다. 짧은 순간에 꺼지고 켜지는 것을 반복하는데 마치 우리 눈에는 서서히 변화되는 것처럼 보이는 것입니다.

그럼 다시 본론으로 돌아가서 아날로그 출력은 모든 핀에서 되는 것은 아닙니다. 아두이노 보드를 자세히 보면, PWM=~라고 적혀 있는 것을 볼 수 있습니다. 아두이노 우노 기준으로 PWM은 (3,5,6,9,10,11)번 핀을 사용하며, 앞에 ~ 모양이 있습니다. ~가 붙어 있는 핀 번호는 사용 가능하다는 의미입니다.

아두이노 우노 기준으로, 아날로그는 입력은 0~1023까지 받을 수 있었습니다. 그런데 아날로그 출력은 0에서 5V의 값을 0~255로 나타낼 수 있습니다. 만약 PWM 핀에 255를 대입하면 가장 밝은 LED가 켜집니다.

그림 4.6 PWM 핀

PWM 기능을 사용하기 위해서는 다음과 같은 analogWrite( ) 함수를 이용합니다.

analogWrite(핀 번호, **PWM** 값**)**

· 핀번호: 3, 5, 6, 9, 10, 11 중 하나(아두이노 우노의 경우)
· PWM 값: 0에서 255 사이의 정수

tip PWM의 원리

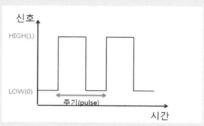

그림 4.7 PWM의 원리

반복되는 주기(pulse) 내에서 High 상태 전압의 시간폭과 LOW 상태의 전압의 시간 폭 비율을 변경하여 평균 직류 전압의 크기가 변화하는 원리입니다.

예를 들면, 그림 4.8, 그림 4.9와 같습니다.

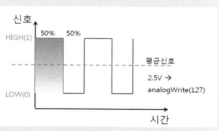

그림 4.8 평균 2.5V PWM 출력

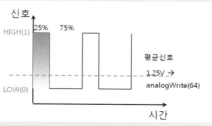

그림 4.9 평균 1.25V PWM 출력

4.4 포텐셔미터로 입력받아 LED 램프 밝기 조절

앞의 예제에서 LED만 추가하여 아날로그 출력을 해보겠습니다. 그림 4.10은 아날로그 출력 관련 전체적인 연결 방법입니다.

【준비물】

실습에 필요한 준비물은 다음 표와 같습니다.

구성품	모습	개수	설명
아두이노 보드		1개	우노(Uno) 보드 사용
브레드 보드		1개	
USB 케이블 및 점퍼선		1개	
LED		1개	
포텐셔미터		1개	

저항	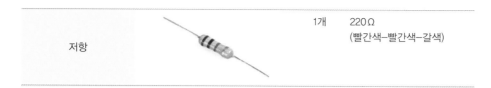	1개	220Ω (빨간색-빨간색-갈색)

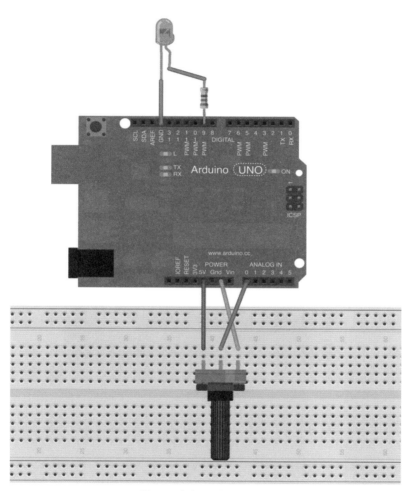

그림 4.10 아날로그 출력 세팅 방법

4.4.1 포텐셔미터를 아두이노와 연결

1단계: 포텐셔미터의 가운데 선(파란색)을 A0 핀으로 연결합니다. 위쪽(빨간색)을 5V로 연결합니다. 아래쪽(녹색)을 GND에 연결합니다(*GND가 두 군데 있는데 아무데나 연결하면 됩니다).

그림 4.11 포텐셔미터 연결 방법

2단계: 노란색 선 같은 라인으로 저항의 한쪽 다리를 연결합니다. 저항의 다른 한쪽의 같은 라인에 LED의 다리가 긴 쪽을 연결합니다. LED의 다리가 짧은 다리 쪽과 같은 라인에서 다시 다른 노란색을 꽂습니다.

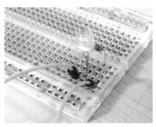

그림 4.12 브레드 보드에 LED 연결 방법

3단계: 저항선에 연결된 위 쪽 노란색 선을 ~9번에 연결합니다. 아래쪽 LED에 연결된 또 다른 노란색은 GND에 연결합니다.

그림 4.13 LED선 연결 방법

4단계: 선을 잘 연결했으면 예제 4.2와 같이 프로그램을 작성한 다음, 컴파일하고 업로드를 합니다.

5단계: 포텐셔미터를 이리저리 돌려보면 LED의 불빛이 달라지는 것을 확인할 수 있습니다.

```
01 int ledPin = 9;
02
03 void setup( ) {
04   Serial.begin(9600);
05   pinMode(ledPin, OUTPUT);          // 9번 핀에 LED를 출력한다.
06 }
07
08 void loop( ) {
09   int sensorValue = analogRead(A0); // 아날로그 0번 핀 입력값 저장
10   // 아날로그 0번 핀의 값을 읽어서 시리얼 모니터에 출력한다.
11   Serial.println(sensorValue);
12   // analogRead (0~1023) , analogWrite (0~255)
13   analogWrite(ledPin, sensorValue / 4);
14   delay(1);
15 }
```

그림 4.14 최종 결과 화면

이 예제는 LED를 아두이노의 PWM 핀에 연결해서 밝기를 원하는 대로 조절하는 예제입니다. LED의 밝기를 조절하려면 어떻게 해야 하죠? 앞서 배운 PWM 방법으로 전압을 조절해서 밝기를 조절합니다.

정리하면, analogRead( ) 함수를 사용해서 단계적인 값을 읽을 때는 아날로그 핀들을 사용하면 됩니다. 하지만 아날로그 핀을 통해 단계적인 0V~5V 사이의 값을 출력할수는 없습니다. 이런 작업은 PWM 핀으로 지정된 디지털 핀을 통해 가능합니다. 이 때 analogWrite( ) 함수를 사용할 수 있습니다.

추가로 하나 더 이야기하자면 analogRead( )는 0~1023까지의 값을 읽을 수 있고, analogWrite( )는 0~255 사이의 값을 사용할 수 있습니다. 따라서 간단하게 하자면, analogRead( )를 통해 입력받은 값을 1/4 하면 analogWrite( )의 출력 단계 값으로 사용할 수 있습니다.

2부 아두이노와 대화하기

2부에서는 아두이노에서 가장 많이 활용되는 대표적인 센서, 디스플레이, 모터 등의 기본 기능을 살펴보고, 아두이노를 통해 소리 및 모터 제어를 할 수 있는 방법에 대해 자세히 알아봅니다.

다양한 센서 5장

이 장에서는 아두이노에서 활용도가 높은 다양한 센서에 대해 배워봅니다. 이 장에서 배우는 센서들은 이미 우리 주위에서 많이 활용되고 있는 센서들이므로 하나씩 배워가면서 우리 주변에 어떻게 적용되고 있는지 찾아보는 것도 재미있을 것입니다.

5.1 센서의 의미

우리 주변은 모두 자연으로 둘러 쌓여 있으며 온도나 습도, 소리, 압력 등 물리적인 현상을 수치로 표현할 수 있습니다. 이러한 물리적인 양이나 크기 등을 감지하여 수치로 변환해주는 기기를 센서라고 합니다.

거리를 재거나, 움직임을 포착하거나 밝고 어두움을 측정하는 등 그 활용 범위는 매우 넓습니다. 센서의 종류는 온도 센서, 압력 센서, 광 센서, 습도 센서, 이미지 센서, 터치 센서, 거리 측정 센서, 조도 센서 등 그 종류도 무척 다양합니다. 응용 분야별 대표적 센서들을 살펴보면 표 5.1과 같습니다.

▼ 표 5.1 센서 응용 분야

응용 분야	대표 센서
운송용 기기	온도, 압력, 회전 수, 속도, 변위, 유량, 광, 초음파
가전용 기기	온도, 습도, 압력, 가스, 광
공업계측	온도, 압력, 습도, 유량
의료용 기기	온도, 압력, 광, 자기, 초음파
방제 안보 기술	변위, 온도, 가스, 초음파, 적외선 이미지, 연기, 화제
자원, 에너지 개발 기술	자기, 초음파, 광
식량 관련 기술	온도, 습도, 자기, 초음파, 적외선 이미지, 성분
공해 방지	가스, 온도, 화학
정보화 기기	광, 자기, 위치

이제 아두이노에서 다룰 수 있는 대표적인 센서에 대해 하나씩 그 용도와 사용하는 방법에 대하여 배워보겠습니다. 다음에 나오는 센서들은 아두이노를 사용할 때 자주 사용되는 센서들입니다. 이러한 센서들의 원리와 활용법을 잘 익혀 다양한 작품을 만드는 데 활용해보길 바랍니다.

5.2 기울기 센서

기울기 센서란 물체가 수평에서 얼마나 기울어졌는지를 측정해서 물리적인 수치 값으로 변환해주는 센서를 말합니다. 그림 5.1은 수은을 이용한 기울기 센서의 모습입니다. 유리로 된 센서 내부에 있는 수은이 들어 있고 센서를 움직임에 따라 수은이 물과 같이 움직입니다. 센서 아래 부분에는 두 개의 연결선이 있는데 두 선은 연결되어 있지 않습니다.

수은이 움직이며 두 선을 이어주면 전류가 흘러서 결선상태(on) 상태가 되는 것이고 센서가 기울어져서 수은이 이동하여 두선을 떨어지게 하면 단선상태(off)가 되는 것입니다.

그림 5.1 수은 기울기 센서

그림 5.2는 수은 기울기 센서의 동작 원리에 대해 보여주고 있습니다. 그림 5.2ⓐ는 기울기 센서가 수직으로 서 있는 상태로 액체 상태인 수은이 아래에 위치하여 두 전선을 연결해줘서 전류가 흐를 수 있도록 해줍니다. 이 상태는 결선 상태, 즉 전원이 들어온 on 상태가 됩니다. 그림 5.2ⓑ와 같이 기울기 센서가 수평으로 기울어지면 수은은 바닥에 깔리게 되고 두 전선을 이어주지 못하게 됩니다. 그러면 전류가 흐르지 않게 되고 단선 상태, 즉 전원이 흐르지 못하는 off 상태가 됩니다.

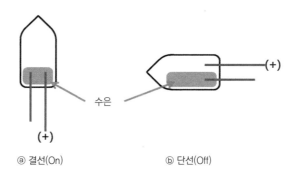

ⓐ 결선(On)   ⓑ 단선(Off)

그림 5.2 수은 기울기 센서의 결선/단선 상태

이제 실습을 통해 기울기 센서의 사용법을 직접 확인해보겠습니다.

【준비물】

실습을 하는 데 필요한 준비물은 다음 표와 같습니다.

구성품	모습	개수	설명
아두이노 보드		1개	우노(Uno) 보드 사용
브레드 보드		1개	
USB 케이블 및 점퍼선			
LED		1개	단색 LED로 색은 상관없음
저항		2개	10KΩ(갈색–검은색–주황색) 다른 저항으로 대체 가능
기울기 센서		1개	움직임 감지 센서

이제 아두이노 보드와 센서를 구성할 차례입니다. 다음 내용을 참고하여 그림 5.3과 같이 센서들을 아두이노에 연결합니다.

- **기울기 센서**: 양극(+)에 전원을 연결하고 출력 데이터를 2번 핀에 연결합니다. 음극에는 저항 10KΩ을 연결합니다.

- **LED**: 6번 핀 출력을 LED의 양극(+)에 연결합니다.
- **저항**: 저항은 기울기 센서나 LED에 과전류가 흘러서 고장나는 것을 방지하기 위해 사용하는데 극성은 상관없습니다.

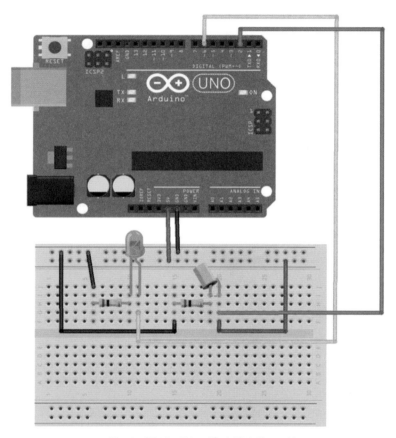

그림 5.3 아두이노 우노 기울기 센서 회로 구성

이제 예제 5.1과 같이 프로그램 소스를 작성합니다.

예제 5.1 디지털 출력 예제

```
01 int TILT_IN = 2;
02 int LED_OUT = 6;
03
04 void setup( ) {
```

(이어짐)

```
05   pinMode(TILT_IN, INPUT);
06   pinMode(LED_OUT, OUTPUT);
07 }
08
09 void loop() {
10   if (digitalRead(TILT_IN) == HIGH) {
11     digitalWrite(LED_OUT, HIGH);   // LED 전원 켜기
12   } else {
13     digitalWrite(LED_OUT, LOW);    // LED 전원 끄기
14   }
15 }
```

각 행에 해당되는 소스 코드의 내용을 알아보겠습니다.

05행: 2번 핀을 기울기 센서 값 확인을 위한 데이터 입력 핀으로 설정합니다.

06행: 6번 핀을 LED 제어를 위한 데이터 출력 핀으로 설정합니다.

10행: 기울기 센서로부터 현재의 값을 읽어와서 현재 값이 1(HIGH)인지 확인합니다. 만약 1이면 11행을 실행하고, 아니면 13행을 실행합니다.

11행: 기울기 센서 값일 1인 경우 LED 출력을 1 값을 설정해서 불을 켭니다.

13행: 기울기 센서 값이 0인 경우 LED 출력을 0으로 설정해서 불을 끕니다.

예제 5.1을 컴파일하고 아두이노 보드에 업로드합니다. 실행하면 기울기 센서의 움직임에 따라 LED 불빛이 들어오게 됩니다. 기울기 센서를 수직으로 세우거나 수평으로 기울여 보면 LED 불빛이 꺼졌다 켜지는 것을 확인할 수 있습니다.

5.3 적외선 모션 센서

적외선 모션 센서는 우리 주변에서 쉽게 볼 수 있는 센서입니다. 아파트 현관이나 복도, 지하 주차장 등 사람이 지나가면 꺼져 있던 불이 들어오는 경우가 있습니다. 이렇게 평소에는 불이 꺼져 있지만 사람이 지나가거나 움직임이 감지되면 불이 켜졌다가 시간이 지나면 자동으로 꺼집니다. 모션 센서라고 했는데 실제 사람이 어떻게 움직이는지 자세한 정보를 알아내지는 못하고 단지 주변에 움직임이 있는지 없는지만을 감지할 수 있습니다.

그림 5.4는 적외선 모션 센서의 실제 모습입니다. 위에 둥글게 생긴 부분에서 적외선을

통해 주변의 움직임을 감지하게 됩니다. 아래 부분을 보면 감도와 시간을 조절할 수 있는 회전식 조절 장치가 있어서 드라이버 같은 기구를 이용해 돌려서 그 값을 조절할 수 있습니다. 감도 부분을 시계 방향으로 돌리면 민감도가 올라가서 조금만 움직여도 바로 반응하게 되고, 반대로 돌리면 민감도가 떨어져서 아주 많이 움직여야 반응을 하게 됩니다.

감도 값은 정확히 어떤 정도가 정답이라는 기준이 없으므로 구성이 완료되면 직접 실험을 통해 가장 적당한 정도를 찾아 보는 것이 좋습니다.

또한 어느 정도의 시간 동안 움직임 감지 시간을 유지할지를 설정할 수 있습니다. 감지 시간을 길게 할수록 불이 들어오는 시간을 길게 할 수 있습니다. 시계 방향으로 돌리면 시간이 길어지고 반대로 돌리면 짧아집니다.

그림 5.4 적외선 모션 센서

그림 5.5는 PIR 모션 센서의 동작 원리를 설명하고 있습니다. 사람은 체온이 있기 때문에 적외선Infra-Red을 방사(放射)합니다. 이렇게 방사된 적외선을 PIR 수신기가 프레넬Fresnel 렌즈를 통해 수신하고 전기 신호로 바꾸게 됩니다. 이러한 대량의 전기 신호의 변화량에 따라 이동을 감지하는 것입니다. 만약 사람이 움직이지 않는다면 센서는 동일한 적외선 신호를 수신하기 때문에 움직이지 않는다고 판단할 것입니다. 고양이나 개와 같은 동물도 체온을 가지기 때문에 사람과 구분하지 못하고 똑같이 반응하게 됩니다.

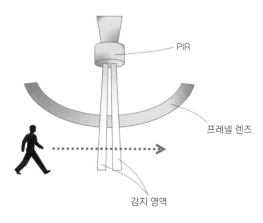

PIR

프레넬 렌즈

감지 영역

그림 5.5 PIR 센서 동작 원리

이제 실습을 통해 기울기 센서의 사용법을 직접 확인해보겠습니다.

【준비물】

실습에 필요한 준비물은 다음 표와 같습니다.

구성품	모습	개수	설명
아두이노 보드		1개	우노(Uno) 보드 사용
브레드 보드		1개	
USB 케이블 및 점퍼선			

LED	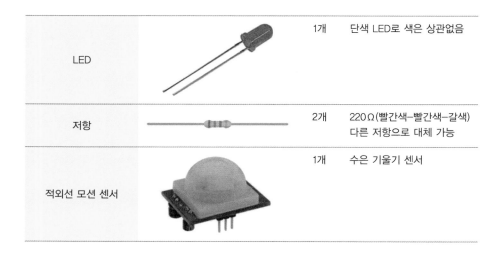	1개	단색 LED로 색은 상관없음
저항		2개	220Ω(빨간색–빨간색–갈색) 다른 저항으로 대체 가능
적외선 모션 센서		1개	수은 기울기 센서

이제 아두이노 보드와 센서를 구성할 차례입니다. 다음 내용을 참고해 그림 5.6과 같이 센서들을 아두이노에 연결합니다.

- **모션 센서:** 오른쪽의 양극(+)에 전원을 연결하고, 왼쪽의 음극(-)에 접지(GND)를 연결합니다. 가운데의 입력 핀은 2번 핀에 연결합니다.
- **LED:** 10번 핀 출력을 LED의 양극(+)에 연결합니다. 음극(-)에 저항을 연결하고 접지(GND)에 연결합니다.

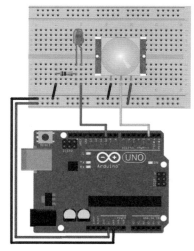

그림 5.6 적외선 모션 센서 아두이노 보드 회로 구성

이제 예제 5.2와 같이 프로그램을 작성합니다.

예제 5.2 모션 센서를 이용한 LED 제어 예제

```
01 int MOTION_IN = 2;
02 int LED_OUT = 10;
03
04 void setup( ) {
05   pinMode(MOTION_IN, INPUT);
06   pinMode(LED_OUT, OUTPUT);
07 }
08
09 void loop( ) {
10   if (digitalRead(MOTION_IN) == HIGH) {
11     digitalWrite(LED_OUT, HIGH);   // LED 전원 켜기
12   } else {
13     digitalWrite(LED_OUT, LOW);    // LED 전원 끄기
14   }
15 }
```

각 행에 해당되는 소스 코드의 내용을 알아보겠습니다.

05행: 2번 핀을 적외선 모션 센서 값 확인을 위한 입력 핀으로 설정합니다.

06행: 10번 핀을 LED를 제어를 위한 출력 핀으로 설정합니다.

10행: 적외선 모션 센서로부터 현재의 값을 읽어와서 현재 값이 1(HIGH)인지 확인합니다. 만약 1이면 11행을
　　　실행하고, 아니면 13행을 실행합니다.

11행: 적외선 모션 센서 값이 1인 경우 LED 출력을 1값을 설정해 불을 켭니다.

13행: 적외선 모션 센서 값이 0인 경우 LED 출력을 0으로 설정해 불을 끕니다.

예제 5.2를 컴파일하고 아두이노 보드에 업로드합니다. 실행을 하면 적외선 모션 센서
앞에 손이나 사람의 움직임이 있으면 LED 불빛이 들어오게 됩니다. 시간 설정에 따라서
불이 꺼지는 시간은 길어질 수 있으니 움직임이 없는데 곧바로 불이 꺼지지 않았다고 걱
정하지 말고 시간을 충분히 두고 실험해보기 바랍니다. 또한 적외선 모션 센서의 감도나
시간을 바꾸어 보며 어떻게 반응이 달라지는지도 확인해보기 바랍니다.

5.4 초음파 센서

초음파 센서는 적외선 센서와 다르게 센서가 직접 초음파를 주변에 발사하고 반사되어 오는 신호를 수집하고 그 시간 차이를 이용하여 거리를 측정하게 됩니다. 그림 5.7은 초음파 센서의 모습을 보여주고 있는데 총 4개의 입출력 핀을 가지고 있습니다. 전원과 접지를 제외한 가운데 2개의 핀을 이용해 초음파 신호를 보내고 받습니다.

먼저 신호 발생 핀(Triger)에 1(HIGH) 값을 출력하면 초음파 센서는 40kHz의 주파수 신호를 발생시킵니다. 이때부터 신호 응답(Echo) 핀은 HIGH 상태가 됩니다. 발생시킨 주파수 신호가 물체를 만나면 반사되어 되돌아 와서 수신이 되면 신호 응답(Echo) 입력 값이 LOW로 변경이 됩니다. 신호 응답 입력이 HIGH에서 LOW로 상태가 변경될 때까지의 시간은 신호가 출발했다가 되돌아 오는 왕복 시간이므로 이 시간을 이등분하면 물체까지 도달하는 거리 시간이 됩니다.

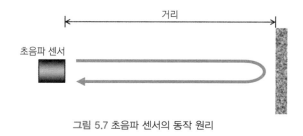

그림 5.7 초음파 센서의 동작 원리

다음은 초음파를 이용하여 거리를 구하는 수식입니다. 이중 속도(V)는 음파의 속도로 15°C의 대기 온도에서 약 340m/s의 속도로 이동합니다.

$$D(거리) = \frac{1}{2} \times \Delta t(시간) \times V(속도)$$

수식 5.1 초음파를 이용해 거리를 계산하는 수식

그림 5.8은 초음파 센서의 모습입니다. 발진 신호와 수신 신호를 통해 음파의 송출 및 수신 신호 감지를 하게 됩니다. 먼저 발진 신호Trigger signal 핀에 HIGH로 출력하면 초음파 신호를 송출합니다. 그리고 수신 신호Echo signal 핀을 통해 수신되는 입력 신호 데이터를 읽게 됩니다.

전원(VCC)
발진 신호(Trig)
수신 신호(Echo)
접지(GND)

그림 5.8 초음파 센서 (출처: ko.aliexpress.com – 모델: HC–SR04)

초음파 센서의 주요 특징은 표 5.2와 같습니다.

▼ 표 5.2 초음파 센서 명세

항목	값
모델명	HC–SR04
입력 전압	직류 +5V
대기 전류	2mA 미만
동작 전류	15mA
유효 각도	15° 미만
유효 거리	2cm~400cm
해상도	0.3cm
발진 신호 펄스 범위(발진 신호 발생 시간)	10μs

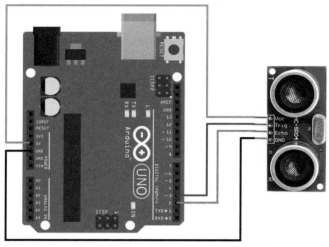

그림 5.9 초음파 센서 아두이노 보드 회로 구성

이제 예제 5.3과 같이 프로그램을 작성합니다.

예제 5.3 초음파 센서를 이용하여 거리를 측정하는 예제

```
01  int TRIGGER_OUT = 2;
02  int ECHO_IN = 3;
03
04  void setup( ) {
05    Serial.begin(9600);
06    pinMode(TRIGGER_OUT, OUTPUT);
07    pinMode(ECHO_IN, INPUT);
08  }
09
10
11  // 1/1000초를 인치(Inch) 거리로 변환하는 함수
12  long microsencodsToInches(long microseconds)
13  {
14    // 인치당 73.746초가 소요됨. 음파 속도는 초당 1130피트를 이동함
15    // 왕복 거리이므로 2로 나눔
16    return microseconds / 74 / 2;
17  }
18
19  long microseondsToCentimeters(long microseconds)
20  {
21    // 음파 속도는 초당 340m/s, 1cm당 29ms가 소요됨
22    // 왕복 거리이므로 2로 나눔
```

```
23    return microseconds / 29 / 2;
24  }
25  void loop( ) {
26    long duration, cm;
27
28    digitalWrite(TRIGGER_OUT, HIGH);
29    delayMicroseconds(10);
30    digitalWrite(TRIGGER_OUT, LOW);
31
32    duration = pulseIn(ECHO_IN, HIGH);
33    cm = microseondsToCentimeters(duration);
34
35    Serial.print(cm);
36    Serial.print("cm");
37    Serial.println( );
38
39    delay(300);
40  }
```

각 행에 해당되는 소스 코드의 내용을 알아보겠습니다.

05행: 시리얼 통신 속도를 9600으로 설정합니다.

06행: 2번 핀을 디지털 출력 모드로 설정합니다.

07행: 3번 핀을 입력 모드로 설정합니다. 해당 핀을 통해 초음파 발송 후 수신되어 오는 입력 신호를 감지하는 용도입니다.

13행: 출력 핀을 통해 음파 신호를 발생시키도록 1(HIGH) 값으로 설정합니다.

14행: 13행을 통해 HIGH 값을 출력하는 시간은 초음파 센서에서 권장하는 최소 10μs(마이크로 초는 백만 분의 1초 즉 1/1000000 초입니다) 이상 지속해야 하므로 10μs만큼 프로그램 실행을 지연시킵니다.

15행: 출력 핀을 통해 음파 신호를 발생을 중지시키도록 0(LOW) 값으로 설정합니다.

17행: 3번 입력 핀에 HIGH의 값이 입력될 때까지의 시간을 백만 분의 1초 단위로 측정해줍니다.

18행: 음파의 이동시간(μs)을 거리(cm)로 변환합니다.

20~22행: 계산된 거리를 시리얼을 통해 출력을 합니다. 출력 문자열은 "10cm"와 같은 형식으로 표시가 됩니다.

24행: 다음 순환 함수(loop( ))를 실행할 때까지 0.3초 지연시킵니다.

28행: microsencodsToInches( ) 함수는 음파가 반사되어 온 시간(백만 분의 1초 단위)을 거리(인치 단위)로 계산한 값을 반환합니다.

35행: microseondsToCentimeters( ) 함수는 음파라 반사되어 온 시간(백만 분의 1초 단위)을 거리(센티미터 단위)로 계산한 값을 반환합니다.

예제 5.3을 컴파일하고 아두이노 보드에 업로드합니다. 실행하면 0.3초마다 초음파 신호를 발사하고 도달한 물체까지의 거리를 시리얼 모니터를 통해 출력하게 됩니다. 이 예제를 활용해 사람이나 사물까지의 거리를 계산하는 방법을 알았으니 이 거리 값을 활용해서 출력하는 방법을 응용하면 다양한 제품을 만들 수 있습니다.

예를 들어 거리가 가까워질수록 LED의 불을 밝게 빛나게 한다거나, 혹은 LED를 여러 개 설치해 가까울수록 많은 LED가 불이 들어오게 하거나, 너무 가까우면 피에조를 통해 경고음을 발생하게 할 수도 있습니다.

5.5 조도 센서

조도 센서는 주변의 밝고 어두운 정도를 수치 값으로 입력해 주는 아날로그 센서입니다. 조도 센서의 원리는 그림 5.10을 보면 알 수 있습니다. 조도 센서는 CdsCadmium selenide(카드뮴 셀레나이드) 즉 황화카드뮴이라는 물체로서 이 물체는 빛을 많이 받으면 저항이 작아져서 전류가 잘 흐르게 하고 반대로 빛을 적게 받으면 저항이 커져서 전류가 잘 흐르지 못하게 합니다. 이러한 화학적인 반응을 이용하면 밝기에 따라 흐르는 전류의 양을 측정하여 빛의 밝기를 계산할 수 있는 것입니다.

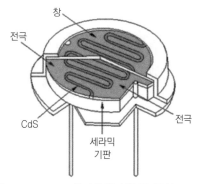

그림 5.10 Cds 조도 센서의 원리 (출처: 6333.tistory.com)

대표적인 조도 센서는 Cds 조도 센서는 그림 5.11과 같은 모습을 하고 있습니다. 양쪽 단자에 전원과 접지를 연결하고 중앙의 단자를 통해 빛의 측정값인 조도 값을 아날로그 입력을 통해 수집하게 됩니다.

그림 5.11 다양한 조도 센서 (출처: www.devicemart.co.kr)

이제 실습을 통해 조도 센서의 사용법을 직접 확인해보겠습니다.

【준비물】

실습에 필요한 준비물은 다음 표와 같습니다.

구성품	모습	개수	설명
아두이노 보드		1개	우노(Uno) 보드 사용
브레드 보드		1개	
USB 케이블 및 점퍼선			
조도 센서		1개	5mm 포토레지스터 광 센서 사용

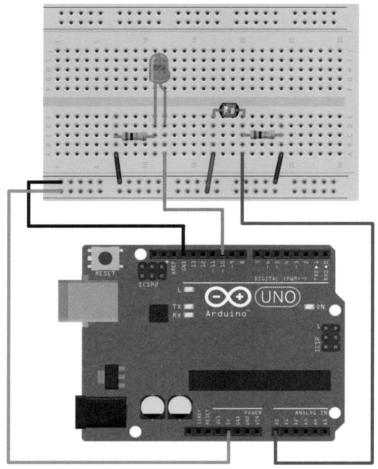

그림 5.12 조도 센서 이용 LED 제어 회로 구성

이제 예제 5.4와 같이 프로그램을 작성합니다.

```
01 int LED_OUT = 10;
02
03 void setup( ) {
04   Serial.begin(9600);
05 }
06
07 void loop( ) {
```

```
08   int value;
09
10   value = analogRead(A0);
11
12   Serial.println(value);
13
14   if (value > 512) {
15     digitalWrite(LED_OUT, HIGH);
16   } else {
17     digitalWrite(LED_OUT, LOW);
18   }
19
20   delay(300);
21 }
```

각 행에 해당되는 소스 코드의 내용을 알아보겠습니다.

04행: 시리얼 통신 속도를 9600으로 설정합니다.

10행: 아날로그 핀인 A0핀의 값에서 값을 읽어와서 value 변수에 저장합니다.

12행: 읽어온 값을 시리얼을 통해 기록합니다. 개발 도구의 시리얼 모니터를 통해 읽어온 조도 값을 확인할 수 있습니다.

14행: 읽어온 조도 값이 기준 값보다(> 512) 큰지 확인합니다. 여기서는 읽어올 수 있는 조도 값인 1023의 1/2 값인 512로 설정하였습니다. 직접 실험을 해보고 개인적으로 알맞은 기준 값으로 조절해보기 바랍니다.

15행: 조도 값이 512보다 큰 경우에는 LED 조명을 켭니다.

17행: 조도 값이 512보다 작은 경우에는 LED 조명을 끕니다.

예제 5.4를 컴파일하고 아두이노 보드에 업로드합니다. 이후 실행되면 현재 조도 값을 읽어와서 밝거나 어두움에 따라 LED 조명이 자동으로 꺼지거나 켜집니다. 조도 값을 제대로 읽어오는지 확인하려면 통합 개발 도구에서 시리얼 모니터를 띄워서 읽어온 조도 값을 확인하면서 조도 센서에 손전등을 비추거나 손으로 빛을 차단해보면 조도 값이 바뀌는 것을 확인할 수 있습니다.

조도 센서를 응용하면 조도 밝기에 따라 LED 밝기를 조절할 수 있습니다. 길거리에 있는 가로등이 밤이 되면 자동으로 켜지는 것을 보았을 것입니다. 이렇게 빛의 변화에 따라 달라지는 현상을 이용해서 다양한 응용 작품을 창작해보시기 바랍니다.

5.6 온도 센서

온도 센서는 대기중의 온도를 측정하여 온도에 해당하는 전압으로 변환하여 섭씨 온도 (℃)를 계산할 수 있도록 값을 출력해줍니다. 온도 센서로 많이 사용하는 모델은 LM35 모델입니다. LM35 모델은 정확도가 높지는 않지만 저렴한 가격으로 +5V 전원을 입력하면 0.01℃ 정밀도의 온도를 측정할 수 있게 해줍니다.

LM35 모델은 그림 5.13과 같이 3개의 핀으로 구성됩니다. 좌측의 전원부와 우측의 접지부를 가지고 있으며 중앙의 출력부를 통해 온도에 따른 전압 값을 출력하여 줍니다. LM35 모델에서 측정한 전압을 섭씨 온도(℃)로 변환하는 수식은 다음과 같습니다.

$$온도(℃) = (5.0 \times LM35출력값 \times 100) \div 1024.0$$

수식 5.2 측정한 전압을 섭씨 온도(℃)로 변환하는 수식

전원(5V) 출력 접지(Gnd)

그림 5.13 LM35형 온도 센서

TMP36 모델을 사용하는 온도 센서는 온도를 계산하는 수식이 조금 다릅니다. 다음 수식에 따라 출력 값을 온도 값으로 변환할 수 있습니다.

$$온도(℃) = \big(((TMP36출력값 \times 5.0) \div 1024.0) - 0.5\big) \times 100$$

수식 5.3 출력 값을 온도 값으로 변환하는 수식

이제 실습을 통해 조도 센서의 사용법을 직접 확인해보겠습니다.

【준비물】

실습에 필요한 준비물은 다음 표와 같습니다.

구성품	모습	개수	설명
아두이노 보드		1개	우노(Uno) 보드 사용
브레드 보드		1개	
USB 케이블 및 점퍼선			
조도 센서		1개	LM35 모델 사용

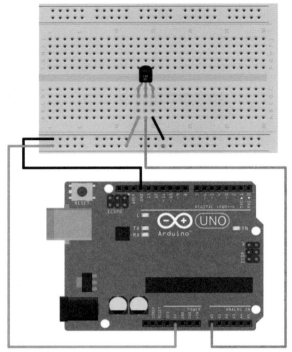

그림 5.14 온도 센서 회로 구성

이제 예제 5.5와 같이 프로그램을 작성합니다.

예제 5.5 온도 센서 값을 읽어와서 시리얼로 출력하는 예제

```
01 void setup() {
02   Serial.begin(9600);
03 }
04
05 void loop() {
06   int value;
07
08   value = analogRead(A0);
09
10   float temp = (5.0 * value * 100 ) / 1024;
11
12   Serial.println(temp);
13
14   delay(1000);
15 }
```

(이어짐)

각 행에 해당되는 소스 코드의 내용을 알아보겠습니다.

02행: 시리얼 통신 속도를 9600으로 설정합니다.

08행: A0 아날로그 핀을 통해 현재의 온도 센서의 값을 읽어서 value 변수에 저장합니다.

10행: 읽어온 아날로그 값을 수식을 통해 섭씨 온도 값으로 변환합니다. 만약 사용한 온도 센서가 TMP36인
경우에는 수식 5.2를 사용하면 됩니다.

12행: 온도 값을 시리얼 통신을 통해 출력합니다. 출력한 값은 통합 개발 도구의 시리얼 모니터를 통해 확인
할 수 있습니다.

예제 5.5를 컴파일하고 아두이노 보드에 업로드합니다. 실행되면 현재 대기 중의 온도를
지속적으로 읽어와서 시리얼 모니터에 기록합니다. 통합 개발 도구의 시리얼 모니터를 실행
하여 현재 온도와 습도 값이 어떻게 측정되는지 확인해보기 바랍니다.

5.7 온습도 센서

이번에 사용해 볼 센서는 온도와 습도를 한 번에 측정할 수 있는 온습도 센서입니다. 한
개의 핀을 통해 한 번에 온도와 습도 값을 읽어올 수 있도록 제작되었습니다. 이 센서를
이용하면 보드의 구성과 소스 코드도 간단하게 온도와 습도를 한 번에 확인할 수 있는 편
리함이 있습니다.

온습도 센서는 그림 5.15와 같은 모습입
니다. 실제 핀은 4개가 달려 있지만 이 중
에서 3개만을 사용합니다. 좌측부터 첫 번
째 핀은 5V 전원 입력 핀이고, 두 번째는
온습도 출력 데이터 핀입니다. 세 번째 핀
은 사용하지 않고 마지막 네 번째 핀은 전
원 출력인 접지 핀입니다.

온습도 센서의 주요 특징은 표 5.3과 같
습니다.

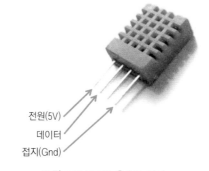

전원(5V)
데이터
접지(Gnd)

그림 5.15 DHT11 온습도 센서
(출처: www.amazon.com/Virtualbotix−DHT11−Digital−
Temperature−Humidity)

▼ 표 5.3 온도 센서 명세

항목	값
모델명	DHT11
전압	최소 3~5V
전류	측정 시: 0.5~2.5mA 대기 시: 100~150μA
온도 측정 범위	0~50℃(오차 범위 2℃)
습도 측정 범위	20~90%(오차 범위 5%)
응답 시간	5초 미만

이제 실습을 통해 조도 센서의 사용법을 직접 확인해보겠습니다.

【준비물】

실습에 필요한 준비물은 다음 표와 같습니다.

구성품	모습	개수	설명
아두이노 보드		1개	우노(Uno) 보드 사용
브레드 보드		1개	
USB 케이블 및 점퍼선			

구성품	모습	개수	설명
온습도 센서		1개	DHT11 모델 사용
저항		1개	10KΩ(갈색–검은색–주황색) 다른 저항으로 대체 가능

그림 5.16과 같이 온습도 센서를 아두이노 보도와 연결합니다. 이때 주의할 점은 두 번째 데이터 핀을 아두이노의 2번 디지털 핀에 연결하는 것입니다. 이 외에 첫 번째 핀에는 5V 전원을, 마지막 네 번째 핀에는 접지(GND)를 연결합니다. 세 번째 핀은 사용하지 않습니다.

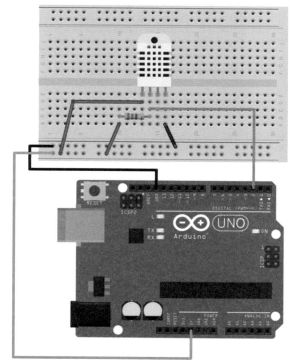

그림 5.16 온습도 센서 회로 구성

온습도 센서를 제어하기 위해서는 DHT11 라이브러리를 사용해야 합니다. 개발 도구의 기능을 이용해 해당 라이브러리를 설치하겠습니다.

통합 개발 도구의 **스케치** ➤ Include Library ➤ Manage Libraries⋯ 버튼을 클릭하면 그림 5.17과 같은 Library Manager 관리 화면이 나타납니다.

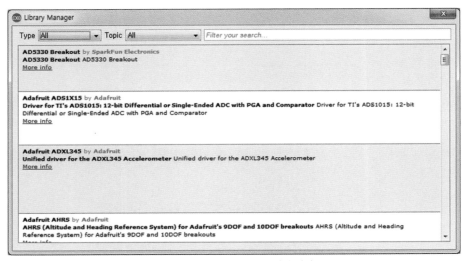

그림 5.17 Library Manager 관리 화면

그림 5.17에서 오른쪽 상단의 입력 창(Filter your search)에 DHT11을 입력하여 다운로드할 라이브러리를 검색하면 그림 5.18과 같이 해당 라이브러리가 목록에 보여집니다.

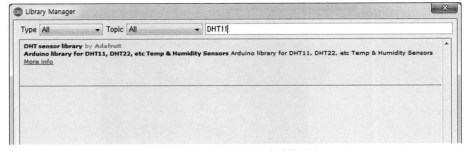

그림 5.18 DHT11 라이브러리 검색 결과

검색된 목록을 클릭하면 오른쪽에 버튼이 표시되는데 **설치(Install)** 버튼을 클릭하여 해당 라이브러리의 설치를 시작합니다.

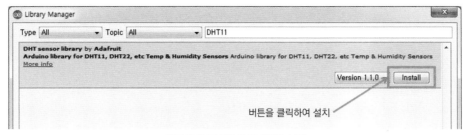

그림 5.19 DHT11 라이브러리 설치

DHT 라이브러리가 정상적으로 추가되면 통합 개발 도구의 **스케치 > Include Library** 목록 하단에 DHT Sensor library라고 목록에 추가되어 보입니다. 또한 **파일 > 예제**에 DHT Sensor library > DHTtester라는 예제가 추가되어 있는 것을 확인할 수 있습니다.

이제 프로그램을 작성할 차례입니다. **파일 > 새 파일**을 클릭하여 새로운 프로젝트를 생성하고 예제 5.6과 같이 프로그램을 작성합니다.

예제 5.6 온습도 센서 값을 읽어와서 시리얼로 출력하는 예제

```
01 #include <DHT.h>
02
03 #define DHTTYPE DHT11 // DHT11 혹은 DHT22 혹은 DHT21
04
05 int HUMITTEMP_IN = 2;
06
07 DHT dht(HUMITTEMP_IN, DHTTYPE);
08
09 void setup() {
10   Serial.begin(9600);
11
12   dht.begin();
13 }
14
15 void loop() {
16   delay(2000);
17
18   float h = dht.readHumidity();
19   float t = dht.readTemperature();
20   float f = dht.readTemperature(true);
21
22   if (isnan(h) || isnan(t) || isnan(f)) {
23     Serial.println("Fail to read from DHT sensor!");
```

```
24      }
25    else {
26      Serial.print(", humidity:");
27      Serial.print(h);
28      Serial.print("temperature:");
29      Serial.print(t);
30      Serial.println();
31    }
32  }
```

각 행에 해당되는 소스 코드의 내용을 알아보겠습니다.

01행: DHT.h 헤더 파일(파일의 확장자가 .h로 끝나는 파일)을 작성하는 소스 코드에서 사용할 수 있게 연결시킵니다. DHT11.h 헤더 파일에는 온습도 센서를 사용하기 위해 필요한 함수가 정의되어 있습니다. 이러한 함수를 사용하기 위해서는 스크래치에게 해당 함수의 정의를 알려줘야 하는데 이렇게 명시적으로 외부의 함수를 사용하는 방법이 #include 명령어를 이용해 소스 코드에 포함(include)시키는 것입니다.

03행: DHT11 라이브러리 타입을 정의합니다. 현재 우리가 사용하고 있는 센서는 DHT11입니다. 만약 다른 타입인 경우 DHT22 혹은 DHT21 중에서 자신에게 알맞은 타입을 선택하여 설정하면 됩니다.

05행: DHT11 라이브러리에게 사용할 데이터 수신할 핀 번호를 설정합니다.

07행: DHT 객체를 생성합니다. 이때 사용하고 있는 센서 타입과 입력 포트를 지정해줍니다.

10행: 시리얼 통신 속도를 9600으로 설정합니다.

12행: 생성한 dht 객체의 begin() 함수를 통해 센서에서 값을 읽을 수 있도록 시작 명령을 전달합니다.

16행: DHT 센서에서 정확한 값을 감지할 수 있도록 최소한의 시간 동안 기다려 줍니다.

18행: 센서에서 습도 값을 읽어와서 h 변수에 저장합니다.

19행: 센서에서 섭씨 온도 값을 읽어서 t 변수에 저장합니다.

20행: 센서에서 화씨 온도 값을 읽어서 t 변수에 저장합니다.

22행: 읽어온 값들 중에 비정상적인 값이 있는지 검사합니다. 한 개의 값이라도 비정상이면 실패로 간주하여 23행으로 이동합니다.

26~30행: 센서 값 읽어오기에 성공한 경우 시리얼 통신을 통해 읽어온 값을 문자로 기록하고 종료합니다.

예제 5.6을 컴파일하고 아두이노 보드에 업로드합니다. 이후 실행되면 현재 대기 중의 온도와 습도를 지속적으로 읽어와서 시리얼 모니터에 기록합니다. 통합 개발 도구의 시리얼 모니터를 실행해서 현재 온도와 습도 값이 어떻게 측정되는지 확인해보기 바랍니다.

자세한 사항은 다음 아두이노 홈페이지의 내용을 확인하세요.

http://playground.arduino.cc/main/DHT11Lib

5.8 근접 물체 감지 센서

이번에 사용해볼 센서는 근접물체 감지 센서입니다. 이 센서는 초음파 센서와 다르게 아주 가까이 있는 물체를 감지할 때 사용하며 보통 0~3*cm* 정도의 거리에 근접한 사람이나 물체를 감지할 때 사용합니다.

근접 물체 감지 센서는 광학 센서로 적외선 LED에서 방출된 빛이 사물을 만나 반사되는 빛을 다시 포토 트랜지스터를 통해 검출하여 그 양으로 거리를 측정하게 됩니다. 가까울수록 값이 높아지며 600~1023의 값을 보냅니다.

근접 물체 센서의 모습은 그림 5.20과 같이 상단부에 밝은 색의 적외선 송신부와 어두운 색의 수신부가 있습니다. 수신부 옆에는 표시를 위해 마크 표시가 있으니 핀의 순서를 확인할 때 참고하여 잘못 끼우는 일이 없도록 주의하기 바랍니다.

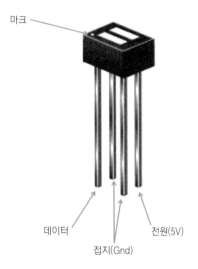

그림 5.20 QRD1114 근접 센서

이제 실습을 통해 조도 센서의 사용법을 직접 확인해보겠습니다.

【준비물】

실습에 필요한 준비물은 다음 표와 같습니다.

구성품	모습	개수	설명
아두이노 보드		1개	우노(Uno) 보드 사용
브레드 보드		1개	
USB 케이블 및 점퍼선			
근접 센서		1개	적외선 반사광 센서 (Reflective Object Sensor) 라고도 부릅니다. QRD1114 모델을 사용합니다.
저항		2개	10KΩ(갈색-검은색-주황색) 1개 220Ω(빨간색-빨간색-갈색) 1개

그림 5.21과 같이 근접 물체 센서를 아두이노 보도와 연결합니다. 이때 주의할 점은 근접 물체 센서는 4개의 핀을 가지고 있으므로 혼돈하지 않고 정확히 연결할 수 있도록 해야 합니다. 이때 센서 상단에 표시된 마크의 위치를 참고하면 쉽게 위치를 확인할 수 있습

124

니다. 특히 마크가 있는 왼쪽 아래의 데이터 수신부에는 10KΩ의 저항을 연결하고 전원 입력부인 오른쪽 위에는 220Ω의 저항을 연결해줘야 합니다.

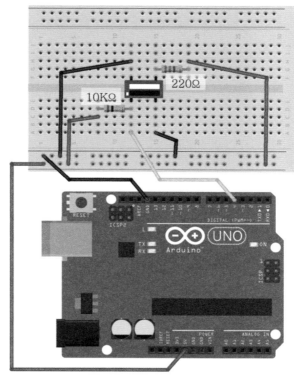

그림 5.21 근접 물체 센서 회로 구성

이제 프로그램을 작성할 차례입니다. **파일 ＞ 새 파일**을 클릭하여 새로운 프로젝트를 생성하고 예제 5.7과 같이 프로그램 소스를 작성합니다.

예제 5.7 근접 물체 감지 센서 값을 읽어와서 시리얼 통신을 통해 출력하는 예제

```
01 int REFLECOBJ_IN = 4;
02 int onoff_status;
03
04 void setup() {
05   Serial.begin(9600);
06 }
07
08 void loop() {
```

```
09
10    onoff_status = digitalRead(REFLECOBJ_IN);
11
12    Serial.println(onoff_status);
13
14    delay(1000);
15 }
```

각 행에 해당되는 소스 코드의 내용을 알아보겠습니다.

01행: 4번 핀을 근접 물체 감지 센서 값을 읽어오기 위한 입력 핀으로 설정하기 위해 변수를 선언합니다.

02행: 읽어온 값을 저장하기 위한 변수를 선언합니다.

05행: 시리얼 통신 속도를 9600으로 설정합니다.

10행: 입력 핀을 통해 현재의 근접 센서 값을 읽어와서 onoff_status 변수에 저장합니다.

12행: 읽어온 값을 시리얼 통신을 통해 PC에 문자 형식으로 전송합니다.

14행: 다음 loop() 함수의 반복 수행을 1초간 지연시킵니다.

예제 5.7을 컴파일하고 아두이노 보드에 업로드합니다. 이후 실행되면 현재 센서 주변 가까이에 물체가 있는지 감지해 그 결과를 시리얼 통신으로 전달하게 됩니다. 통합 개발 도구의 시리얼 모니터를 실행하면 1초 단위로 읽어오는 감지 결과를 확인할 수 있습니다. 센서에 물체나 손을 가까이 하면 감지되었을 때 상태 값이 바뀌게 되는데 그 거리가 0~3cm 정도이니 아주 가까이에서 실험해보기 바랍니다.

이러한 근접 물체 감지 센서를 이용하면 문이나 창문이 닫혀 있다가 열리는 경우 바로 감지를 할 수 있어서 도난 감지용으로 활용할 수 있습니다.

화면에 표시 6장

이 장에는 아두이노로 화면에 표시하는 방법을 알아보겠습니다. '표시하는 것'은 보통 영어로 디스플레이(Display) 장치라고 합니다. 국어사전에서는 "컴퓨터 출력장치의 하나, 컴퓨터의 처리 결과를 직접 눈으로 볼 수 있도록 텔레비전과 같은 화면에 문자나 도형을 표시합니다."라고 되어 있습니다.

우리는 일상 생활에서 수많은 디스플레이 장치를 봅니다. 텔레비전, 핸드폰 액정 화면, 광고판, 자동차 계기판 등 아두이노로 표현할 수 있는 수많은 디스플레이 장치가 있지만, 그중에서도 대표적인 세 가지의 형태의 표시 장치에 대해 배워보고 실습해보겠습니다.

6.1 세그먼트를 이용한 카운트 표시

디스플레이 장치 중 첫 번째로 엘리베이터나 디지털 시계에서 많이 사용되는 7세그먼트7 Segment입니다.

7세그먼트는 분할된 7개의 LED를 이용해 숫자 또는 문자를 표시하는 부품입니다. 디스플레이 장치로 FNDFlexible Numeric Display라고도 불립니다. 비교적 작고 단순한 구조로 되어 있어서 디지털 시계나 회로의 수치를 보여주는 데 사용됩니다. 참고로 오른쪽 밑의 점은 7세그먼트가 많이 붙어 있을 때 소수점을 나타내기 위함입니다.

그림 6.1 7세그먼트   그림 6.2 7세그먼트 구조

그림과 같이 a부터 g까지 7개의 분할 영역을 점등하는 방식으로 0~9까지의 숫자를 표현합니다.

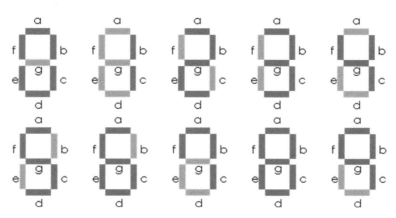

그림 6.3 7세그먼트 숫자 표현 방식

7세그먼트의 연결 방법에는 두 가지 방식이 있습니다. 그림 6.4는 아노드 방식과 캐소드 방식의 차이점을 보여줍니다.

(+)V 신호로 동작하는 아노드anode 방식과 (-)V 신호로 동작하는 캐소드cathode 방식이 있습니다. 간단하게 아노드 방식은 전압을 0V로 설정하면 LED가 켜지고 5V로 설정하면 LED가 꺼집니다. 캐소드 방식은 반대로 생각하면 됩니다.

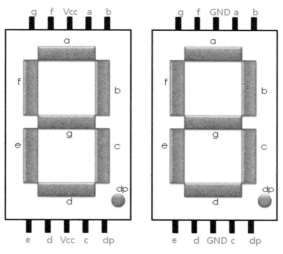

그림 6.4 아노드 방식과 캐소드 방식

세그먼트는 총 10개의 핀을 가지고 있습니다. 오른쪽 점을 기준으로 상/하단 가운데 핀 2개는 VCC나 GND를 연결하는 공통 핀이며, 나머지 핀은 해당 세그먼트를 제어하는 핀입니다. 이 핀들은 아두이노 디지털 핀에 연결합니다. 7세그먼트도 LED 부품으로 이루어진 것이므로, 저항을 함께 사용해야 합니다.

실습에 필요한 준비물은 다음 표와 같습니다.

구성품	모습	개수	설명
아두이노 보드 & USB 케이블		1개	우노(Uno) 보드 사용
브레드 보드		1개	
USB 케이블 및 점퍼선			
7세그먼트		1개	캐소드 방식
저항		2개	220Ω (빨간색–빨간색–갈색)
점퍼선		다수	

우리는 그림 6.5처럼 캐소드 방식으로 연결할 것입니다. 참고로 7세그먼트 부품에 따라 아노드 방식, 캐소드 방식이 달라지니 주의하세요.

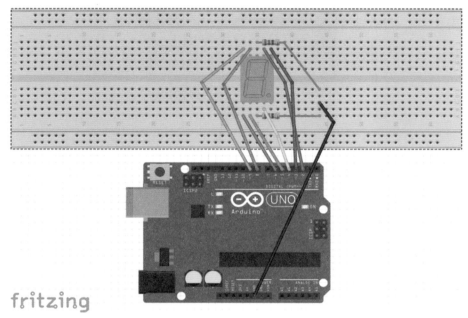

그림 6.5 캐소드 방식 연결

1단계: 그림 6.6과 같이 브레드 보드 중앙에 7세그먼트를 배치합니다.

그림 6.6 7세그먼트 배치

2단계: 아두이노 GND 전원 핀을 브레드 보드의 빈 영역에 연결합니다(전체 구조를 알 수 있는 그림 6.5를 참조합니다).

그림 6.7 저항과 GND 연결

3단계: 7세그먼트의 상단 가운데 있는 자리에 저항을 연결합니다. 이 때 저항의 한쪽 다리 끝은 2단계에서 연결한 GND 선과 만나도록 합니다. 하단 가운데 있는 자리도 마찬가지로 저항을 연결하고 이 저항도 GND 선과 만나도록 합니다.

그림 6.8 저항과 GND 연결

4단계: a 단자를 아두이노 보드 2번 핀에 연결합니다.

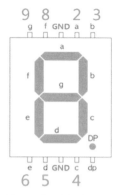

그림 6.9 하드웨어 연결 방법

5단계: b 단자를 아두이노 보드 3번 핀에 연결합니다(그림 6.9 참조). a 단자와 b 단자를 연결한 모습은 그림 6.10, 그림 6.11과 같습니다.

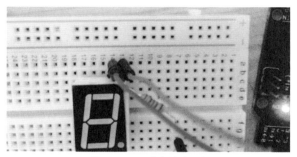

그림 6.10 a, b 단자 연결 모습 1

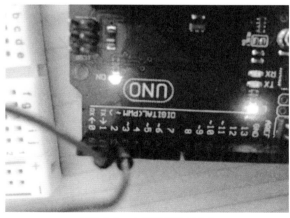

그림 6.11 a, b 단자 연결 모습 2

6단계: c 단자를 아두이노 보드 4번 핀에 연결합니다(그림 6.9 참조). c 단자를 연결한 모습은 그림 6.12, 그림 6.13과 같습니다.

그림 6.12 c 단자 연결 모습 1

그림 6.13 c 단자 연결 모습 2

7단계: d 단자를 아두이노 보드 5번 핀에 연결합니다(그림 6.9 참조).

8단계: e 단자를 아두이노 보드 6번 핀에 연결합니다(그림 6.9 참조).

9단계: f 단자를 아두이노 보드 8번 핀에 연결합니다(그림 6.9 참조).

10단계: g 단자를 아두이노 보드 9번 핀에 연결합니다(그림 6.9 참조, 카운트와 관계가 없으므로 dp 단자는 생략합니다).

11단계: 예제 6.1을 참고해 프로그램을 작성합니다.

12단계: 컴파일하고 업로드합니다.

```
01 int a = 2;
02 int b = 3;
03 int c = 4;
04 int d = 5;
05 int e = 6;
06 int f = 8;
07 int g = 9;
08
09 void setup( ) {
10   pinMode(a, OUTPUT);
11   pinMode(b, OUTPUT);
12   pinMode(c, OUTPUT);
13   pinMode(d, OUTPUT);
14   pinMode(e, OUTPUT);
15   pinMode(f, OUTPUT);
16   pinMode(g, OUTPUT);
17 }
18 void displayDigit(int digit)
19 {
20
21  if(digit!=1 && digit != 4)
22  digitalWrite(a,HIGH);
23
24
25  if(digit != 5 && digit != 6)
26  digitalWrite(b,HIGH);
27
28
29  if(digit !=2)
30  digitalWrite(c,HIGH);
31
32
33  if(digit != 1 && digit !=4 && digit !=7)
34  digitalWrite(d,HIGH);
35
36
37  if(digit == 2 || digit ==6 || digit == 8 || digit==0)
38  digitalWrite(e,HIGH);
39
40
41  if(digit != 1 && digit !=2 && digit!=3 && digit !=7)
42  digitalWrite(f,HIGH);
43  if (digit!=0 && digit!=1 && digit !=7)
```

```
44   digitalWrite(g,HIGH);
45
46 }
47 void turnOff( )
48 {
49   digitalWrite(a,LOW);
50   digitalWrite(b,LOW);
51   digitalWrite(c,LOW);
52   digitalWrite(d,LOW);
53   digitalWrite(e,LOW);
54   digitalWrite(f,LOW);
55   digitalWrite(g,LOW);
56 }
57
58
59 void loop( ) {
60   for(int i=0;i<10;i++)
61   {
62     displayDigit(i);
63     delay(1000);
64     turnOff( );
65   }
66 }
```

각 행에 해당되는 소스 코드의 내용을 알아보겠습니다.

01~17행: 핀 설정 부분입니다(*주의 7번 핀은 없습니다).

18행: displayDigit라는 이름의 사용자 함수입니다. 그림 6.3에서 숫자를 표현하는 모양대로 만들어진 함수입니다. 예를 들어 0을 표시하기 위해선, 전부 꺼진 상태에서 g 부분을 빼고 나머지 전부를 켜면 됩니다.

21~22행: if(digit!=1 && digit != 4)는 표현하려고 하는 숫자가 1이 아니고, 4가 아니면, a 부분의 LED를 켜라는 의미입니다. 그림 6.3을 참조해보면 a 입장에선 1, 4일 때는 꺼져 있어야 하고, 나머지 숫자일 때는 켜져 있어야 합니다.

37~38행: if(digit == 2 || digit ==6 || digit == 8 || digit==0)은 표현하려고 하는 숫자가 2 또는 6 또는 8 또는 0일 때, e 부분의 LED를 켜라는 의미입니다. 그림 6.3을 참조해보면 e 입장에선 2, 6, 8, 0일 때만 켜져 있으면 되고, 나머지 숫자일 때는 켜져 있어야 합니다.

47행: void turnOff( )라는 이름의 사용자 함수입니다. 모든 LED를 끄는 용도입니다.

59~65행: for(int i=0; i < 10; i++)는 0부터 9까지 숫자를 하나씩 증가하라는 의미입니다. 결론적으로 displayDigit(0)~displayDigit(9)까지 실행하게 되며, 1초마다 꺼졌다가 다른 숫자로 변경됩니다.

【완성품】

그림 6.14와 그림 6.15처럼 보인다면 완성된 것입니다. 모든 연결이 제대로 되었다면 숫자가 보입니다. LED의 일부가 켜지지 않으면 해당 위치의 연결을 다시 한 번 살펴보길 바랍니다(그림 6.5를 참조하시기 바랍니다). 그리고 캐소드 방식의 제품인지 꼭 확인해야 합니다.

그림 6.14 완성 모습 1

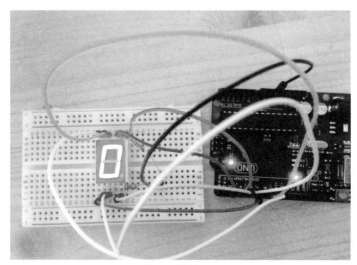

그림 6.15 완성 모습 2

6.2 8×8 도트 메트릭스를 이용한 하트 표시

이번에서는 도트 메트릭스 제어에 대해 알아보겠습니다. MAX7219 LED Driver를 사용한 8X8 도트 매트릭스에 대해 알아보겠습니다. 아두이노 라이브러리를 추가해 예제를 구동해 보면서 살펴보겠습니다. 사용한 제품은 그림 6.16과 같습니다.

그림 6.16 8×8 LED 도트 메트릭스(MAX7219) 모습

예제를 열어서 동작해보기 전에, 미리 작업해야 할 내용이 있습니다. 아두이노 개발 환경에는 이 라이브러리가 포함되어 있지 않기 때문에 직접 공식 사이트에서 다운로드해서 라이브러리 폴더에 저장합니다.

http://playground.arduino.cc/Main/LedControlDemos

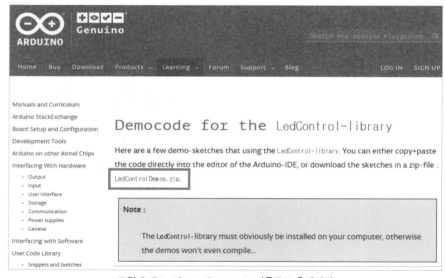

그림 6.17 LedControlDemos.zip 다운로드 홈페이지

링크에 들어가 발견할 수 있는 그림 6.17의 빨간 박스로 표시한 부분을 눌러 파일을 저장합니다.

그림 6.18과 같이 메뉴 중 스케치 ➤ 라이브러리 가져오기 ➤ 라이브러리 추가를 선택합니다.

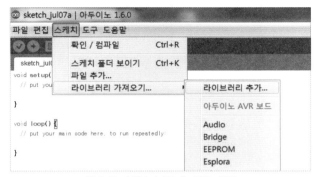

그림 6.18 라이브러리를 추가하는 방법 1

그림 6.19과 같이 다운로드한 경로의 LedControlDemos.zip을 선택합니다.

그림 6.19 라이브러리를 추가하는 방법 2

그림 6.20과 같이 LCDemoMatrix 예제를 열어봅니다. 이 방법으로 안 될 때에는 수동으로 설치하는 방법을 배워봅시다. 그림 6.21과 같이 다운로드한 LedControlDemos.zip의 압축을 풉니다.

그림 6.20 LedDemoMatrix 데모

이름	수정한 날짜	유형	크기
LedControl	2015-07-07 오전 1...	파일 폴더	

그림 6.21 LedControlDemos의 압축을 푼 모습

그러면, 그림 6.22와 같이 examples 폴더 밑에 3개의 소스가 보입니다. 다시 상위 폴더로 이동해서, LedControl 폴더를 복사해 C:\Program Files\Arduino\libraries에 복사합니다. 그러면 그림 6.19처럼 자동으로 했던 작업과 동일하게 예제쪽에서 방금 보았던 파일명이 보입니다.

이름	수정한 날짜	유형	크기
LCDemo7Segment.pde	2007-12-07 오전 1...	PDE 파일	2KB
LCDemoCascadedDevices.pde	2007-12-07 오전 1...	PDE 파일	2KB
LCDemoMatrix.pde	2007-12-07 오전 1...	PDE 파일	5KB

그림 6.22 LedControlDemos ▶ examples 폴더 모습

tip **라이브러리 관리 도구 사용법**

아두이노 1.6.5 버전부터 라이브러리를 추가하는 새로운 방법이 도입됐습니다. 우리가 흔히 쓰는 앱 마 켓처럼 원하는 정보를 검색한 후 다운로드할 수 있게 바뀌어 사용이 쉬워졌습니다. 이젠 일일이 인터넷 을 찾아 다니면서 다운로드할 필요가 없어졌습니다.

그림 6.23 라이브러리 추가 방법 1

방금 다운로드했던 LedControl 라이브러리를 검색해보겠습니다.

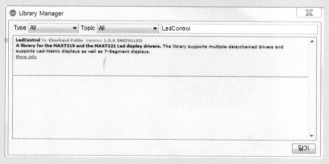

그림 6.24 라이브러리 추가 방법 2

이미 다운로드한 라이브러리이기에 INSTALLED라고 되어 있습니다. 아직 내 컴퓨터로 다운로드하지 않은 새로운 라이브러리는 그림 6.25와 같이 설치(Install) 버튼이 생깁니다.

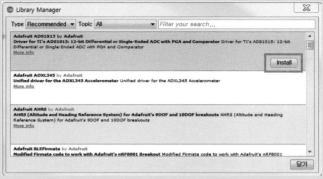

그림 6.25 라이브러리 추가 방법 3

【준비물】

실습에 필요한 준비물은 다음 표와 같습니다.

구성품	모습	개수	설명
아두이노 보드 & USB 케이블		1개	우노(Uno) 보드 사용
8×8 도트 메트릭스		1개	
점퍼선		다수	F-M 형태(한쪽은 구멍만 있고, 다른 한쪽은 핀이 나와 있는 형태)

142

【하드웨어 만들기: 그림 6.26 하드웨어 구성도 참조】

1단계: VCC 핀을 아두이노 보드 5V에 연결합니다.

2단계: GND 핀을 아두이노 보드 GND에 연결합니다.

3단계: DAT 핀을 아두이노 보드 2번 핀에 연결합니다.

4단계: CS 핀을 아두이노 보드 3번 핀에 연결합니다.

5단계: CLK 핀을 아두이노 보드 4번 핀에 연결합니다.

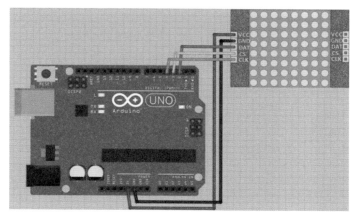

그림 6.26 하드웨어 구성도

예제 6.2의 소스 코드를 참고해 프로그래밍합니다.

예제 6.2 8x8 도트 매트릭스 표시하는 예제

```
01 // 도트 매트릭스를 다루기 위해서 라이브러리를 추가한다.
02 #include "LedControl.h"
03
04 /*
05   도트 매트릭스 사용을 위해 LedControl이 필요하다.
06   ***** 하드웨어에 따라 핀 번호를 바꿔야 할 수도 있다. *****
07   2번 핀을 데이터 입력부와 연결한다.
08   5번 핀을 클럭(CLK) 핀과 연결한다.
09   4번 핀을 CS(Chrp Select) 핀과 연결한다.
10   MAX72XX 모델을 사용한다.
11 */
12 LedControl lc=LedControl(2,4,3,1);
13
```

```
14 /* 화면 표시를 위해 약간의 대기 시간을 설정한다. */
15 unsigned long delaytime=100;
16
17 void setup() {
18
19    /*
20     절전 모드를 해제한다.
21    */
22    lc.shutdown(0,false);
23    /* 밝기를 중간 정도로 설정한다(0~15까지 조정 가능). */
24    lc.setIntensity(0,8);
25    /* 화면을 정리한다. */
26    lc.clearDisplay(0);
27 }
28
29 /*
30  아래 함수는 "Aruduino"라는 문자를 출력하는 함수이다.
31  글자를 제대로 표현하기 위해서는
32  최소 5*7 Led 매트릭스가 필요하다.
33 */
34 void writeArduinoOnMatrix() {
35    /* 한 글자를 표현하는 정보가 들어 있는 배열들 */
36    byte a[5]={B01111110,B10001000,B10001000,B10001000,B01111110};
37    byte r[5]={B00111110,B00010000,B00100000,B00100000,B00010000};
38    byte d[5]={B00011100,B00100010,B00100010,B00010010,B11111110};
39    byte u[5]={B00111100,B00000010,B00000010,B00000100,B00111110};
40    byte i[5]={B00000000,B00100010,B10111110,B00000010,B00000000};
41    byte n[5]={B00111110,B00010000,B00100000,B00100000,B00011110};
42    byte o[5]={B00011100,B00100010,B00100010,B00100010,B00011100};
43
44    /* 약간의 대기 시간을 주고 글자를 출력한다. */
45    lc.setRow(0,0,a[0]);
46    lc.setRow(0,1,a[1]);
47    lc.setRow(0,2,a[2]);
48    lc.setRow(0,3,a[3]);
49    lc.setRow(0,4,a[4]);
50    delay(delaytime);
51    lc.setRow(0,0,r[0]);
52    lc.setRow(0,1,r[1]);
53    lc.setRow(0,2,r[2]);
54    lc.setRow(0,3,r[3]);
55    lc.setRow(0,4,r[4]);
```

```
56    delay(delaytime);
57    lc.setRow(0,0,d[0]);
58    lc.setRow(0,1,d[1]);
59    lc.setRow(0,2,d[2]);
60    lc.setRow(0,3,d[3]);
61    lc.setRow(0,4,d[4]);
62    delay(delaytime);
63    lc.setRow(0,0,u[0]);
64    lc.setRow(0,1,u[1]);
65    lc.setRow(0,2,u[2]);
66    lc.setRow(0,3,u[3]);
67    lc.setRow(0,4,u[4]);
68    delay(delaytime);
69    lc.setRow(0,0,i[0]);
70    lc.setRow(0,1,i[1]);
71    lc.setRow(0,2,i[2]);
72    lc.setRow(0,3,i[3]);
73    lc.setRow(0,4,i[4]);
74    delay(delaytime);
75    lc.setRow(0,0,n[0]);
76    lc.setRow(0,1,n[1]);
77    lc.setRow(0,2,n[2]);
78    lc.setRow(0,3,n[3]);
79    lc.setRow(0,4,n[4]);
80    delay(delaytime);
81    lc.setRow(0,0,o[0]);
82    lc.setRow(0,1,o[1]);
83    lc.setRow(0,2,o[2]);
84    lc.setRow(0,3,o[3]);
85    lc.setRow(0,4,o[4]);
86    delay(delaytime);
87    lc.setRow(0,0,0);
88    lc.setRow(0,1,0);
89    lc.setRow(0,2,0);
90    lc.setRow(0,3,0);
91    lc.setRow(0,4,0);
92    delay(delaytime);
93 }
94
95 /*
96   이 함수는 LED의 행 단위로 불을 밝혀준다.
97   모든 행에 대해 패턴이 반복된다.
```

```
98    패턴은 행 번호만큼 깜빡인다.
99    행 번호 4(index 값은 3)는 4번 깜빡인다.
100   */
101 void rows() {
102   for(int row=0;row<8;row++) {
103     delay(delaytime);
104     lc.setRow(0,row,B10100000);
105     delay(delaytime);
106     lc.setRow(0,row,(byte)0);
107     for(int i=0;i<row;i++) {
108       delay(delaytime);
109       lc.setRow(0,row,B10100000);
110       delay(delaytime);
111       lc.setRow(0,row,(byte)0);
112     }
113   }
114 }
115
116 /*
117   이 함수는 LED의 열 단위로 불을 밝혀준다.
118   모든 열에 대해 패턴이 반복된다.
119   패턴은 열 번호만큼 깜빡인다.
120   열 번호 4(index 값은 3)는 4번 깜빡인다.
121   */
122 void columns() {
123   for(int col=0;col<8;col++) {
124     delay(delaytime);
125     lc.setColumn(0,col,B10100000);
126     delay(delaytime);
127     lc.setColumn(0,col,(byte)0);
128     for(int i=0;i<col;i++) {
129       delay(delaytime);
130       lc.setColumn(0,col,B10100000);
131       delay(delaytime);
132       lc.setColumn(0,col,(byte)0);
133     }
134   }
135 }
136
137 /*
138   이 함수는 도트 매트릭스 전체의 불을 밝힌다.
139   행 번호만큼 깜빡인다.
```

```
140   행 번호 4(index 값은 3)는 4번 깜빡인다.
141  */
142  void single() {
143    for(int row=0;row<8;row++) {
144      for(int col=0;col<8;col++) {
145        delay(delaytime);
146        lc.setLed(0,row,col,true);
147        delay(delaytime);
148        for(int i=0;i<col;i++) {
149          lc.setLed(0,row,col,false);
150          delay(delaytime);
151          lc.setLed(0,row,col,true);
152          delay(delaytime);
153        }
154      }
155    }
156  }
157
158  void loop() {
159    writeArduinoOnMatrix();
160    rows();
161    columns();
162    single();
163  }
```

각 행에 해당되는 소스 코드의 내용을 알아보겠습니다.

12행: 기존 소스 코드에서 lc=LedControl(12,11,10,1); 부분을 lc=LedControl(2,4,3,1);로 변경했습니다.

```
LedControl(dataPin, clockPin, csPin, numDevices)
```

하드웨어 핀 설정에 따라 수정해줘야 할 부분입니다. 앞에서부터 3개의 인자는 아두이노 보드와 연결되는 핀의 번호입니다. 마지막 인자는 8×8 도트 메트릭스 부품의 개수입니다. 이 라이브러리는 최대 8개까지 처리할 수 있습니다. 도트 메트릭스를 최대 8개까지 가로로 붙여서 사용할 수 있다는 의미입니다.

24행: lc.setIntensity(0,8);

setIntensity(int addr, int intensity);

디스플레이의 밝기를 지정해주는 부분입니다. Addr은 디바이스 주소이며, Intensity는 밝기의 단계로 0(어두움)부터 15(밝음)까지 지정할 수 있습니다.

26행: lc.clearDisplay(0);

clearDisplay(int addr);

디스플레이의 모든 LED를 OFF시킵니다.

45행: lc.setRow(0, 0, a[0]);

setRow(int addr, int row, byte value);

LED 한 줄을 켭니다.

125행: lc.setColumn(0, col, B10100000);

void setColumn(int addr, int col, byte value);

한 열의 LED를 켜고(true)/끕니다(false).

146행: lc.setLed(0, row, col, true);

setLed(int addr, int row, int col, boolean state);

LED 켜기(true)와 끄기(false)를 사용해 해당 위치의 LED를 ON/OFF시킵니다. row와 col은 각각 row 와 column의 위치입니다. 이 값은 0–7로 지정이 가능합니다.

【완성품】

그림 6.27처럼 완성됐다.

그림 6.27 8×8 도트 메트릭스 실행 화면

지금까지 배운 내용을 응용해 간단하게 ♡(하트)를 출력해보겠습니다.

【하드웨어 만들기】

하드웨어 설정은 기존과 동일합니다.

- MAX7219 VCC pin → 아두이노 5V 핀

- MAX7219 GND pin → 아두이노 GND 핀
- MAX7219 DIN pin → 아두이노 2번 핀
- MAX7219 CS pin → 아두이노 3번 핀
- MAX7219 CLOCK pin → 아두이노 4번 핀

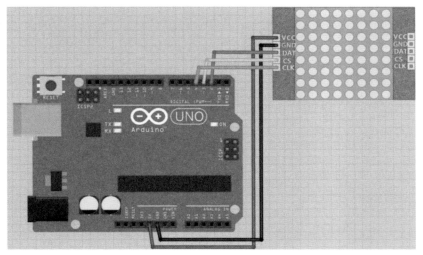

그림 6.28 하드웨어 구성도

예제 6.3을 참고하여 프로그래밍합니다.

예제 6.3 8×8 도트 메트릭스로 하트를 표시하는 예제

```
01  // LED 제어를 위해서는 라이브러리를 추가해야 한다.
02  #include "LedControl.h"
03
04  /*
05  도트 매트릭스 사용을 위해 LedControl이 필요하다.
06  ***** 하드웨어에 따라 핀 번호를 바꿔야 할 수도 있다. *****
07  2번 핀을 데이터 입력부와 연결한다.
08  5번 핀을 클럭(CLK) 핀과 연결한다.
09  4번 핀을 CS(Chrp Select) 핀과 연결한다.
10  MAX72XX 모델을 사용한다.
11  */
12  LedControl lc=LedControl(2,4,3,1);
13
14  /* 화면이 갱신되려면 약간의 시간을 기다려야 한다. */
```

```
15  unsigned long delaytime=100;
16
17  void setup( ) {
18    /*
19      MAX72XX 모델은 처음 시작 시 절약 모드로 설정되어 있다.
20      사용을 위해 동작 시작을 알려줘야 한다.
21    */
22    lc.shutdown(0,false);
23    /* 조명의 밝기를 중간값으로 설정한다. */
24    lc.setIntensity(0,8);
25    /* 조명을 끈다. */
26    lc.clearDisplay(0);
27
28    lc.setRow(0,0,B00011000);
29    lc.setRow(0,1,B00100100);
30    lc.setRow(0,2,B01000010);
31    lc.setRow(0,3,B10000001);
32    lc.setRow(0,4,B10000001);
33    lc.setRow(0,5,B01011010);
34    lc.setRow(0,6,B00100100);
35
36  }
37
38
39
40  void loop( ) {
41  }
```

각 행에 해당되는 소스 코드의 내용을 알아보겠습니다.

28~34행: lc.setRow(0, X, BXXXXXXXX);

　　　　lc.setRow(도트 메트릭스의 개수, 위치, 표시 여부)

위치를 변경함으로 LED의 출력 여부를 결정하게 되고, 표시 여부에서 B 문자 다음에 나오는 숫자는 LED의 ON/OFF 여부를 나타냅니다. 0은 OFF, 1은 ON입니다. 예를 들면, B100000000이라고 하면 첫 번째 불만 켜지고 나머지는 꺼집니다. 이 원리로 원하는 위치의 LED를 제어할 수 있습니다.

【완성품】

그림 6.29처럼 우리가 원하는 하트 모양이 완성됐습니다.

그림 6.29 도트 메트릭스 하트 만들기 완성품

6.3 16×2 LCD에 메시지 표시

텍스트 LCD는 LCD 화면에 정해진 형태의 문자를 정해진 개수만큼 표시할 수 있도록 만들어진 LCD 디스플레이 장치로서, 간단한 문자 표시가 필요한 각종 임베디드 장치들에서 널리 사용되고 있습니다. 텍스트 LCD는 글자(영어), 숫자 등을 출력하는 데 많이 사용되는 장치로써 일반적으로 16칸 2줄의 문자 LCD를 많이 사용합니다.

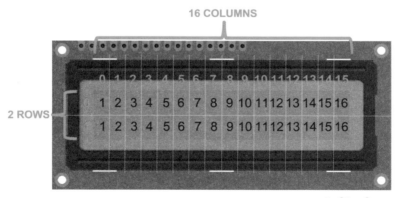

그림 6.30 하드웨어 구성도

기본적인 텍스트 LCD는 그림 6.30처럼 상단에 16개의 핀으로 구성돼 있습니다. 이것을 납땜으로 각각 아두이노에 연결해야 합니다. 연결을 위해 필요한 핀의 개수가 많으므로 사용하기가 쉽지 않습니다. 교재에선 이런 어려움을 최소화하기 위해서 적은 수의 핀으로도 제어할 수 있는 제품을 사용하겠습니다.

그림 6.31 I2C 통신 16×2 1062 텍스트 LCD

그림 6.31은 아두이노 보드에 활용할 수 있는 I2CInter-Integrated Circuit 통신용 16×2 텍스트 LCD입니다. 파란색 배경 조명에 흰색 글자입니다.

I2C 프로토콜을 사용함으로써 전원을 포함해 모두 4선이 제어 가능하다는 장점이 있습니다. 기본적인 텍스트 LCD 사용을 위해 아두이노에서는 전용 라이브러리인 LiquidCrystal 라이브러리를 기본으로 제공하고 있습니다. 그런데 이 제품을 사용하기 위해서는 전용 라이브러리를 사용해야 합니다.

tip I2C(Inter-Integrated Circuit)란, 필립스에서 개발한 직렬 통신 프로토콜이며, 마이크로컨트롤러와 저속의 주변 장치들과 연결하기 위해 사용됩니다. 아두이노 우노는 SCL(Serial Clock)을 위해 아날로그 5핀, SDA(Serial Data)를 위해 아날로그 4번 핀을 사용하도록 지정돼 있습니다. 이들 핀을 통해서만 I2C 통신이 가능합니다. 아두이노에서는 I2C 통신을 지원하기 위한 전용 라이브러리인 Wire 라이브러리가 포함되어 있습니다.

(이어짐)

I2C의 특징은 다음과 같습니다.

- 2개의 선을 이용하는 통신 방식
- 하나의 마스터(Master)에 여러 개의 슬레이브(Slave)를 연결하는 방식
- 송신과 수신이 동시에 이루어질 수 없기 때문에 양방향 통신이 필요한 경우에는 부적합
- 최대 128개의 슬레이브 장치 연결 가능

다음 링크에서 전용 라이브러리를 다운로드해서 아두이노 IDE가 설치된 디렉토리의 library 폴더 안에 압축을 풉니다. 압축을 풀면 LiquidCrystal_I2C 폴더가 생기는데 이것을 그대로 두고, 아두이노 통합 개발 도구를 다시 실행시키면 됩니다.

라이브러리 다운로드 경로는 다음과 같습니다.

https://github.com/Charlesma/arducamp2/tree/master/라이브러리/

【하드웨어 만들기】

- 1602 LCD VCC pin → 아두이노 5V 핀
- 1602 LCD GND pin → 아두이노 GND 핀
- 1602 LCD SDA pin → 아두이노 A4 핀
- 1602 LCD SCL pin → 아두이노 A5 핀

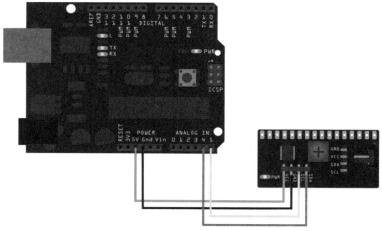

그림 6.32 I2C 통신 16×2 1062 텍스트 LCD 연결 방법

예제 > LiquidCrystal_I2C > HelloWorld를 선택합니다. 다음과 같은 코드를 확인할 수 있습니다.

예제 6.4 LCD 글자 표시하는 예제

```
01 #include <Wire.h>
02 #include <LiquidCrystal_I2C.h>
03
04 LiquidCrystal_I2C lcd(0x27,16,2);    // 16개 문자, 2줄에 대해 아스키 0X27('¦' 문자)
   으로 초기화. 일부 기기는 0x3F 값을 주소로 사용하는 경우도 있다.
05
06 void setup()
07 {
08   lcd.init();                        // LCD 초기화
09
10   // LCD에 메시지를 출력한다.
11   lcd.backlight();
12   lcd.print("Hello, world!");
13 }
14
15 void loop()
16 {
17 }
```

각 행에 해당되는 소스 코드의 내용을 알아보겠습니다.

01~02행: Wire.h와 LiquidCrystal_I2C.h 라이브러리를 참조합니다.

아두이노에서 I2C 통신을 할 수 있도록 만드는 Wire.h와 LCD 컨트롤 관련 LiquidCrystal_I2C.h를 참조합니다.

04행: LiquidCrystal_I2C lcd(0x27, 16, 2)

LiquidCrystal_I2C의 라이브러리 이름을 lcd라고 하고, 해당 LCD의 형태를 선언합니다. 우리가 산 제품은 16×2로 되어 있는 제품이므로 16, 2로 정의합니다.

08행: lcd.init();

LCD를 사용할 수 있도록 초기화합니다.

11행: lcd.backlight();

LCD 백라이트 불빛을 켭니다. 이때 너무 밝아서 글자가 안보이거나, 반대로 너무 어두운 경우에는 LCD 뒷면, 검정색 기판에 파란색으로 십자나사 모양이 된 곳을 작은 드라이버로 조금씩 돌려 밝기를 조절할 수 있습니다.

12행: `lcd.print( );`

　　Lcd에 실제로 글자를 출력합니다. 위치 조정은 setCursor( ) 함수를 이용하면 됩니다.

　　lcd.setCursor(0,0); // 윗층

　　lcd.setCursor(0,1); // 아래층

【완성품】

그림 6.33처럼 "Hello World"가 표시되는 것을 볼 수 있습니다.

그림 6.33 I2C 통신 16×2 1062 텍스트 LCD 연결 방법

아두이노로 소리내기

이 장에서는 아두이노를 이용해 소리를 출력하는 방법과 피에조 스피커에 대해 알아봅니다. 피에조 스피커를 이용한 여러 가지 실습을 하면서 사용법을 알아보겠습니다.

아두이노에서 소리 출력을 위해 흔히 사용되는 부품으로는 피에조가 있습니다. 피에조는 우리가 알고 있는 스피커인데 전기적 에너지인 전기 신호를 가하면 피에조는 압전 효과를 일으켜 기계적 신호인 음파를 발생시켜서 우리가 들을 수 있는 소리로 변환해줍니다.

> **tip 압전 효과란?**
>
> 압전 효과는 어떤 재질 내에서 기계적-전기적 상태 사이의 상호작용을 통해 나타나는 현상입니다. 즉, 해당 재질에 누르거나 당기는 기계적인 힘을 가하면 전기적인 신호가 발생하고, 또 반대로 전기적인 신호를 가하면 늘어나거나 줄어드는 기계적인 변화가 발생합니다.
>
> 이때 기계적 변화가 전기적 신호로 바뀌는 것을 1차 압전 효과라고 하고, 반대로 전기적 신호가 기계적 변화로 바뀌는 것을 2차 압전 효과라고 합니다.
>
> 압전 효과를 응용한 대표적인 예는 마이크와 스피커입니다. 마이크는 소리 신호를 전기 신호로 바꾸어 주는 1차 압전 효과를 응용한 것이고 스피커는 전기 신호를 소리 에너지로 바꾸어주는 2차 압전 효과를 응용한 것입니다. 이외에도 누르는 힘에 의해 스파크를 일으켜 불을 붙여주는 라이터, 초음파 탐지기, 수정 시계 진동자 등 다양한 곳에서 활용되고 있습니다.

피에조의 모습은 7.1과 같이 둥근 모양의 진동판을 갖고 있습니다. 여기에 연결된 전선에 전기 신호를 가하면 둥근 진동판이 울려 소리가 발생합니다.

그림 7.1 피에조

7.1 피에조 스피커를 이용한 계이름 연주

피에조를 이용하면 우리가 원하는 멜로디를 연주할 수 있습니다. 계이름인 "도-레-미-파-솔-라-시-도"에 해당하는 출력 값을 알고 있으면 이것을 이용해 우리가 원하는 악보에 적힌 노래를 출력할 수 있습니다.

이제 실습을 통해 계이름을 "도-레-미-파-솔-라-시-도"의 순서대로 출력하는 방법을 알아보겠습니다.

【준비물】

실습에 필요한 준비물은 다음 표와 같습니다.

구성품	모습	개수	설명
아두이노 보드		1개	우노(Uno) 보드 사용
브레드 보드		1개	
USB 케이블 및 점퍼선			
피에조		1개	호환 모듈 사용

저항		1개	220KΩ (빨간색–빨간색–갈색)

이제 아두이노 보드와 센서를 구성할 차례입니다. 다음의 내용을 참고해 그림 7.2와 같이 회로를 구성합니다.

- **피에조:** 양극(+)에 아두이노의 3번 출력 핀과 연결합니다. 이때 피에조와 아두이노 사이에 저항 220Ω을 연결합니다.

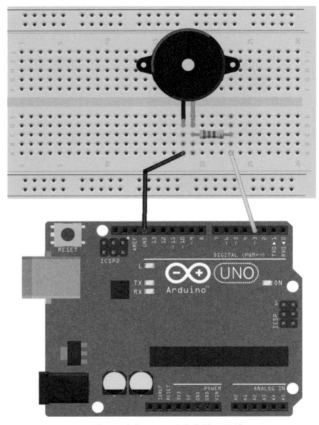

그림 7.2 피에조로 소리내기 회로 구성

예제 7.1을 참고해 프로그램을 작성합니다.

```
01 #include "pitches.h"
02
03 #define PIEZO_OUT 3
04 #define MELODY_LEN 8
05
06 // 멜로디의 각 소절 계이름
07 int melody[MELODY_LEN] = {
08   NOTE_C4, // 도(C)
09   NOTE_D4, // 레(D)
10   NOTE_E4, // 미(E)
11   NOTE_F4, // 파(F)
12   NOTE_G4, // 솔(G)
13   NOTE_A4, // 라(A)
14   NOTE_B4, // 시(B)
15   NOTE_C5  // 도(C)
16 };
17
18 // 멜로디의 각 소리 출력 시간
19 int duration[MELODY_LEN] = {
20   1,
21   1,
22   1,
23   1,
24   1,
25   1,
26   1,
27   1
28 };
29
30 void setup() {
31
32   for (int i = 0; i < MELODY_LEN; i++) {
33
34     int d = duration[i] * 250;
35     int m = melody[i];
36     tone(PIEZO_OUT, m, d); // 소리 출력
37
38     int pauseBetweenNotes = d * 1.30;
39       delay(pauseBetweenNotes);
40   }
41   noTone(PIEZO_OUT); // 소리 출력 중지
```

```
42 }
43
44 void loop() {
45    // 내용 없음
46 }
```

각 행에 해당되는 소스 코드의 내용을 알아보겠습니다.

01행: pitches.h 헤더 파일에는 각 계이름에 대한 출력 값이 정의돼 있습니다. 이 값을 활용하기 위해 헤더 파일을 우리가 작성하는 소스 코드 파일에 포함시킵니다. 포함시키는 방법은 #include 명령어를 사용하는 것입니다.

03행: 3번을 피에조 출력 핀으로 설정합니다. 이 핀을 통해 소리 출력값을 전달할 것입니다.

04행: 출력할 멜로디의 길이를 정의합니다. 우리는 "도레미파솔라시도", 즉 8개의 음을 출력할 것입니다.

07~16행: 연주할 멜로디의 계이름을 순서대로 정의합니다. pitches.h 파일에 정의된 값을 이용해 연주할 순서대로 계이름을 적어주면 됩니다. 우리는 총 8개의 음을 연주할 예정이므로 "도"에 해당하는 NOTE_C4부터 시작하여 "레"에 해당하는 NOTE_D4, "미"에 해당하는 NOTE_E4 순으로 입력합니다.

19~28행: 이제 각 음이 연주되는 시간을 설정하여 duration 배열 변수에 저장합니다. 각 음은 1/4박자(250밀리초)를 기준으로 합니다. 따라서 1의 숫자는 250밀리초(ms)를 의미하고 2의 숫자는 500밀리초(ms)가 됩니다. 만약 1박자인 1초를 연주하려면 4의 값을 지정해야 합니다. 우리가 지정한 1은 해당 음을 약 0.25초 동안 연주하게 됩니다.

30행: 우리가 연주할 곡은 단 한 번만 실행하게 할 예정이므로 setup() 함수에 구현할 것입니다. 만약 반복적으로 연주하려고 하면 loop() 함수에 연주하는 코드를 구현해야 합니다.

32행: for 함수는 조건에 따라 자동적으로 반복 수행해주는 함수입니다. for 함수 내의 내용을 i 변수가 0부터 시작하여 1씩 증가하며 7까지 총 8번 실행시켜줍니다.

34행: 음을 연주 시간이 저장된 duration 배열에서 i번째 값을 꺼내와서 250을 곱해줍니다. 1은 1/4박자 단위이므로 실제로는 250밀리초를 실행해야 하기 때문입니다. 계산한 값을 변수 d에 저장합니다.

35행: 연주할 음이 저장돼 있는 melody 배열에서 i번째 값을 꺼내와서 m 변수에 저장합니다.

36행: tone() 함수를 이용해 음을 연주합니다. tone 함수를 실행할 때는 피에조의 핀 번호, 연주할 음의 값, 연주 시간 순서로 값을 설정해줍니다.

38행: tone() 함수에서 연주한 음이 제대로 출력되려면 연주 시간보다 약 30% 정도 긴 시간동안 다음 프로그램의 실행을 지연시켜야 합니다. 따라서 이전 연주 시간인 d의 시간에 1.3을 곱해서 지연시킬 시간을 계산하여 pauseBetweenNotes 변수에 저장합니다.

39행: 계산된 시간만큼 프로그램을 지연시킵니다.

41행: 멜로디 연주가 다 끝나면 이제 더 이상 연주할 멜로디가 없다고 피에조에게 알려줍니다.

예제 7.1을 컴파일하고 아두이노 보드에 업로드합니다. 실행하면 "도~레~미~파~솔~라~시~도"의 계이름이 0.25초씩 순서대로 연주됩니다. 음악을 setup( ) 함수에 구현했기 때문에 처음에 딱 한 번만 실행이 됩니다. 다시 듣고 싶으면 아두이노 보드의 **리셋**(reset) 버튼을 클릭해 프로그램을 다시 시작하면 됩니다.

앞에서 학습한 내용을 참고하면 단순히 "도~레~미~파~솔~라~시~도"의 계이름을 순서대로 연주하는 것뿐만 아니라 원하는 곡을 연주할 수도 있습니다. 다음에는 앞의 내용을 참고해 우리가 잘 아는 노래를 연주해보겠습니다.

---

tip **pitches.h 헤더 파일 포함시키기**

계이름을 출력하기 위해서는 각 음계에 맞게 출력 값을 정의하고 있는 pitches.h 파일을 include하면 쉽게 프로그래밍할 수 있습니다. 헤더 파일을 포함시키기 위해서는 파일을 라이브러리로 등록해야 합니다.

먼저 arduino가 설치된 디렉토리로 이동합니다. 보통은 내 문서 폴더에 다음과 같은 위치에 있습니다.

　내 문서 ＞ Arduino ＞ libraries

라이브러리 폴더에 pitches 디렉토리를 생성하고 그 안에 pitches.h 파일을 복사합니다.

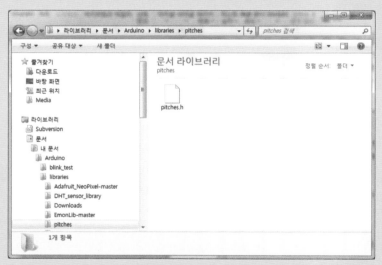

그림 7.3 라이브러리에 pitches 생성

이제 아두이노 통합 개발 도구를 다시 시작하면 pitches.h 파일이 라이브러리 목록에 추가된 것을 확인할 수 있습니다.

7.2 피에조 스피커를 이용한 음악 연주

이제 7.1절에서 배운 내용을 응용해 우리가 잘 아는 비행기 노래를 연주하는 방법에 대해 배워보겠습니다. 비행기의 악보는 그림 7.4와 같습니다.

비행기

그림 7.4 비행기 악보

아두이노 회로 구성은 이전의 구성과 같으므로 그림 7.2와 같이 구성하면 됩니다. 다만 멜로디와 연주 시간 설정을 할 때 그림 7.3의 악보를 참고하여 작성하면 됩니다.

이제 예제 7.2와 같이 프로그램을 작성합니다. 기본적인 프로그램은 예제 7.1과 똑같고 다만 MOLODY_LEN, melody 배열 변수와 duration 배열 변수의 값만 비행기 노래와 같이 달라지게 됩니다.

예제 7.2 피에조로 비행기 노래 출력 예제

```
01 #include "pitches.h"
02
03 define PIEZO_OUT 3
04 define MELODY_LEN 25
05
06 // 멜로디의 각 소절 계이름
07 int melody[MELODY_LEN] = {
08    NOTE_E4, // 미(E)
09    NOTE_D4, // 레(D)
10    NOTE_C4, // 도(C)
11    NOTE_D4, // 레(D)
12    NOTE_E4, // 미(E)
13    NOTE_E4, // 미(E)
14    NOTE_E4, // 미(E)
15    NOTE_D4, // 레(D)
16    NOTE_D4, // 레(D)
17    NOTE_D4, // 레(D)
```

```
18    NOTE_E4, // 미(E)
19    NOTE_E4, // 미(E)
20    NOTE_E4, // 미(E)
21    NOTE_E4, // 미(E)
22    NOTE_D4, // 레(D)
23    NOTE_C4, // 도(C)
24    NOTE_D4, // 레(D)
25    NOTE_E4, // 미(E)
26    NOTE_E4, // 미(E)
27    NOTE_E4, // 미(E)
28    NOTE_D4, // 레(D)
29    NOTE_D4, // 레(D)
30    NOTE_E4, // 미(E)
31    NOTE_D4, // 레(D)
32    NOTE_C4  // 도(C)
33 };
34
35 // 멜로디의 각 소리 출력 시간
36 int duration[MELODY_LEN] = {
37 6,
38 2,
39 4,
40 4,
41 4,
42 4,
43 8,
44 4,
45 4,
46 8,
47 4,
48 4,
49 8,
50 6,
51 2,
52 4,
53 4,
54 4,
55 4,
56 8,
57 4,
58 4,
59 6,
60 2,
61 8
62 };
```

```
63
64 void setup( ) {
65
66    for (int i = 0; i < MELODY_LEN; i++) {
67
68       int d = duration[i] * 250;
69       int m = melody[i];
70       tone(PIEZO_OUT, m, d); // 소리 출력
71
72       int pauseBetweenNotes = d * 1.30;
73         delay(pauseBetweenNotes);
74    }
75    noTone(PIEZO_OUT); // 소리 출력 중지
76 }
77
78 void loop( ) {
79    // 내용 없음
80 }
```

각 행에 해당되는 소스 코드의 내용을 알아보겠습니다.

01행: pitches.h 헤더 파일에는 각 계이름에 대한 출력 값이 정의되어 있습니다. 이 값을 활용하기 위해 헤더
       파일을 우리가 작성하는 소스 코드 파일에 포함시킵니다. 포함시키는 방법은 #include 명령어를 사용
       하는 것입니다.

03행: 3번을 피에조 출력 핀으로 설정합니다. 이 핀을 통해 소리 출력값을 전달할 것입니다.

04행: 출력할 멜로디의 길이를 정의합니다. 비행기 노래에 해당되는 전체 음계는 총 25개입니다.

07~33행: 연주할 멜로디의 계이름을 순서대로 정의합니다. pitches.h 파일에 정의된 값을 이용하여 연주할
         순서대로 계이름을 적어주면 됩니다. 우리는 총 8개의 음을 연주할 예정이므로 "도"에 해당하는
         NOTE_C4부터 시작하여 "레"에 해당하는 NOTE_D4, "미"에 해당하는 NOTE_E4 순으로 입력합
         니다.

36~62행: 이제 각 음이 연주되는 시간을 설정해 duration 배열 변수에 저장합니다. 각 음은 1/4박자(250밀
         리초)를 기준으로 합니다. 따라서 1의 숫자는 250밀리초(ms)를 의미하고 2의 숫자는 500밀리초
         (ms)가 됩니다. 만약 1박자인 1초를 연주하려면 4의 값을 지정해야 합니다. 우리가 지정한 1은 해
         당 음을 약 0.25초 동안 연주하게 됩니다.

64행: 우리가 연주할 곡은 단 한 번만 실행하게 할 예정이므로 setup( ) 함수에 구현할 것입니다. 만약 반복
       적으로 연주하려고 하면 loop( ) 함수에 연주하는 코드를 구현해야 합니다.

66행: for 함수는 조건에 따라 자동적으로 반복 수행하는 함수입니다. for 함수 내의 내용을 i 변수가 0부터

시작하여 1씩 증가하며 MELODY_LEN까지 실행합니다.

68행: 음을 연주 시간이 저장된 duration 배열에서 i번째 값을 꺼내와서 250을 곱해줍니다. 1은 1/4박자 단위 이므로 실제로는 250밀리초를 실행해야 하기 때문입니다. 계산한 값을 변수 d에 저장합니다.

69행: 연주할 음이 저장돼 있는 melody 배열에서 i번째 값을 꺼내와서 m 변수에 저장합니다.

70행: tone( ) 함수를 이용하여 음을 연주합니다. tone 함수를 실행할 때는 피에조의 핀 번호, 연주할 음의 값, 연주 시간 순서로 값을 설정해줍니다.

72행: tone( ) 함수에서 연주한 음이 제대로 출력되려면 연주 시간보다 약 30% 정도 긴 시간동안 다음 프로 그램의 실행을 지연시켜야 합니다. 따라서 이전 연주 시간인 d의 시간에 1.3을 곱해서 지연시킬 시간 을 계산하여 pauseBetweenNotes 변수에 저장합니다.

73행: 계산된 시간만큼 프로그램을 지연시킵니다.

75행: 멜로디 연주가 다 끝나면 이제 더 이상 연주할 멜로디가 없다고 피에조에게 알려줍니다.

예제 7.2를 컴파일하고 아두이노 보드에 업로드합니다. 실행하면 비행기 노래가 자동으로 연주됩니다. 음악을 setup( ) 함수에 구현했기 때문에 처음 딱 한 번만 실행이 됩니다. 다시 듣고 싶으면 아두이노 보드의 **리셋**(reset) 버튼을 클릭해 프로그램을 다시 시작하면 됩니다.

위와 같이 연주하고 싶은 노래가 있으면 악보를 구하여 `melody` 배열 변수와 `duration` 배열 변수, `MELODY_LEN` 변수를 바꾸어주면 됩니다.

7.3 빛의 밝기에 따라 연주

이제 조도 센서를 이용하여 빛의 밝기에 따라 소리가 달라지도록 프로그래밍해 보겠습니다. 5장에서 배웠던 조도 센서를 이용하여 읽어온 빛의 밝기 값을 이용해 음의 높낮이를 자동으로 조정하겠습니다.

【준비물】
실습에 필요한 준비물은 다음 표와 같습니다.

구성품	모습	개수	설명
아두이노 보드		1개	우노(Uno) 보드 사용
브레드 보드		1개	
USB 케이블 및 점퍼선			
피에조		1개	호환 모듈 사용
조도 센서		1개	5mm 포토레지스터 광 센서 사용
저항		1개	1KΩ (갈색-검은색-빨간색)

이제 아두이노 보드와 센서를 구성할 차례입니다. 다음 내용을 참고해 그림 7.5와 같이 회로를 구성합니다.

- **피에조:** 양극(+)에 아두이노의 2번 출력 핀과 연결합니다. 음극(-)에는 접지(GND)와 연결합니다.
- **조도 센서:** 양극(+)에는 5V 전원을 연결합니다. 음극(-)에는 아날로그 핀인 A0를 연결하고 동시에 저항과 연결합니다. 저항의 반대쪽 끝에는 접지(GND)를 연결합니다.

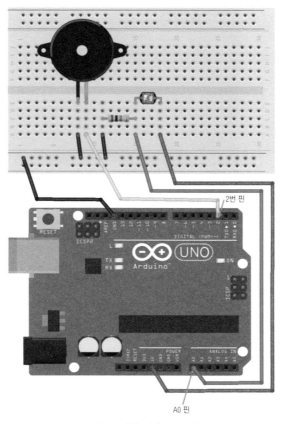

그림 7.5 빛에 따라 연주하기

이제 예제 7.3과 같이 프로그램을 작성합니다.

예제 7.3 **조도에 따라 연주하는 예제**
```
01 int PIEZO_OUT = 2;
02
03 void setup( ) {
04
```

```
05 }
06
07 void loop( ) {
08    int read_light = analogRead(A0);
09    int pitch = 200 + read_light / 4;
10
11    tone(PIEZO_OUT, pitch);
12 }
```

각 행에 해당되는 소스 코드의 내용을 알아보겠습니다.

01행: 2번 핀을 피에조 출력 핀으로 설정하기 위해 PIEZO_OUT 변수를 선언하고 값을 할당합니다.

08행: 조도 센서에서 현재의 밝기 값을 읽어올 순서입니다. A0 핀에서 조도 센서의 값을 읽어와서 변수 read_light에 저장합니다.

09행: 읽어온 조도 센서 값의 범위는 최소 0에서 최대 1023까지의 값을 갖습니다. 우리는 임의로 소리의 범위를 200~455로 제한하기 위해 조도 값을 1/4로 나눈 값에 200을 더하여 출력한 소리의 값을 계산합니다.

11행: tone( ) 함수를 이용해 계산된 소리 값을 출력합니다.

예제 7.3을 컴파일하고 아두이노 보드에 업로드합니다. 실행하면 빛의 밝기가 변함에 따라 피에조에서 소리가 연주될 것입니다. 조도 센서에 손전등으로 빛을 비춰서 밝게 하거나 손으로 가려서 어둡게 하면 소리가 그에 따라 바뀌게 됩니다.

이렇게 입력 값에 따라 원하는 소리를 나게 하면 자동차 후방 감지기와 같은 작품을 만들 수 있습니다. 초음파 센서를 이용해 거리를 계산하고 특정 거리보다 가까워지면 "띠~띠~띠"하고 주의 소리를 내다가 아주 가까워지면 "띠띠띠띠"하고 급하게 경고 소리를 내서 경고를 출력해주면 후방 감지기와 똑같이 동작하게 만들 수 있습니다.

움직이는 모터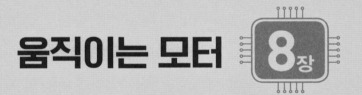

아두이노를 이용해 모터를 다루기에 앞서 모터의 개념과 종류를 알아보겠습니다. 모터에는 DC 모터, 서보 모터, 스텝 모터가 있습니다. 이러한 모터를 이용한 몇 가지 실습을 진행해 보겠습니다.

8.1 모터의 종류

모터의 종류는 다음과 같이 다양합니다. 사양을 읽어보고 원하는 모터를 고르면 됩니다.

DC 모터

- 가장 흔한 모터, 입력 전류 방향으로(+, -) 회전방향 제어
- 고회전에 유리, RC카, 쿼드콥터 등 광범위하게 사용
- 회전 수와 방향 제어를 위해서는 드라이버 모듈이 필요

그림 8.1 DC 모터

서보 모터

- 보통 0~180 사이를 움직이며 위치를 정확히 제어 가능
- RC카의 방향타, 로봇 관절 등 회전각 제어에 적합
- PWM 신호로 간단히 위치 제어 가능

그림 8.2 서보 모터(Servo motor)

스텝 모터

- 회전 방향뿐 아니라 회전각을 정밀히 제어할 수 있음
- DC 모터와 서보 모터의 장점을 합친 모터
- 빠른 회전과 정밀한 제어가 필요한 경우
- 3D 프린터의 핵심 모터

그림 8.3 스텝 모터(Stepper motor)

- 제어가 복잡하므로 스텝 모터 드라이버 모듈을 이용해서 제어

8.2 DC 모터

그림 8.4는 DC 모터입니다. DC 모터는 직류 전원으로 동작하며, 다른 고정 장치에 비해 가볍고 사용하기 간단합니다.

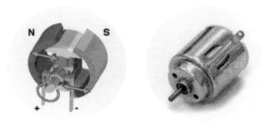

그림 8.4 DC 모터 구조 (출처: 코코아 팹 – kokoafab.cc/tutorial/view/353)

외부의 고정된 부분(고정자)에 영구 자석을 배치하고 내부의 회전체에 코일을 사용해 구성합니다. 회전체(회전자/전기자)에 흐르는 전류의 방향을 전환함으로써 발생하는 자기장과 자석 자기장의 상호 반발력을 이용해 회전력을 얻습니다. DC 모터는 다른 구동 장치에 비해 가볍고 구조가 간단해 선풍기, 냉장고 등 가전제품부터 전기자동차, 고속 열차 등 운송 수단까지 광범위하게 사용되고 있습니다.

8.2.1 DC 모터 사용법

DC 모터는 2개의 커넥터를 사용해 연결할 수 있습니다. DC 모터는 양방향으로 동작하기 때문에 어떤 선을 연결할지 DC 모터의 극성은 크게 신경 쓰지 않아도 됩니다. DC 모터에 연결된 전류의 방향에 따라 회전 방향만 변경됩니다. DC 모터의 회전 속도는 코일에 흐르는 전류와 정비례하기 때문에, DC 모터의 구동 전압을 변화시키면 회전 속도가 변화합니다.

위의 세 가지 모터를 모두 작동시키기 위해 모터 실드moter shield를 사용하려고 합니다. 실드의 모양은 그림 8.5와 같습니다.

그림 8.5 모터 실드 모습

아두이노 모터 실드는 쉽게 모터의 방향을 제어하고, 개발 속도를 높일 수 있습니다. 아두이노 핀 몇 개만으로 모터를 제어할 수 있도록 해줍니다. 그리고 모터의 경우 높은 출력을 위해 외부 전력이 필요한데 12V까지 별도의 전원 공급 장치와 연결할 수 있습니다.

아두이노 실드(Shield)란, 아두이노의 하드웨어적으로 부족한 부분을 보완해주는 요소입니다. 아두이노의 큰 장점 중의 하나는 실드라고 불리는 다양한 확장 모듈이 존재한다는 점입니다. 실드는 아두이노 보드에 수직으로 장착해 사용하며, 각 실드가 사용하는 핀이 중복되지 않는다면 여러 개의 실드를 적층해 동시에 사용하는 것도 가능합니다. 그림 8.6은 여러 개의 실드가 적층되어 있는 모습입니다.

그림 8.6 적층된 모습

(이어짐)

아두이노 실드의 종류는 300개가 넘습니다. 대부분의 아두이노 실드는 Uno에 맞게 제작됐으며 Mega 2560 보드와도 호환이 가능합니다. 자주 사용되는 것으로는 LCD 버튼 실드(그림 8.7), 이더넷 실드(그림 8.8), 와이파이 실드(그림 8.9)와 SD 카드 실드(그림 8.10)가 있습니다.

그림 8.7 LCD 버튼 실드

그림 8.8 이더넷 실드

그림 8.9 와이파이 실드

그림 8.10 SD 카드 실드

- **제품명:** Adafruit Motor shield
- **제품소개:** https://www.adafruit.com/products/81
- **특징:**
  - 2개의 서보 모터 컨트롤 가능
  - 4개의 DC 모터 컨트롤 가능
  - 2개의 스텝 모터 컨트롤 가능
  - 외부 전력(0V – 25V) 수용 가능

모터 실드Motor shied를 사용하기 전에 모터 관련 라이브러리를 다운로드해야 됩니다.

http://www.elecrow.com/wiki/images/8/88/AFMotor_%28arduino1.0%29.zip

1. 다음 주소에서 다운로드합니다.
2. 다운로드한 Zip 파일을 압축을 풉니다.

3. AFMotor 폴더를 여러분들의 "{아두이노 설치 폴더}/libraries"에 복사합니다.

4. 스케치 프로그램을 재구동합니다.

모터는 많은 에너지를 필요로 합니다. 모터를 구동하기 위해서는 별도의 전원 공급 장치가 필요합니다. 실습에서는 9V 건전지로 전력을 공급하겠습니다. 이 모터 실드는 0V~25V 전력까지 감당하도록 설계돼 있습니다.

8.2.2 실드 장착 방법

1단계: 그림 8.11처럼 아두이노 핀 모양대로 실드를 장착합니다.

그림 8.11 실드 장착 모습 1

2단계: 실드가 장착된 모습은 그림 8.12와 같습니다.

그림 8.12 실드 장착 모습 2

【준비물】

실습에 필요한 준비물은 다음 표와 같습니다.

구성품	모습	개수	설명
아두이노 보드 & USB 케이블		1개	우노(Uno) 보드 사용
브레드 보드		1개	
모터 실드		1개	L293D 모터 드라이버 실드 (Adafruit Motor shield)
DC 모터		1개	

【하드웨어 만들기】

1. 실드의 M2에 해당되는 곳에 DC 모터의 선을 연결합니다. 이때 +, – 상관없이 아무데 나 연결하면 됩니다. 그림 8.13과 그림 8.14를 참조해 장착하길 바랍니다. 전선은 A 또는 B 위치에 삽입한 다음, 나사를 이용해 단단히 고정해서 연결합니다.

그림 8.13 DC 모터 실드 장착 방법

그림 8.14 DC 모터 실드 실장착 모습

2. 모터 실드에 DC 모터를 연결하는 것만으로 끝입니다. 실드를 쓰는 장점이기도 합니다.

예제 8.1을 참고해 프로그램을 작성합니다.

예제 8.1 DC 모터 제어 예제

```
01 #include <AFMotor.h>
02
03 AF_DCMotor motor(2, MOTOR12_64KHZ); // 쉴드 번호: M2, 제어 속도: 64KHZ
04
05 void setup() {
06
07     Serial.begin(9600);
08
09     Serial.println("racing!");
10
11     motor.setSpeed(255);      // 회전 속도 설정
12
13 }
14
15 void loop() {
16
17     Serial.print("tien");
18
19     motor.run(FORWARD);
20
21     delay(1000);
22
23     Serial.print("FW");
24
25     motor.run(BACKWARD);
26
27     delay(1000);
28
29     Serial.print("BW");
30
31     motor.run(RELEASE);
32
33     delay(1000);
34
35 }
```

각 행에 해당하는 소스 코드의 내용을 알아보겠습니다.

01행: #include 〈AFMotor.h〉 라이브러리를 추가합니다.

03행: AF_DCMotor motor(motor#, MOTOR12_64KHZ);

매개변수에서 첫 번째 인자는 모터 실드의 DC 모터 연결 위치입니다. 기본적으로 실습에 쓰인 모터 실드는 총 4개의 DC 모터를 달 수 있는데, 보드에 적혀 있는 M1~M4 중에 어디에 연결했는지에 대한 정보를 넣으면 됩니다. 실습에선 M2에 연결했으므로, 2를 입력합니다.

두 번째 인자는 제어 속도를 의미합니다. MOTOR12_64KHZ, MOTOR12_8KHZ, MOTOR12_2KHZ 또는 MOTOR12_1KHZ를 선택할 수 있습니다. 64KHz는 고속으로 많은 전력을 소모하게 되고, 반대로 1KHz는 저속으로 적은 전력을 소모합니다. 참고로, 모터번호 M1, M2는 이 모든 옵션을 사용할 수 있지만, M3와 M4는 1kHz에서만 실행 가능하며, 주어진 모든 설정을 무시합니다

11행: 모터의 회전 속도를 255로 설정했습니다.

19행: FORWARD 정방향, BACKWARD 역방향입니다.

【완성품】

그림 8.15처럼 모터가 동작하는 것을 볼 수 있습니다.

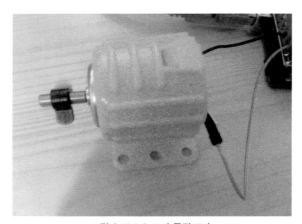

그림 8.15 DC 모터 동작 모습

8.3 서보 모터

그림 8.16과 같은 서보 모터Servo-motor는 지정된 각도만큼 회전할 수 있습니다. 목표치에 대한 위치, 방위, 자세 등의 제어가 자동으로 가능합니다. 서보Servo의 어원은 라틴어의 Servue로서 노예라는 의미를 가지고 있으며, 목표치에 대한 위치, 방위, 자세 등의 제어가

자동화되어 있는 장치 이름에 붙여지곤 합니다.

그림 8.16 서보 모터 모습

이와 같이 서보 모터는 모터와 기어박스, 제어 회로로 구성돼 있어, 특정 위치로 이동하거나 특정한 수치(속도 등)만큼 가동시킬 때, 모터로부터의 피드백을 통해 정확하게 제어할 수 있는 구조를 갖추고 있습니다. 자동화 생산 시스템, 로봇, 장난감, 가전제품 등에 광범위하게 쓰이고 있습니다.

8.3.1 서보 모터 사용법

그림 8.17과 같이 서보 모터는 일반 모터와 달리 회전 반경이 정해져 있습니다. 종류에 따라 다르지만 일반적으로 약 0~180도 범위의 회전각을 가집니다. 서보 모터에는 3개의 단자가 있습니다. 검은색(또는 갈색), 붉은색, 황색(또는 주황색이나 흰색)이며, 붉은색 선은 + 전원, 검은색 선은 – 전원에 연결돼 서보 모터에 전기를 공급하는 역할을 하며, 노란색 선은 서보 모터의 동작을 제어하는 신호선입니다.

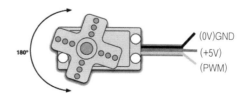

그림 8.17 서보 모터 전선의 모습
(출처: sweb.cityu.edu.hk/sm2240/2009/05/week05.html)

실습에 필요한 준비물은 다음 표와 같습니다.

구성품	모습	개수	설명
아두이노 보드 & USB 케이블		1개	우노(Uno) 보드 사용
브레드 보드		1개	
USB 케이블		1개	
모터 실드		1개	L293D 모터 드라이버 실드 (Adafruit Motor shield)
서보 모터		1개	

【하드웨어 만들기】

1. 모터 실드의 SER1에 해당하는 곳에 서보 모터의 선을 연결합니다(그림 8.18과 그림 8.19 참조).

그림 8.18 모터 실드에 서보 모터 연결 방법

그림 8.19 서보 모터 실드 실장착 모습

2. 모터 실드에 서보 모터를 연결하는 것만으로 끝입니다(단 서보 모터는 연결할 때 - + S 연결
   을 주의해야 합니다).

【소프트웨어 작성하기】

서보 모터를 제어하는 예제를 만들어 보겠습니다. 다음 예제 8.2를 참고해 프로그래밍합
니다.

```
01 #include <AFMotor.h>
02
03 #include <Servo.h>
04
05 int i;
06
07 Servo servo1;
08
09 void setup( ) {
10
11     Serial.begin(9600);
12
13     Serial.println("Test servo!");
14
15     servo1.attach(10);     // 주의)servo1 10번, servo2는 9번
16
17 }
18
19 void loop( ) {
20
21     for (i=0; i<255; i++) {   // 0에서 255까지 반복 수행
22
23         servo1.write(i);
24
25         delay(3);
26     }
27
28     for (i=255; i!=0; i--) {
29         servo1.write(i-255);
30         delay(3);
31     }
32
33 }
```

각 행에 해당하는 소스 코드의 내용을 알아보겠습니다.

01행: #include 〈AFMotor.h〉 라이브러리를 추가합니다.

03행: Servo.h 서보 모터를 제어하기 위한 라이브러리를 추가합니다.

15행: servo1.attach(10)은 아두이노에 연결되는 디지털 번호입니다. 모터 실드를 쓰는 경우 서보 모터 1번은 10번, 서보 모터 2번은 9번으로 고정돼 있습니다.

19행: Loop( ) 함수에 있는 내용은 처음엔 한쪽 방향으로 0~255 각도로 움직이되, 0.003초씩 움직이고, 다시 반대 방향으로 복귀하는 것입니다.

tip Servo 라이브러리는 서보 모터를 컨트롤할 수 있게 해주는 것으로, 통상 0~180도의 각도로 움직이면서 작업하는 데 서보 모터를 활용합니다.

서보 모터는 파워, GND, 신호선으로 구성돼 있습니다. 신호선은 통상 오렌지, 흰색으로 아두이노의 디지털 핀에 연결됩니다.

중요 함수는 다음과 같습니다.

- Servo.attach(핀 번호): 서버 모터 연결 디지털 핀
- Servo.write(각도): 서보 모터에 값을 출력해 모터 축의 회전을 제어
- Servo.read(): 현재 서버 모터의 각도를 반환

【완성품】

그림 8.20은 외부 9V 건전지와 함께 연결된 모습입니다(참고로, 실습에 쓰였던 서버 모터의 경우 외부 전원 없이 USB 전원만으로 구동 가능합니다).

그림 8.20 서보 모터 구동 모습

8.4 스텝 모터

실습에 쓰인 스텝 모터Step-motor는 많은 양의 전력을 필요로 하기 때문에 12V 전력을 공급할 수 있는 별도의 어댑터를 통해 아두이노에 전력을 공급하도록 하였습니다.

【준비물】

실습에 필요한 준비물은 다음 표와 같습니다.

구성품	모습	개수	설명
아두이노 보드 & USB 케이블		1개	우노(Uno) 보드 사용
모터 실드		1개	L293D 모터 드라이버 실드 (Adafruit Motor shield)
스텝 모터		1개	
12V 어댑터		1개	외부 전원(12V 0.5mA)

【하드웨어 만들기】

1단계: 모터 실드의 M3와 M4에 해당하는 곳에 스텝 모터의 선을 연결합니다(그림 8.21와 그림 8.22 참조).

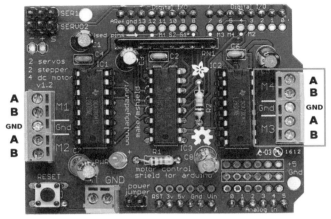

그림 8.21 스텝 모터 연결 방법

그림 8.22 스텝 모터 실드 실장착 모습

2단계: 스텝 모터의 총 4개의 선을 +- +- 형식으로 연결하면 됩니다. 중간의 GND는 연결하지 않습니다.

서보 모터를 제어하는 예제를 만들어 보겠습니다. 다음 예제 8.3을 참고해 프로그램을 작성합니다.

예제 8.3 스텝 모터 제어 예제

```
01 #include <AFMotor.h>
02
03
04 AF_Stepper motor(48, 2);
05
06
07 void setup() {
08   Serial.begin(9600);  // 시리얼 통신 속도를 설정
09   Serial.println("Stepper test!");
10
11   motor.setSpeed(10);  // 모터의 회전 속도를 설정
12
13   motor.step(100, FORWARD, SINGLE);
14   motor.release();
15   delay(1000);
16 }
17
18 void loop() {
19   motor.step(100, FORWARD, SINGLE);
20   motor.step(100, BACKWARD, SINGLE);
21
22   motor.step(100, FORWARD, DOUBLE);
23   motor.step(100, BACKWARD, DOUBLE);
24
25   motor.step(100, FORWARD, INTERLEAVE);
26   motor.step(100, BACKWARD, INTERLEAVE);
27
28   motor.step(100, FORWARD, MICROSTEP);
29   motor.step(100, BACKWARD, MICROSTEP);
30 }
```

각 행에 해당하는 소스 코드의 내용을 알아보겠습니다.

01행: #include 〈AFMotor.h〉 라이브러리를 추가합니다.

04행: AF_Stepper(steps, stepper#)

Steps는 모터마다 가지고 있는 한 스텝당 몇 도씩 움직이게 하는 회전량을 의미합니다. 예를 들면 한 스텝당 7.5도를 움직인다면 계산식은 360/7.5 = 48 step이 되는 것입니다. Stepper#은 연결되는 포트를 의미합니다. 만약 모터 실드의 M1과 M2를 사용한다면 port는 1이고, M3와 M4를 사용한다면 port 2라고 표기하면 됩니다.

11행: setSpeed(rpm) 1분 동안 얼마나 많이 회전하는지를 나타냅니다. 빨리 돌면 돌수록 모터는 열을 많이 발생하게 됩니다.

13행: Motor.step(#steps, direction, steptype)

매개변수에서 첫 번째 step의 양, 두 번째 인자는 회전 방향(정방향, 역방향), 마지막으로 인자는 스텝 모드(싱글, 더블, 인터리브 및 마이크로스텝)를 표시합니다. 각 단계별 모드가 무엇을 의미하는지 간단히 설명하겠습니다.

- 싱글(SINGLE): 이는 한 번에 하나의 코일만 활성화함으로써 모터를 구동합니다. 전력 절약이 요구되는 상황에서 사용됩니다.
- 더블(DOUBLE): 두 개의 코일(전체 스테핑)을 활성화할 때입니다.
- 인터리브(INTERLEAVE): 싱글과 더블을 번갈아 활성화시키는 것을 의미합니다. 두 가지 기능을 다 사용하지만 그 대신 속도가 느려집니다.
- 마이크로(MICROSTEPPING): 이 모드는 부드러운 모터 구동을 필요로 할 때 쓰이는 모드로 많은 응용 프로그램에서 널리 사용됩니다. 사용 용도에 따라 원하는 모드를 선택해서 사용하면 됩니다.

14행: motor.release( )

기본적으로 모터는 움직이고 나서 고정된 상태로 있습니다. 이것을 자유롭게 움직일 수 있도록 하기 위한 것입니다.

【완성품】

그림 8.23은 최종적으로 완성돼 스텝 모터가 구동되는 모습입니다.

그림 8.23 스텝 모터 구동 모습

마지막으로 지금까지의 모든 모터를 한꺼번에 구동해볼 수 있는 예제를 실행해봅시다. 아두이노 통합 개발 도구의 메뉴 중에서 다음과 같이 따라 실행해봅니다.

파일 > 예제 > AFMotor > MotorParty를 실행합니다.

주의할 점은 서보 모터는 USB에 공급되는 전력만으로도 구동이 가능하나, 스텝 모터는 많은 전력을 사용하므로, 예제 8.3을 구동하려면, 실습에 쓰였던 12V 어댑터로 연결한 상태로 실행해야 합니다.

3부

부

응용 작품 제작

1부와 2부에서 배운 내용을 바탕으로 우리 주변에서 활용할 수 있는 다양한 응용 작품을 만들어 보면서 내가 가진 아이디어를 어떻게 현실화하는지 알아봅니다.

아이언맨의
아크 원자로 제작

이 장에서는 남녀노소 누구나 좋아하는 캐릭터인 아이언맨의 아크 원자로를 만들어 보겠습니다.

플라스틱 음료수병과 안 쓰는 LED 전구케이스를 재활용해서 빛나는 아크 원자로를 만들어 봅니다.

이번 장에서는 영화 〈어벤져스〉의 히어로이자 남녀노소 누구나 좋아하는 캐릭터인 아이언맨의 아크 원자로를 만들어보겠습니다. 아크 원자로는 아이언맨에게 에너지를 공급하는, 없어서는 안 될 물품입니다. 아이언맨 가슴 한가운데에서 멋지게 빛나고 있는 게 바로 아크 원자로입니다. 아두이노로 그림 9.1과 같은 형태의 빛나는 제품을 만들어 보겠습니다.

그림 9.1 아이언맨의 아크 원자로 작품 모습

그럼 본격적으로 만드는 과정을 알아보겠습니다.

플라스틱 음료수병과 쓰지 않는 LED 전구케이스를 재활용해서 멋진 아크 원자로를 만들어보겠습니다. 아두이노의 기본형인 우노의 경우에는 몸집이 크기 때문에 작은 제품의 형태에는 적합하지 않습니다. 아두이노 중에서 소형에 속하는 아두이노 나노를 쓰고자 합니다. 아두이노 나노에 대한 자세한 설명은 팁을 참고하시기 바랍니다.

---

tip 아두이노 나노

아두이노 나노는 아두이노 우노의 미니 버전이라고 보면 됩니다. 그림 9.2와 그림 9.3은 아두이노 나노의 정면과 뒷면 모습입니다. 우노에 비해 굉장히 몸집이 작습니다. 아두이노 우노 보드와 같은 ATmega328 칩을 사용하므로 우노와 기능은 동일합니다.

(이어짐)

그림 9.2 아두이노 나노 정면 모습   그림 9.3 아두이노 나노 뒷면 모습

9.1 하드웨어 구성

아두이노 나노의 하드웨어 구성을 살펴보겠습니다. 표 9.1을 참고해주세요.

▼ 표 9.1 아두이노 나노 제품의 명세

마이크로콘트롤러	Atmel ATmega168 혹은 ATmega328 아두이노 나노 3.0(ATmega328) 아두이노 나노 2.3(ATmega168)
작동 전압(로직 레벨)	5V
입력 전압(권장)	7–12V
입력 전압(한계)	6–20V
디지털 I/O 핀	14(그중 6개는 PWM 출력)
아날로그 입력 핀	8
I/O 핀 당 DC 전류	40mA
플래시 메모리	16KB(ATmega168) 혹은 32KB(ATmega328) of which 2KB 부트로더 사용
SRAM	1KB (ATmega168) 혹은 2KB(ATmega328)
EEPROM	512bytes(ATmega168) 혹은 1KB(ATmega328)
클럭 속도	16MHz
치수	0.73" x 1.70"

(이어짐)

길이	45mm
폭	18mm
무게	5g

9.1.1 아두이노 우노와 나노의 크기 비교

그림 9.4와 같이 나노는 우노에 비해 1/6 크기이며 높이는 동전 50원 정도의 수준입니다.

그림 9.4 아두이노 우노와 나노의 크기 비교

【준비물】

실습에 필요한 준비물은 다음 표와 같습니다.

구성품	모습	개수	설명
아두이노 나노 보드		1개	아두이노 나노 v3.0
Mini-B USB 케이블		1개	
LED		1개	모델명: NeoPixel Ring - 12 x WS2812 5050 RGB LED 제조사: adafruit

(이어짐)

구성품	모습	개수	설명
9V 베터리와 케이스		각 1개	베터리와 스위치가 달린 케이스 필요
저가형 LED 전구		1개	LED MR16 5W 제조사: 허그룩스 정가 5000원
점퍼선		다수	점퍼선
플라스틱 음료수		1개	투명한 음료수 뚜껑을 가진 음료수

tip 그림 9.5는 우리가 사용할 adafruit NeoPixel Ring 12x의 모습입니다.

그림 9.5 adafruit NeoPixel Ring (출처: http://www.adafruit.com/images/970x728/1643–01.jpg)

Adafruit사의 NeoPixel은 내장된 LED 컨트롤러를 통해 RGB 색상을 제어할 수 있는 RGB LED입니다. 기본적인 RGB LED를 다루기 위해서는 Red, Green, Blue 색깔별로 선 1개씩과 제어를 위한 핀 1개가 필요합니다. 즉, RGB LED를 한 개를 다루기 위해서는 총 4개의 핀이 필요합니다.

(이어짐)

NeoPixel의 큰 장점은 수많은 LED를 아두이노의 핀 1개를 사용해 제어한다는 것입니다. 사용방법은 의외로 간단합니다. 세 개의 선을 연결하면 되는데 각각 5V, Gnd, Data 입력입니다.

여기에서 주의할 점은 NeoPixel LED Ring은 많은 전류량을 소비한다는 것입니다. 제품 공식사이트 (http://www.adafruit.com/products/1643)에서 LED 하나당 18mA를 사용한다고 되어 있습니다. 12개의 LED 정도면 아두이노에 무리를 주지 않는 범위지만, 그 이상이면 안정성을 위해서 별도로 전원을 공급하도록 하는 편이 좋습니다.

라이브러리는 다음 링크에서 다운로드 받을 수 있고, 저장한 후에 압축을 풀고 라이브러리 폴더에 저장합니다.

- Adafruit NeoPixel Library 다운로드 경로:

    https://github.com/adafruit/Adafruit_NeoPixel/archive/master.zip

한 가지 더 중요 사항으로 아두이노 나노 보드를 사용하기 위해서는 그림 9.6처럼 아두이노 통합 개발 도구에서 사용할 보드로 Arduino Nano를 선택해야 합니다.

그림 9.6 아두이노 나노 선택 화면

브레드 보드도 사용하지 않고 나노와 NeoPixel을 선으로 직접 연결했습니다. 전체적인 연결 방법은 그림 9.7과 같습니다.

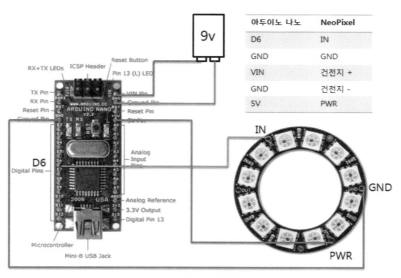

아두이노 나노	NeoPixel
D6	IN
GND	GND
VIN	건전지 +
GND	건전지 -
5V	PWR

그림 9.7 하드웨어 연결 방법

1단계: NeoPixel의 IN, GND PWR를 각각 전선과 납땜을 해서 연결합니다. 그림 9.8과 그림 9.9 같이 납땜을 해서 연결합니다.

그림 9.8 NeoPixel 뒷면 연결 모습

그림 9.9 NeoPixel 앞면 연결 모습

2단계: 저가형 LED 전구를 사서 분리합니다. 그 중에서 전구와 기판은 버리고, 그림 9.10과 같이 케이스만 남겨둡니다. 그림 9.11은 전구 케이스의 뒷면 모습으로 선이 나올 수 있는 구멍도 존재합니다.

그림 9.10 LED 전구 케이스 앞면 모습 　　　 그림 9.11 LED 전구 케이스 뒷면 모습

3단계: 납땜된 NeoPixel을 케이스의 구멍을 통해 그림 9.12와 같이 케이스 밖으로 선이 나오도록 합니다. 그림 9.13, 그림 9.14처럼 순서대로 케이스 밖으로 선이 나오도록 합니다.

그림 9.13 LED 케이스와 NeoPixcel 연결 2

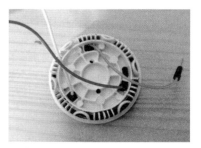

그림 9.12 LED 케이스와 NeoPixcel 연결 1 　　　 그림 9.14 LED 케이스와 NeoPixcel 연결 3

4단계: 플라스틱 음료수 입구 쪽에서 어느 정도 높이를 둔 채 잘라서 그림 9.15와 같이 바닥을 만들어줍니다. 바닥을 만들 때는 두꺼운 종이를 이용하면 됩니다. 주의할 점은 중간에 전선이 나올 수 있는 구멍을 만들어야 한다는 것입니다.

그림 9.15 상단 케이스

그림 9.16 상단 케이스와 바닥 케이스

5단계: 음료수 뚜껑과 케이스를 단단히 고정합니다. 이 경우 글루건을 이용해 고정했으나, 집에 있는 순간 접착제 같은 종류를 이용해도 괜찮습니다.

그림 9.17 상단 케이스와 안쪽 접착

그림 9.18 접착된 상단 케이스 모습

6단계: 그림 9.19를 복사해 종이에 출력합니다. 이때 플라스틱 뚜껑의 크기에 맞게 출력한 후 칼이나 가위로 흰색 부분을 오려내고 풀을 이용해서 뚜껑에 붙여줍니다.

그림 9.19 아크 원자로 도면

그림 9.20 아크 원자로 도면 출력 모습

그림 9.21 아크 원자로 도면을
상단 케이스에 붙인 모습

7단계: 그림 9.22처럼 NeoPixel PWR의 선을 나노 보드의 5V에 연결합니다(전체 배선도는 그림 9.7을 참조합니다).

그림 9.22 아두이노 나노 보드 5V 연결

8단계: 그림 9.23처럼 NeoPixel IN의 선을 나노 보드의 D6에 연결합니다. 그림 9.24처럼 NeoPixel GND의 선을 나노 보드의 GND에 연결합니다(전체 배선도 그림 9.7을 참조합니다).

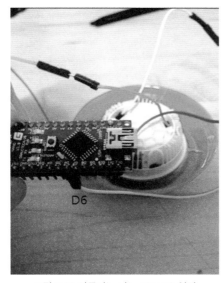

그림 9.23 아두이노 나노 보드 D6 연결

그림 9.24 아두이노 나노 보드 GND 연결

9단계: 그림 9.25처럼 VIN, GND에 9v 배터리의 선을 연결합니다.

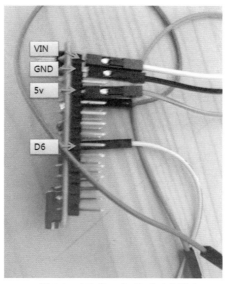

그림 9.25 아두이노 나노와 배터리 연결

10단계: 그림 9.26처럼 플라스틱 음료수통에 나노 보드를 잘 넣습니다. 이때 선이 빠지지 않도록 조심합니다. 그리고 그림 9.27 하단 모습을 참고해서 음료수 통 바닥에 있는 구멍을 통해 방금 연결한 나노 보드의 VIN, GND 전기선을 빼줍니다.

그림 9.26 아두이노 나노를 케이스에 넣기

그림 9.27 케이스 하단 모습

11단계: 마지막으로 배터리의 VIN, GND 선과 연결합니다. 정상적으로 작동하는지 확인하기 위해 배터리 케이스에 붙어 있는 on으로 스위치를 켜 봅니다. 그림 9.28과 같이 LED 불이 들어오는 것으로 정상적으로 작동합니다.

그림 9.28 배터리와 연결된 모습

12단계: 그림 9.29는 최종 완성된 모습입니다.

그림 9.29 최종 완성 모습

tip 아두이노 나노 시리얼 포트가 보이지 않는 경우가 있습니다. 이것은 드라이버가 제대로 설치되지 않은 경우입니다.

시리얼 포트가 제대로 안 잡히는 경우가 있습니다. 이런 상황은 주로 윈도우 7/8 64비트 계열에서 발생하는데, 다음과 같은 방법으로 해결할 수 있습니다.

1. 드라이버 설치 파일을 http://www.ftdichip.com/Drivers/VCP.htm에서 운영 환경에 맞게 설치합니다.

2. 압축을 해당 파일을 원하는 위치에 풉니다. (예시 C:₩Arduino₩drivers₩FTDI USB Drivers)

3. 아두이노 나노를 컴퓨터에 연결합니다.

4. 제어판 →〉 장치 관리자로 들어갑니다.

5. 기타 장치에 표시되는 부분을 클릭해서 드라이버 업데이트를 실행합니다.

6. 그림 9.30의 경로를 선택하고 업데이트합니다.

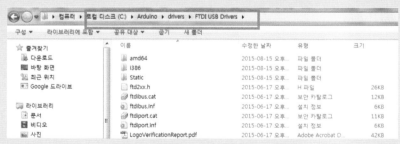

그림 9.30 FTDI USB 드라이버 파일 위치

9.2 소프트웨어 작성

아크 원자로 예제를 만들어 보겠습니다. 다음 예제 9.1을 참고해 프로그래밍합니다.

예제 9.1 아크 원자로 예제

```
01 #include <Adafruit_NeoPixel.h>
02
03 #define PIN          6  // NeoPixel의 제어 핀 번호
04 #define NUMPIXELS    12 // NeoPixel에 연결된 LED의 개수
05
06 // init
07 Adafruit_NeoPixel pixels = Adafruit_NeoPixel(NUMPIXELS, PIN, NEO_GRB + NEO_
   KHZ800);
08
09 int delayval = 80; // 잠깐 동안 지연됨
10
11 void setup() {
12
13   pixels.setBrightness(100); // 밝기 값을 설정(0~255 범위의 값)
14
15   pixels.begin(); // NeoPixel 라이브러리 초기화
16 }
17
18 void loop() {
19
20   // NeoPixel에서 홀수번 째는 0으로 짝수번 째는 1초로 설정
21
22   for(int i=0;i<NUMPIXELS;i++){
23
24
25     // 픽셀의 색을 RGB 값으로 설정, (0, 0, 0)에서 (255, 255, 255)
26     pixels.setPixelColor(i, pixels.Color(0,0,255)); // 파란색
27
28     pixels.show();     // 설정한 픽셀의 색 값을 하드웨어에 업로드
29
30     delay(delayval); // 일정 시간 지연(밀리초)
31
32   }
33
34   pixels.clear();     //clear
35 }
```

각 행에 해당하는 소스 코드의 내용을 알아보겠습니다.

01행: NeoPixel 라이브러리를 추가합니다.

03행: 아두이노 나노에 연결할 핀 번호입니다. 디지털 핀 6번에 연결합니다.

04행: 이 실습에 쓰인 LED 개수가 12개이므로 12라고 적어주면 됩니다. 다른 제품을 산다면 그에 맞는 LED 개수를 적으면 됩니다.

09행: 대기 시간을 80ms로 움직이게 합니다. 더 빠르게 하고 싶으면 이 수치를 적게 하면 됩니다.

13행: LED의 밝기를 나타내는 것으로 최대 255 값까지 표현할 수 있습니다. 수치가 작을수록 어두워집니다.

26행: 앞의 i 값은 표시될 LED의 위치고, 뒤의 값은 RGB 색깔 값을 의미합니다. (R, G, B) 값을 변경함으로써 여러 가지 색깔을 표시할 수 있습니다. 이 예제에서는 파란색 값만 255로 함으로 밝은 파란색이 표시됩니다.

28행: 앞에서 색깔을 변경한 것을 실제로 LED에 반영합니다.

28행: LED가 파란색으로 하나씩 모두 켜진 다음 모든 불을 끄고 다시 시작합니다. 앞의 문장이 없으면 항상 불이 켜져 있으므로 색깔이 순차적으로 켜지는 것을 볼 수 없게 됩니다.

9.3 정리

Adafruit NeoPixel Library 설치했을 때 같이 설치되는 예제 중에서 그림 9.31과 같이 strandtest를 실행해봅시다.

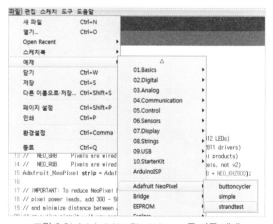

그림 9.31 Adafruit NeoPixel Library 중 다른 예제

색깔이 여러 가지로 바뀌는 것을 볼 수 있습니다. Library 사용법에 대해 더 공부한다면 더 멋진 아크 원자로를 만들 수 있습니다.

순서 암기 게임기 제작

순서 암기 게임은 눌러진 숫자를 기억하고 있다가 그대로 따라 누르는 게임입니다. 아두이노 보드, USB 케이블, 피에조, 점퍼선 등 간단한 재료를 이용해 순서 암기 게임기를 만들어 봅니다.

순서 암기 게임은 단순하면서도 중독성이 있습니다. 게임은 몇 명이든 상관없이 둘러 앉아서 시작할 수 있습니다. 처음 게임을 시작하면 첫 번째 사람이 시작 버튼을 누른 후 음악이 끝났을 때 숫자 버튼을 아무거나 한 개 클릭합니다. 이제 다음 순서의 사람은 앞사람이 클릭한 버튼을 기억하고 있다가 해당 버튼을 클릭합니다. 그리고 자기가 원하는 숫자 버튼을 아무거나 한 개 더 클릭합니다. 이렇게 순서가 돌아갈수록 점점 더 많은 숫자 버튼이 클릭됩니다. 중요한 점은 앞사람이 클릭했던 버튼의 순서를 모두 기억하고 있어야 한다는 점입니다.

이 게임은 5살 이상, 숫자만 알고 있으면 함께 할 수 있는 게임입니다. 만약 숫자를 모르는 어린이라면 숫자 대신 동물이나 사물 등 재미있는 스티커를 붙여서 응용할 수도 있습니다. 어린이의 학습을 위해 알파벳 스티커나 세계 여러 나라의 국기를 이용할 수도 있습니다. 얼마나 많은 숫자를 기억할 수 있는지 도전을 해보는 것도 재미있을 것 같습니다.

그림 10.1 순서 암기 게임기

【준비물】

실습에 필요한 준비물은 다음 표와 같습니다.

구성품	모습	개수	설명
아두이노 보드		1개	우노(Uno) 보드 사용
브레드 보드		1개	
USB 케이블		1개	
피에조		1개	효과음 출력을 위해 사용합니다.
점퍼선		적당량	긴 연결선이 필요하므로 가능하면 잘라서 사용할 수 있는 점퍼선을 준비합니다.
푸시 버튼 (게임 시작 버튼)		1개	게임 시작할 때 누르는 버튼

(이어짐)

구성품	모습	개수	설명
푸시 버튼(순서 버튼)		10개	게임 실행 도중에 순서대로 누르는 버튼으로 버튼 위에 1~9 숫자 및 A~I 알파벳, 혹은 동물 그림 등 버튼마다 서로 다른 표시를 합니다.
게임 상자		1개	두꺼운 종이로 되어 있는 둥근 상자. 둥근 상자가 없으면 사각형 상자도 괜찮습니다. 다만 버튼이 들어갈 구멍을 뚫어야 하니 작업하기 쉬운 종이가 좋습니다.
숫자 스티커	12345 67890	숫자 10개	0~9까지 숫자 10개 스티커. 숫자 대신 알파벳, 동물 그림 등 다른 그림을 사용해도 됩니다.

10.1 하드웨어 구성

1단계: 게임에 사용할 버튼을 준비합니다. 게임 시작 버튼과 순서 버튼은 서로 구분할 수 있도록 색이나 모양이 다르면 더 좋습니다. 순서 버튼은 한 가지 모양으로 통일할 수도 있고 여러 가지 색이나 모양을 선택할 수도 있습니다. 그림 10.1과 같이 숫자 버튼을 둥글게 배치할 것이므로 가능하면 통일된 모양이나 색깔을 선택하시기 바랍니다.

그림 10.2 시작 버튼과 순서 버튼 준비

2단계: 준비한 버튼을 게임 상자에 배치하기 위해서는 연결선이 좀 길어야 합니다. 감겨져 있는 점퍼선을 적당한 길이(약 20cm 정도)로 잘라서 버튼에 연결합니다. 이때 경우에 따라 납땜이 필요할 수도 있으니 어른들에게 도움을 요청하시기 바랍니다.

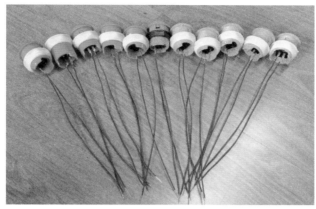

그림 10.3 전선을 연결한 모습의 버튼

3단계: 게임기의 몸체가 될 상자를 준비합니다. 그림 10.4는 주위 할인 매장에서 쉽게 구할 수 있는 종이로 된 상자입니다. 순서 버튼의 크기와 배치에 따라 상자의 크기가 달라지므로 각자 자신에 맞게 적당한 크기의 상자를 준비하기 바랍니다.

그림 10.4 게임 상자

상자 위에 순서 버튼을 배치하기 위해 그림 10.5처럼 위치에 맞게 펜으로 표시를 합니다. 종이를 오려서 각도에 맞게 점을 표시하거나 각도기를 이용해 그림 10.6처럼 미리 순서 버튼의 위치를 표시합니다.

그림 10.5 순서 버튼 위치 표시

그림 10.6 버튼 위치할 구멍 표시

4단계: 숫자 버튼이 들어갈 구멍을 뚫어야 할 차례입니다. 그림 10.7과 같이 순서 버튼이 들어갈 구멍을 칼로 잘 잘라냅니다. 주의할 점은 버튼이 빠지지 않도록 버튼의 크기에 맞게 헐렁하지 않게 잘라야 합니다.

그림 10.7 버튼이 들어갈 구멍이 뚫어진 게임 상자

5단계: 구멍에 버튼을 잘 부착합니다. 그림 10.8에서 사용한 버튼은 하단부에 돌려서 잠그는 벨브가 있습니다. 이 벨브를 돌려 상자에 잘 고정시킵니다. 만약 벨브가 없더라도 다른 방법을 이용해서 움직이지 않도록 상자에 잘 고정시켜야 합니다.

그림 10.8 게임 상자에 버튼 부착이 완료된 모습

6단계: 다음은 아두이노에 각 버튼을 연결할 차례입니다. 먼저 시작 버튼을 연결하겠습니다. 그림 10.9처럼 버튼의 한쪽은 접지(GND)에 연결하고 나머지 한쪽은 2번 디지털 입력 핀에 연결합니다.

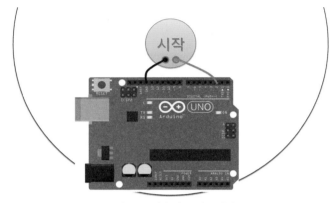

그림 10.9 시작 버튼 회로 연결

그리고 각 순서 버튼을 연결할 차례입니다. 각 버튼들의 한쪽은 모두 접지(GND)에 연결하면 됩니다. 그리고 나머지 반대쪽을 디지털 입력 핀에 연결할 것입니다. 버튼은 숫자 순서대로 시계 방향으로 돌아가며 연결합니다. 그림 10.10과 같이 아두이노 3번 핀부터 12번 핀까지 버튼의 입력 전선을 순서대로 연결합니다. 상자 중앙에 아두이노를 위치시키고 둥근 주변에 위치한 순서 버튼을 연결한 모습은 그림 10.11과 같습니다.

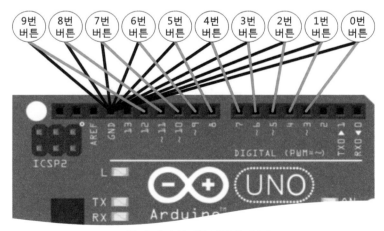

그림 10.10 순서 버튼 아두이노 연결

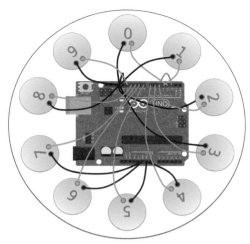

그림 10.11 순서 버튼 회로 연결

7단계: 이제 소리 출력으로 진정한 게임의 재미를 더해 줄 피에조 스피커를 연결할 차례입니다. 피에조 스피커는 극성이 따로 없습니다. 그림 10.12처럼 원하는 한쪽을 접지(GND)에 연결하고 다른 한쪽을 13번 디지털 입력 핀에 연결합니다. 피에조는 상자 안쪽에 위치시키거나 혹은 작은 구멍을 통해 상자 바깥쪽에 연결할 수도 있습니다.

그림 10.12 피에조 연결

10.2 소프트웨어 작성

예제 10.1을 참고해 소프트웨어 프로그램을 작성합니다.

예제 10.1 순서 암기 게임

```
01 #include "pitches.h"
02
03 int GAME_BUTTON_CNT = 10;
04 int PREV_NUMBER = -1;
05 int BTN_START_PIN = 2; // 시작 버튼
06 int BTN_GAME_PIN[10] = {3,4,5,6,7,8,9,10,11,12}; // 순서대로 숫자 1~10까지   버튼의 핀 번
   호
07 int SOUND_PIN = 13;
08
09 enum GMODE {              // 게임 진행 상태 정의
10   GMODE_GAME_START,       // 게임 초기화 및 시작
11   GMODE_HIT_BTN_CORRECT,  // 정상적으로 순서 버튼을 누른 경우
12   GMODE_HIT_BTN_WRONG,    // 잘못된 순서 버튼을 누른 경우
13   GMODE_USER_CHANGE,      // 사용자 턴 변경
14   GMODE_GAME_END          // 게임 종료
15 };
16
17 int melody1[] = {NOTE_C4, NOTE_G3,NOTE_G3, NOTE_A3, NOTE_G3,0, NOTE_B3, NOTE_
   C4};
18 int noteDurations1[] = {4, 8, 8, 4, 4, 4, 4, 4};
19
20 int melody4[] = {
21     NOTE_E7, NOTE_E7, 0, NOTE_E7,
22     0, NOTE_C7, NOTE_E7, 0,
23     NOTE_G7, 0, 0,  0,
24     NOTE_G6, 0, 0, 0,
25
26     NOTE_C7, 0, 0, NOTE_G6,
27     0, 0, NOTE_E6, 0,
28     0, NOTE_A6, 0, NOTE_B6,
29     0, NOTE_AS6, NOTE_A6, 0,
30
31     NOTE_G6, NOTE_E7, NOTE_G7
32   };
33 int noteDurations4[] = {
34   12, 12, 12, 12,
```

```
35   12, 12, 12, 12,
36   12, 12, 12, 12,
37   12, 12, 12, 12,
38
39   12, 12, 12, 12,
40   12, 12, 12, 12,
41   12, 12, 12, 12,
42   12, 12, 12, 12,
43
44   9, 9, 9};
45
46 int CURRENT_STAGE = 0; // 기록된 숫자 중 몇 번째 진행 중인지 기록
47 int MEMORY_STAGE = 0;   // 기록된 숫자 버튼의 개수
48 int order_memorize[50];
49
50 void setup() {
51   // 최초 한 번 실행할 코드를 작성하는 부분
52
53   pinMode(SOUND_PIN, OUTPUT);
54   Serial.begin(9600);
55   startGame();
56 }
57
58 void loop() {
59
60   int buttonState = readButton();
61
62   // 게임 진행 검사
63   if (buttonState == 0) {
64     startGame();
65   }
66   else if (1 <= buttonState && buttonState <= 10 ) {
67
68     if (buttonState != PREV_NUMBER) {
69
70       Serial.print("button changed :");
71       Serial.print(PREV_NUMBER);
72       Serial.print(" - ");
73       Serial.println(buttonState);
74
75       // 최초 숫자 버튼 클릭
```

```arduino
76      if (MEMORY_STAGE == 0 && CURRENT_STAGE == 0) {
77          Serial.println("FIRST");
78
79        order_memorize[0] = buttonState;
80        MEMORY_STAGE = 1;
81        CURRENT_STAGE = 0;
82
83        PREV_NUMBER = -1; // 이전 숫자 초기화
84
85        soundEffect(GMODE_USER_CHANGE);
86      }
87      // 새로운 숫자 추가
88      else if (MEMORY_STAGE == CURRENT_STAGE) {
89        Serial.println("ADD NEW");
90
91        order_memorize[CURRENT_STAGE] = buttonState;
92        MEMORY_STAGE++;
93        CURRENT_STAGE = 0;
94
95
96        PREV_NUMBER = -1;
97
98        soundEffect(GMODE_USER_CHANGE);
99      }
100     // 중간번째 숫자 버튼 클릭
101     else {
102       Serial.print("CHECK [ ");
103       Serial.print(CURRENT_STAGE);
104       Serial.print( " / " );
105       Serial.print(MEMORY_STAGE);
106       Serial.print( " / " );
107       Serial.print(order_memorize[CURRENT_STAGE]);
108       Serial.print( " / " );
109       Serial.print(buttonState);
110       Serial.print(" ]");
111
112       // 숫자 맞음
113       if (order_memorize[CURRENT_STAGE] == buttonState) {
114         Serial.println("CHECK Correct!");
115
116         CURRENT_STAGE++;
```

```
117          PREV_NUMBER = buttonState;
118
119          soundEffect(GMODE_HIT_BTN_CORRECT);
120        }
121        // 숫자 틀림
122        else {
123          Serial.println("CHECK Wrong!");
124
125          soundEffect(GMODE_HIT_BTN_WRONG);
126        }
127      }
128    }
129  }
130
131  delay(50);
132 }
133
134 void startGame() {
135  soundEffect(GMODE_GAME_START);
136  CURRENT_STAGE = 0;
137  MEMORY_STAGE = 0;
138  PREV_NUMBER = -1;
139 }
140
141
142 // 게임 시작 소리 연주
143 void soundEffect(int smode) {
144  switch (smode)
145  {
146    case GMODE_GAME_START:
147      playMemody(melody4, noteDurations4, sizeof(melody4)/sizeof(int));
148    break;
149    case GMODE_HIT_BTN_CORRECT:
150      playTone(NOTE_D6, 8);
151    break;
152    case GMODE_HIT_BTN_WRONG:
153      playMemody(melody1, noteDurations1, sizeof(melody1)/sizeof(int));
154    break;
155    case GMODE_USER_CHANGE:
156      playTone(NOTE_B4, 2);
157    break;
```

```
158    }
159 }
160
161 // 클릭된 버튼의 값을 읽어오는 함수(0은 시작 1~10은 숫자 버튼)
162 int readButton( ) {
163    int buttonState = digitalRead(BTN_START_PIN);
164    if (buttonState == HIGH)
165    {
166      if (PREV_NUMBER == 0)
167        return -1;
168      else
169        return 0;
170    }
171    else
172    {
173      for (int i = 0; i < GAME_BUTTON_CNT; i++)
174      {
175        buttonState = digitalRead(BTN_GAME_PIN[i]);
176        if (buttonState == HIGH)
177        {
178            return i+1;
179        }
180      }
181    }
182
183    return -1;
184 }
185
186
187 void playMemody(int m[], int d[], int len) {
188    for (int thisNote = 0; thisNote < len; thisNote++) {
189
190      // 음계 연주 시간을 계산하기 위해
191      // 연주할 음계값으로 나누어 계산
192      // 예) 4분음표는 1000/4, 8분음표는 1000/8
193      int noteDuration = 1000/d[thisNote];
194      tone(SOUND_PIN, m[thisNote],noteDuration);
195
196      // 음계 간 구분을 위해 최소 시간 동안 간격이 필요
197      // 음계 길이에 30%만큼 길게 지연 시킴
198      int pauseBetweenNotes = noteDuration * 1.30;
199      delay(pauseBetweenNotes);
```

```
200      // 사운드 출력 종료
201      noTone(SOUND_PIN);
202    }
203  }
204
205  void playTone(int m, int d) {
206
207    int noteDuration = 1000/d;
208    tone(SOUND_PIN, m,noteDuration);
209
210    // 음계 간 구분을 위해 최소 시간 동안 간격이 필요
211    // 음계 길이에 30%만큼 길게 지연 시킴
212    int pauseBetweenNotes = noteDuration * 1.30;
213    delay(pauseBetweenNotes);
214    // 사운드 출력 종료
215    noTone(SOUND_PIN);
216  }
```

각 행에 해당되는 소스 코드의 내용을 알아보겠습니다.

01행: pitches.h 헤더 파일을 참고하기 위해 소스 코드에 include시킵니다. pitches.h 파일은 각 음계에 해당하는 주파수 값을 정의한 파일로 숫자로 직접 입력할 때보다 정의된 값을 사용하므로 알아보기 쉽습니다. 피에조를 이용해 음을 연주하려고 할 때에는 pitches.h 파일을 include하고 사용하면 훨씬 편리하게 악보에 맞는 계이름을 프로그래밍할 수 있습니다. 만약 pitches.h 파일이 없는 경우 예제 10.2를 참고하시기 바랍니다. pitches.h 파일은 프로그래밍하는 소스 코드와 같은 폴더에 위치해야 합니다.

03행: 게임에 사용할 버튼의 개수를 지정합니다. 만약 만드는 게임에서 사용할 버튼의 개수가 게임 버튼 10개가 아니라면 버튼 개수에 맞게 숫자를 변경하면 됩니다.

04행: 게임에서 직전에 눌린 버튼의 숫자를 기억하는 변수입니다.

05행: 게임 시작 버튼이 연결된 아두이노의 입력 포트입니다. 여기서는 2번 포트를 사용합니다.

06행: 10개의 게임 버튼이 사용한 아두이노 입력 포트를 순서대로 지정합니다.

09~15행: 게임 진행 모드에 대한 정의입니다. 버튼이 클릭되면 그 값을 이용하여 현재 어떤 상태로 변경되었는지 상태를 확인하게 됩니다.

17~18행: 게임 중 클릭한 버튼의 숫자가 잘못된 경우 들려주는 멜로디입니다.

20~44행: 게임을 처음 시작할 때 연주되는 멜로디입니다

46행: 게임의 진행 단계를 나타냅니다. 초기 값은 0이고 한 번에 누르는 버튼의 길이가 늘어남에 따라 숫자도 따라 늘어나게 됩니다. 사용자가 바뀌면 다시 0으로 바뀝니다.

47행: 게임 진행 중에 연속적으로 클릭한 최대 버튼의 개수입니다.

48행: 클릭된 버튼의 숫자를 기록하는 저장소 버퍼입니다.

53행: 피에조 스피커의 출력에 사용할 아두이노 핀을 정의합니다.

55행: 게임 시작 함수를 호출합니다. 이 함수는 시작 버튼을 클릭할 때와 같습니다.

60행: 클릭된 버튼의 값을 얻어오기 위해 readButton() 함수를 호출합니다. 반환된 값이 −1이면 어떤 버튼도 클릭되지 않은 것이고 0이면 시작 버튼이 1~10이면 숫자 버튼이 클릭된 것입니다.

63행: 게임 시작 버튼이 클릭된 경우 startGame() 함수를 호출해 초기화 및 시작 음악을 연주시킵니다.

66행: 1~10번 사이의 숫자 버튼이 클릭된 경우의 처리를 수행합니다.

68행: 직전에 클릭된 버튼과 같은 경우에는 예외 처리를 합니다. loop() 함수는 특별한 처리를 하지 않는 경우 0.05초마다 버튼 상태를 검사하게 되는데 만약 사용자가 버튼을 조금 길게 누른 경우에 같은 버튼을 연속해서 누른 것처럼 동작하게 됩니다. 따라서 직전에 클릭한 숫자 버튼을 저장하고 있다가 같은 숫자가 연속해서 클릭되는 경우에는 한 번에 길게 버튼을 클릭한 것으로 간주해 예외 처리를 합니다.

76행: 처음 사용자가 최초로 숫자 버튼이 클릭된 경우 if() 함수 내에 있는 77~85행의 코드를 수행합니다.

79행: 현재 클릭된 숫자를 0번째 버퍼에 저장합니다.

80행: 현재 기록된 버튼의 개수는 1개입니다.

81행: 이제 사용자가 바뀌고 현재 상태는 다시 0번째 버튼을 입력받는 상태로 바뀝니다.

85행: 이제 두 번째 사용자가 버튼을 클릭할 차례입니다. 사용자가 바뀌었다는 것을 소리로 알려줍니다.

88행: 직전 사용자가 클릭한 모든 버튼을 순서대로 다 클릭하고 이제 새로운 숫자의 버튼을 클릭할 차례입니다. 이러한 경우 if() 함수 내에 있는 89~98행의 코드를 수행합니다.

101행: 이전 사용자가 클릭한 버튼을 기억하고 클릭하는 단계입니다. 이러한 경우 else() 함수에 있는 102~126행의 코드를 수행합니다.

113행: 현재 사용자가 클릭한 버튼의 숫자가 기록된 내용과 같은지 검사합니다. 정확할 경우 114~119행의 소스 코드를 수행합니다. 만약 잘못된 버튼을 눌러 틀린 경우 123~125행의 소스 코드를 수행합니다.

134행: 게임을 처음 시작할 때 호출되는 함수입니다. 게임 시작 멜로디를 연주하고 필요한 변수들을 초기화합니다.

162행: 게임 중에 클릭된 버튼이 어떤 것이 있는지 검사하는 함수입니다. 게임 시작 버튼부터 게임에 사용되는 숫자 버튼 중 어떠한 것이 클릭되는지 찾아서 해당 값을 넘겨줍니다. 게임 시작 버튼은 0번, 나머지 버튼은 순서대로 1~10번의 값을 넘겨주고, 클릭된 버튼이 없는 경우에는 −1값을 넘겨줍니다.

187행: 게임에 필요한 멜로디를 연주하는 함수입니다. 저장된 계이름(tone)과 연주 시간(duration)이 저장된 멜로디 변수를 넘겨주면 그에 맞게 자동으로 피에조 출력 장치를 통해 연주를 하게 됩니다.

205행: 게임에 필요한 한 개의 음을 연주할 때 사용합니다.

예제 10.2는 각 계이름을 나타내는 음계를 정의한 pitches.h 파일의 내용입니다. 이 파일은 예제 10.1이 위치하고 있는 폴더에 함께 저장되어 있어야 문제없이 컴파일이 될 수 있습니다.

예제 10.2 pitches.h 정의 파일 내용

```
01 /************************************************
02 * 음계 상수 정의
03 ************************************************/
04 #define NOTE_B0   31
05 #define NOTE_C1   33
06 #define NOTE_CS1  35
07 #define NOTE_D1   37
08 #define NOTE_DS1  39
09 #define NOTE_E1   41
10 #define NOTE_F1   44
11 #define NOTE_FS1  46
12 #define NOTE_G1   49
13 #define NOTE_GS1  52
14 #define NOTE_A1   55
15 #define NOTE_AS1  58
16 #define NOTE_B1   62
17 #define NOTE_C2   65
18 #define NOTE_CS2  69
19 #define NOTE_D2   73
20 #define NOTE_DS2  78
21 #define NOTE_E2   82
22 #define NOTE_F2   87
23 #define NOTE_FS2  93
24 #define NOTE_G2   98
25 #define NOTE_GS2  104
26 #define NOTE_A2   110
27 #define NOTE_AS2  117
28 #define NOTE_B2   123
29 #define NOTE_C3   131
30 #define NOTE_CS3  139
31 #define NOTE_D3   147
```

```
32 #define NOTE_DS3 156
33 #define NOTE_E3  165
34 #define NOTE_F3  175
35 #define NOTE_FS3 185
36 #define NOTE_G3  196
37 #define NOTE_GS3 208
38 #define NOTE_A3  220
39 #define NOTE_AS3 233
40 #define NOTE_B3  247
41 #define NOTE_C4  262
42 #define NOTE_CS4 277
43 #define NOTE_D4  294
44 #define NOTE_DS4 311
45 #define NOTE_E4  330
46 #define NOTE_F4  349
47 #define NOTE_FS4 370
48 #define NOTE_G4  392
49 #define NOTE_GS4 415
50 #define NOTE_A4  440
51 #define NOTE_AS4 466
52 #define NOTE_B4  494
53 #define NOTE_C5  523
54 #define NOTE_CS5 554
55 #define NOTE_D5  587
56 #define NOTE_DS5 622
57 #define NOTE_E5  659
58 #define NOTE_F5  698
59 #define NOTE_FS5 740
60 #define NOTE_G5  784
61 #define NOTE_GS5 831
62 #define NOTE_A5  880
63 #define NOTE_AS5 932
64 #define NOTE_B5  988
65 #define NOTE_C6  1047
66 #define NOTE_CS6 1109
67 #define NOTE_D6  1175
68 #define NOTE_DS6 1245
69 #define NOTE_E6  1319
70 #define NOTE_F6  1397
71 #define NOTE_FS6 1480
72 #define NOTE_G6  1568
```

```
73 #define NOTE_GS6 1661
74 #define NOTE_A6  1760
75 #define NOTE_AS6 1865
76 #define NOTE_B6  1976
77 #define NOTE_C7  2093
78 #define NOTE_CS7 2217
79 #define NOTE_D7  2349
80 #define NOTE_DS7 2489
81 #define NOTE_E7  2637
82 #define NOTE_F7  2794
83 #define NOTE_FS7 2960
84 #define NOTE_G7  3136
85 #define NOTE_GS7 3322
86 #define NOTE_A7  3520
87 #define NOTE_AS7 3729
88 #define NOTE_B7  3951
89 #define NOTE_C8  4186
90 #define NOTE_CS8 4435
91 #define NOTE_D8  4699
92 #define NOTE_DS8 4978
```

예제 10.2를 다 입력하고 확인 버튼(☑)을 클릭해서 컴파일을 해봅니다. 소스 코드가 꽤 길기 때문에 한 글자씩 잘 살펴보고 입력해야 합니다. 아두이노 통합 개발 도구의 왼쪽 밑에는 현재 소스 코드에서 커서가 위치한 줄 번호가 표시됩니다. 책에 있는 소스 코드와 똑같은지 확인해서 빠진 소스 코드가 없는지도 확인해보기 바랍니다. 소스 코드가 정상적으로 컴파일되면 이제 업로드 버튼(➡)을 클릭해서 아두이노 보드에 업로드합니다.

업로드가 완료되면 자동으로 시작 음악이 연주됩니다. 음악 연주가 끝나면 이제 순서 버튼을 하나씩 눌러서 모든 버튼이 아두이노에 잘 연결돼 버튼 클릭이 잘 감지되는지 검사해보기 바랍니다. 시작 버튼과 피에조 연결도 모두 정상이면 이제 재미있게 게임을 시작할 시간입니다. 주변에 있는 친구와 함께 순서 암기 게임에 빠져보기 바랍니다.

10.3 정리

우리는 여러 개의 버튼과 피에조 스피커만을 연결해 재미있는 게임기를 만들어 보았습니다. 이렇게 게임기는 간단한 입력과 동작을 받아서 그 안에 프로그램으로 어떻게 구성하느냐에 따라 다양한 기능을 더할 수 있습니다. 우리 주변에 있는 다양한 게임기들을 생각해보고 그 안에 프로그램이 어떻게 구현돼 있을지 상상해보는 것도 프로그래밍 실력을 높이는 데 많은 도움이 됩니다. 작성한 소프트웨어 프로그램이 다소 길어 보이지만 각 부분을 영역으로 구분해 한 줄씩 따라가보면 마치 퍼즐을 풀 듯이 이해가 될 것입니다. 너무 어렵다고만 생각하지 말고 도전하면 프로그래밍 실력이 하루하루 좋아지는 것을 느낄 수 있을 것입니다.

승강기 제작

11장

이 장에서는 과학상자와 아두이노를 사용해 승강기를 만들어 보겠습니다. 과학상자로 뼈대를 만들고 아두이노를 이용해 승강기가 움직이도록 해볼 것입니다.

승강기의 역사는 기원전 200년에 시작됩니다. 당시 고대 그리스의 물리학자이자 수학자였던 아르키메데스가 도르래와 밧줄을 이용해 사람이 직접 줄을 당겨 물건을 옮길 수 있는 원시적 형태의 승강기를 고안했다고 합니다. 나폴레옹은 자신이 살고 있는 왕궁에서 여왕을 계단 대신 의자와 도르래를 이용해 층과 층 사이로 수직으로 이동시킬 수 있었다고 합니다.

이렇게 발전에 발전을 거듭한 결과 현대식 승강기는 사람의 힘이 아닌 모터의 힘으로 움직이게 되었습니다. 현대 사회에서 승강기가 없는 삶은 상상하기 힘듭니다. 고층 건물에 승강기가 없다면 사람들은 엄청 불편할 것입니다.

그림 11.1 아두이노와 과학상자를 이용한 승강기 모습

이번 장에서는 승강기를 아두이노로 구현해보겠습니다. 승강기의 뼈대는 과학상자를 이용해 보았습니다. 저의 경우 아두이노 프로그래밍보다 과학상자를 다루는 데 더 많은 시간이 소요됐습니다. 많은 시간이 걸렸지만, 그만큼 멋진 작품을 만들 수 있었습니다.

7080세대도 어릴 적에 과학상자를 이용해서 이것저것 만들어 보고 학교에 출품도 했던 기억이 있을 것입니다. 참고로, 과학상자는 동력의 원리나 기계의 이해를 돕기 위해 직접 만들며 설계해볼 수 있도록 각 부품과 공구, 가이드북으로 구성되어 있습니다. 그럼 본격적으로 만드는 과정을 소개하겠습니다.

【준비물】

실습에 필요한 준비물은 다음 표와 같습니다.

구성품	모습	개수	설명
아두이노 보드 & USB 케이블		1개	우노(Uno) 보드 사용
모터 실드		1개	L293D 모터 드라이버 실드 (Adafruit Motor shield)
스텝 모터		1개	모델명: 17HD29001 한 스텝당 1.8도

구성품	모습	개수	설명
12V 어댑터		1개	외부 전원(12V 0.5mA)
GT2 타이밍 벨트		1개	
20잇수 풀리		1개	
케이블 타이		다수	
과학상자 2호		1개	과학상자 설명서 중 엘리베이터 부분 참조

11.1 하드웨어 구성

1단계: 과학상자에 있는 부품으로 그림 11.2, 그림 11.3, 그림 11.4와 같이 순서대로 만듭니다. 승강기에서 사람이 타는 곳에 해당하는 부분입니다. 중요한 것은 뒷면 가운데 부분이며, 나머지 부분은 자신의 생각대로 만들면 됩니다.

그림 11.2 과학상자로 만든 승강기 정면 모습

그림 11.3 승강기 윗모습

그림 11.4 승강기 옆모습

2단계: 모터 연결 부분입니다. 그림 11.5, 그림 11.6, 그림 11.7을 참고해서 스텝 모터가 흔들리지 않도록 단단히 고정합니다.

그림 11.5 모터 연결 모습 1

그림 11.6 승강기 연결 모습 2

그림 11.7 승강기 전체 모습

3단계: 승강기의 아랫부분에 연결될 부분입니다. 모터와 벨트로 연결되는 구조이며, 이 또한 그림 11.8, 그림 11.9를 참고해서 흔들리지 않도록 단단히 고정합니다. 모터와 수직으로 만날 수 있도록 위치합니다.

그림 11.8 승강기 하단 도르래 모습 1

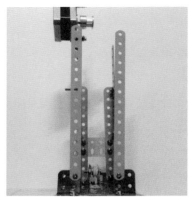
그림 11.9 승강기 하단 도르래 모습 2

4단계: 1번에서 만든 승강기 탑승 공간의 윗부분에 그림 11.10처럼 벨트를 넣어줍니다.

그림 11.10 승강기와 벨트 연결

5단계: 한쪽의 일부분만 잡고 벨트를 그림 11.11처럼 케이블 타이로 고정합니다. 그림 11.12는 단단히 고정된 모습입니다.

그림 11.11 승강기와 벨트 연결 부분을 케이블 타이로 고정

그림 11.12 고정된 모습

6단계: 벨트의 나머지 부분을 모터 부분의 풀리에 맞물리도록 연결해주고, 하단에 있는 노란색 부분에 벨트가 통과하도록 만듭니다. 그림 11.13, 그림 11.14, 그림 11.15를 순서대로 진행합니다.

그림 11.13 모터와 벨트 연결

그림 11.14 벨트를 하단 도르래와 연결 1

그림 11.15 벨트를 하단 도르래와 연결 2

7단계: 4단계에서 연결한 것처럼 하단도 그림 11.16과 같이 케이블 타이로 단단히 고정합니다.

이때 주의할 점은 벨트를 팽팽하게 한 다음, 그림 11.17처럼 케이블 타이로 고정해야 합니다. 벨트가 팽팽하지 않으면 제대로 동작하지 않는 원인이 됩니다.

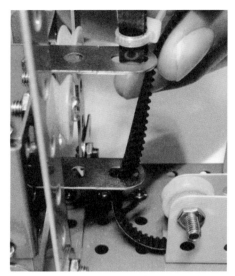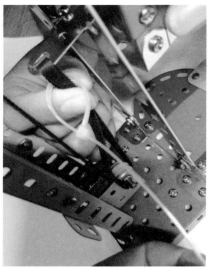

그림 11.16 하단 도르래를 지나 승강기와 연결 1   그림 11.17 케이블 타이로 고정하는 모습

8단계: 그림 11.18은 케이블 타이의 나머지 부분을 깔끔하게 정리한 모습입니다. 이처럼 벨트가 팽팽함을 유지해야 합니다.

그림 11.18 승강기 위아래 모두 케이블 타이로 최종 고정된 모습

9단계: 이제 모터의 선만 연결하면 됩니다. 그림 11.19는 스텝 모터 연결 방법입니다. 모터 실드의 M3와 M4에 해당하는 곳에 스텝 모터의 선을 연결합니다. 그림 11.20처럼 스텝 모터의 총 4개의 선을 +- +- 형식으로 연결하면 됩니다. 중간에 GND는 연결하지 않습니다.

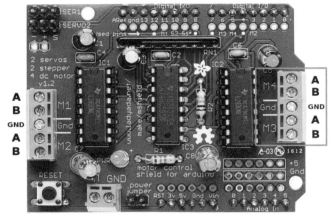

그림 11.19 스텝 모터 연결 방법

그림 11.20 스텝 모터 연결 방법

자세한 모터 실드 연결 방법은 8장을 참조합니다.

10단계: 그림 11.21은 최종 완성된 모습입니다.

그림 11.21 최종 완성된 모습

11.2 소프트웨어 작성

승강기 예제를 만들어 보겠습니다. 다음 예제 11.1을 참고해 프로그래밍합니다.

예제 11.1 승강기 예제

```
01 #include <AFMotor.h>
02 // 스텝 모터는 200단계를 구성되어 1단계당 1.8도의 각도로 움직인다.
03 // 모터 제어판을 2번으로 설정
04 AF_Stepper motor(200, 2);
05 void setup() {
06   // 시리얼 통신 속도 설정
07   Serial.begin(9600);
08   Serial.println("Stepper test!");
09   motor.setSpeed(10); // 10 rpm
10
11 }
12 void loop() {
13
```

```
14    Serial.println("Down");
15    motor.step(500, FORWARD, MICROSTEP); // 시계방향 회전
16    delay(2000);
17
18    Serial.println("Up");
19    motor.step(500, BACKWARD, MICROSTEP); // 반시계방향 회전
20
21 }
```

각 행에 해당하는 소스 코드의 내용을 알아보겠습니다.

01행: #include 〈AFMotor.h〉 라이브러리를 추가합니다.

04행: AF_Stepper(steps, stepper#)

Steps는 모터마다 가지고 있는 한 스텝당 회전하는 각도입니다. 예를 들면 한 스텝당 7.5도를 움직인다면 계산식은 360/1.8 = 200step이 됩니다. 200스텝으로 굉장히 정밀하게 조작이 가능한 모터입니다. Stepper#은 연결되는 포트를 의미합니다. 만약 모터 실드의 M1과 M2를 사용한다면 port는 1이고, M3와 M4를 사용한다면 port 2라고 표기하면 됩니다.

09행: setSpeed(rpm) 1분에 얼마나 빨리 한 바퀴를 돌 것인지를 나타낸다. 빨리 돌면 돌수록 모터에 열이 많이 발생합니다.

15행: Motor.step(#steps, direction, steptype)

매개변수에서 첫 번째 step의 양, 두 번째 인자는 회전 방향(정방향, 역방향) 그리고 마지막으로 인자는 스텝 모드, 마이크로(MICROSTEPPING) 모드로 부드러운 모터 구동을 하기 위해 사용했습니다.

11.3 정리

승강기의 높이는 15cm로 모터의 성능에 비해 더 높게 만들지 못했습니다. 향후에는 더 높이 만들면 좋을 것 같습니다. 그리고 처음 시작 지점과 끝나는 지점에 위치를 기억하는 별도의 장치를 추가해 땅에 도착하면 자동으로 위로 향하고, 최고 높이에 도착하면 알아서 내려가도록 구현할 수 있습니다.

참고로 3D 프린터도 위의 같은 원리로 구동됩니다. 이 원리를 알면 3D 프린터도 쉽게 만들 수 있습니다.

클라우드에 데이터
저장하고 제어하기

"가스불을 끄지 않고 외출한 것 같은데 외부에서도 가스레인지의 작동 상태를 알 수 있을까?"

"화장실 환풍기를 끄지 않고 외출한 것 같은데 외부에서도 환풍기의 작동 상태를 알 수 있을까?"

이러한 궁금증을 해결하기 위해 아두이노에서 클라우드 서비스를 이용하겠습니다. 이를 통해 데이터를 저장하고 조회하고 제어하는 방법을 알아보도록 하겠습니다.

"가스불을 끄지 않고 외출한 것 같은데 외부에서도 가스레인지의 작동 상태를 알 수 있을까?", "화장실 환풍기를 끄지 않고 외출한 것 같은데 외부에서도 환풍기의 작동 상태를 알 수 있을까?"

이러한 궁금증을 해결하기 위해 원격으로 가스레인지나 화장실 환풍기의 작동 상태를 확인할 수 있어야 합니다. 인터넷을 사용할 수 있는 환경이라면 언제 어디서나 기기의 상태 정보를 확인할 수 있어야 합니다.

이 궁금증을 해결하고, 더 나아가 자동 알림 같은 새로운 서비스를 만들 수 있게 돕는 것이 클라우드 서비스입니다. 아두이노에서 센서 데이터나 기기의 상태 정보를 저장해야 하는 경우 클라우드 플랫폼이 있어야 합니다.

> tip **클라우드란?**
>
> 무형의 형태로 존재하지 않는 서비스라는 개념으로 마치 하늘의 구름 같다고 해서 붙여진 이름입니다. 클라우드는 인터넷을 사용할 수 있는 환경이라면 언제 어디서라도 pc나 태블릿 pc, 스마트 폰을 사용해서 자신이 기존에 사용하던 환경 그대로 사진, 영화를 볼 수 있고, 음악을 들을 수 있고, 문서 작업이나 회의, 게임 등을 할 수 있게 돕는 서비스입니다. 이렇게 다양한 영역으로 확장이 가능하다 보니 IT 업계는 물론 다양한 분야의 많은 기업에서 클라우드에 대한 관심을 갖고 개발 및 연구 작업을 하고 있습니다.

12장에서는 개발을 위해 무료 타입을 제공하고 있는 CloudMQTT를 사용했습니다. https://www.cloudmqtt.com에서 로그인 계정을 만들고 무료 타입을 선택하십시오. 가입 후 로그인을 하면 다음과 같이 관리 콘솔로 이동할 수 있습니다.

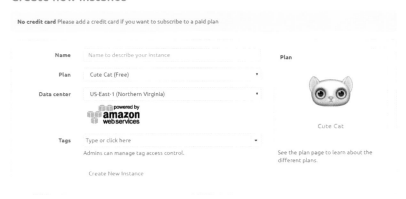

그림 12.1 cloudMQTT 관리 콘솔 화면

데이터센터를 고를 수 있는데, 무료 버전은 안타깝게도 서울을 선택할 수 없습니다.(무료 버전의 데이터센터는 미국(US)과 유럽(EU) 지역 2개의 서버만 선택 가능합니다.) 이름을 "arduinoMqtt"라고 입력한 다음 아래의 생성 버튼을 클릭합니다.

그림 12.2 cloudMQTT 인스턴스 생성 후 화면

만들어진 내용을 클릭하면 상세보기 화면을 볼 수 있습니다. 주의해서 확인해야 할 부분은 '서버 주소'와 '포트 번호' 및 유저와 비밀번호 정보입니다. 아두이노에서 연결하기 위해서는 이 정보들이 필요합니다.

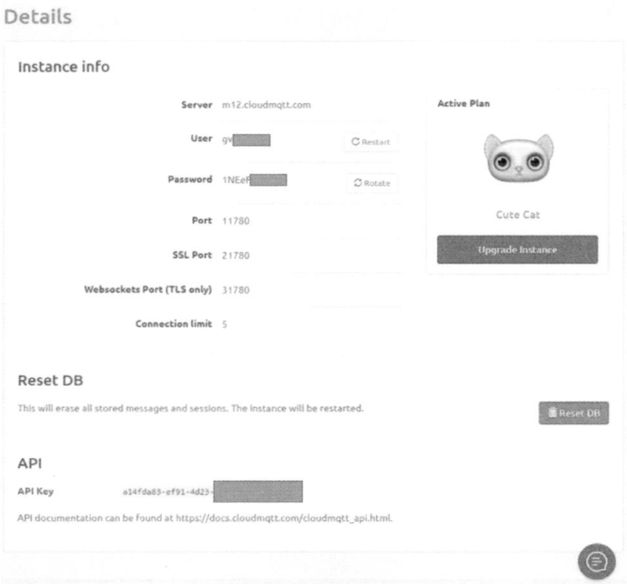

그림 12.3 cloudMQTT 인스턴스 상세정보 화면

그림 12.3에서는 다음과 같은 정보를 확인할 수 있습니다.

- 서버 주소 : m12.cloudmqtt.com
- 포트 번호 : 11780

> tip **CloudMQTT의 인스턴스 생성 시 부가 옵션**
>
> CloudMQTT의 포트 (포트)는 포트를 3가지 유형으로 나눕니다.
>
> • '포트'는 MQTT 프로토콜이 사용되는 포트입니다. 위에서 언급한 PHP C++ 및 기타 언어와 같은 백엔드 언어(ESP8266에 제공할 포트는 이 유형의 포트)입니다.
>
> • 'SSL 포트'는 MQTT 프로토콜에 보안이 적용된 포트입니다. 장치가 SSL을 지원하는 경우 이 포트를 사용하는 것이 좋습니다. (ESP8266은 거의 지원되지 않음)
>
> • '웹 소켓 포트(TLS 전용)'는 웹 페이지에 사용되는 포트입니다. 웹브라우저에서 지원하면 사용 가능한 포트입니다.

참고로 cloudMQTT는 MQTT 기반에서 동작합니다.

MQTT는 발행자와 구독자가 메시지를 교환 할 수 있는 컴퓨터간 연결 프로토콜입니다. 센서 장치에서 센싱 정보를 서버에 올릴 때 사용합니다. 사물인터넷에 특화된 통신 프로토콜인 MQTT(Message Queuing Telemetry Transport)는 기본적으로 신뢰성과 저전력이 특징이므로 IoT 네트워크에 적용하기 적합합니다.

MQTT(Message Queue Telemetry Transport)에 대해 간단히 설명하자면 'publish/subscribe' 구조의 경량 메시징 프로토콜입니다.

MQTT의 장점은 프로토콜이 매우 경량화돼 있고, 저사양의 하드웨어 디바이스에서도 사용할 수 있으며, QoS(Quality of Service) 레벨 0, 1, 2 등을 제공해서 메시지의 전달 안정성도 보장할 수 있습니다.

그래서 현재 IoT에서 많이 쓰이고 있습니다.

MQTT는 메시지 전달에 특화돼 있으며, 아래와 같은 구조적 특징이 있습니다.

- Broker – 메시지 중계자
- Publish – 메시지 발행자
- Subscriber – 메시지 구독자

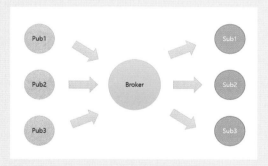

그림 12.4 MQTT 구조

이 구조를 쉽게 설명하기 위해 월간 잡지 발행을 예로 들겠습니다. 월간 잡지를 발행하는 발행자는 구독자가 누구인지는 알지 못하지만 매월 잡지를 발행하고, 발행된 잡지는 각 서점에 공급됩니다. 잡지를 사려는 구독자 입장에서 당월 잡지가 마음에 들면 구매합니다. 이와 마찬가지로 정보를 발행하는 입장에서는 정보를 취득할 사람이 누구인지는 모르지만 발행하고, 구독자는 자기에게 맞는 정보라고 생각되면 취득합니다.

방금 cloudmMQTT에 입력한 속성을 기준으로 다음 절에서 어떻게 데이터를 전송하는지 자세히 설명하겠습니다. 아두이노에서는 MQTT 방식으로 쉽게 전송할 수 있는 기능을 제공합니다. MQTT 클라이언트 라이브러리를 사용해 MQTT broker에 메시지를 보내는 방법과 메시지를 받는 방법을 배워보겠습니다.

12.1 하드웨어 구성

cloudMQTT 서버에 연결하려면 인터넷에 연결할 수 있는 네트워킹 기능이 필요합니다. 예제에서는 이러한 네트워크 모듈이 장착된 아두이노 보드 중에서 와이파이가 내장된 아두이노 호환 보드를 사용하겠습니다. 와이파이가 내장된 제품을 사용하면 와이파이 모듈을 세팅하는 수고를 덜 수 있습니다. (참고로 순수 ESP8266 모듈을 사용하려면 아두이노 우노에서는 펌웨어를 업그레이드해야 합니다. 초보자에게는 어려운 작업입니다. 그리고 ESP8266 모듈 대다수가 3.3v 이므로, 안정적으로 유지하려면 5v가 기준인 아두이노 보드에 3.3v로 전환하는 별도의 장치가 필요합니다. 저렴한 ESP8266 모듈보다 전환 장치가 더 비싸기 때문에 배보다 배꼽이 더 큰 격이 됩니다.)

예제에서는 LinkNode D1 보드를 사용합니다. 아두이노와 호환되는 와이파이 개발 보드입니다. (공식 사이트 : http://www.linksprite.com/wiki/index.php5?title=LinkNode_D1)

LinkNode D1은 ESP-8266EX 와이파이 컨트롤러를 탑재하고 있는 제품으로 아두이노 IDE를 이용해 프로그래밍이 가능합니다. 또한 아두이노 호환 핀 레이아웃을 갖고 있어 아두이노용 쉴드 사용이 가능합니다. 그러나 LinkNode D1에는 아날로그 입력 포트가 한 개밖에 없습니다. 그래서 아날로그 센서를 한 개밖에 달 수 없다는 불편함이 있습니다. 아두이노에서 이 보드를 사용하기 위해서는 우선 LinkNode D1용 하드웨어 패키지를 설치합니다.

아두이노를 실행하고, 메뉴에서 **파일 ➤ 환경설정**으로 이동합니다. 추가 보드 관리자 URL 입력란에 그림 12.5처럼 http://arduino.esp8266.com/stable/package_esp8266com_index.json을 입력합니다.

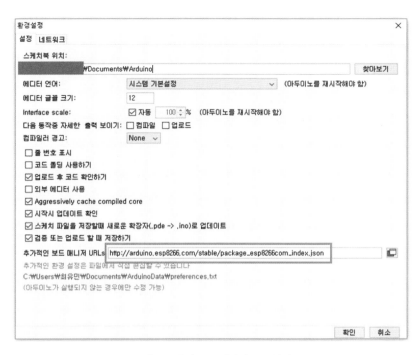

그림 12.5 추가 보드 관리자 URL 입력

확인 버튼을 클릭한 후에 **툴 > 보드 > 보드 매니저**를 실행한 뒤 esp8266으로 검색하면 그림 12.6처럼 Esp8266 보드 종류를 확인할 수 있습니다.

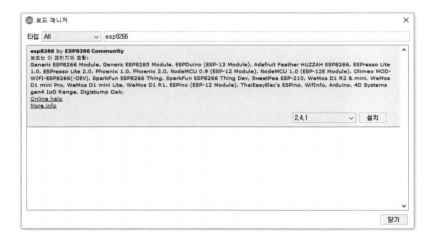

그림 12.6 보드 매니저에서 esp8266 입력 시 검색 결과

설치 버튼을 누르면 LinkNode_D1를 추가할 수 있습니다. 다운로드 하는 데 시간이 다소 소요됩니다. 설치가 완료되면 보드에 아두이노 기본 보드가 아닌 esp8266 관련 새로운 보드들이 추가된 것을 확인할 수 있습니다.

그림 12.7 새롭게 추가된 보드 목록

LinkNode D1은 아직 공식적인 ESP8266 Arduino 코어 저장소에 추가되지 않았기 때문에 보드 목록에서 LinkNode D1 보드를 찾을 수는 없습니다. 그렇지만 WeMos D1 R1을 사용할 수 있으므로 WeMos D1 R1을 선택합니다. 이 보드는 LinkNode D1과 완벽하게 호환됩니다. 참고로 아두이노와 호환되는 기타 다른 보드도 이와 같은 방법으로 추가하면 됩니다.

예제에서는 LED 상태 정보를 클라우드에 전송하기 위해 ESP8266 wifi 모듈이 내장된 LinkNode D1보드를 사용합니다.

【준비물】

실습에 필요한 준비물은 다음 표와 같습니다.

구성품	모습	개수	설명
LinkNode D1 보드		1개	Wemos D1 보드와 호환
Micro USB 케이블		1개	
LED		1개	

다음 내용을 참고해 그림 12.8과 같이 보드에 LED 센서를 구성합니다. 다들 아시다시 피 다리가 긴 쪽을 13번 핀에 연결해야 합니다. 짧은 다른 쪽은 접지(GND)로 연결합니다. 하드웨어는 특별한 게 없습니다. 클라우드에 MQTT라는 통신 프로토콜로 데이터를 송신 및 수신하는 것이 목적이기 때문에 하드웨어는 최대한 심플하게 구성했습니다.

그림 12.8 하드웨어 연결 방법

12.2 소프트웨어 작성

본격적으로 예제 프로그램을 작성해 보겠습니다. 예제에서는 아두이노 보드에 연결된 LED 의 상태 값을 읽어서, 그 값을 cloudMQTT에 전송하겠습니다.

우선 MQTT 관련 라이브러리인 PubSubclient 라이브러리를 추가합니다. **스케치 ➤ 라이브러리 포함하기 ➤ 라이브러리** 관리 메뉴를 눌러서 검색 창에 아래 그림 12.9와 같이 PubSubclient라고 입력 후 라이브러리를 설치합니다.

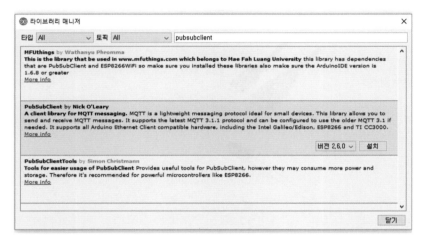

그림 12.9 pubsubclient 라이브러리 다운로드 방법

예제 12.1를 참고해 소프트웨어 프로그램을 작성합니다.

예제 12.1

```
01 #include <ESP8266WiFi.h>
02 #include <PubSubClient.h>
03
04 // WiFI 환경설정.
05 const char* ssid = "WIFI장비 이름"; //WIFI 이름
06 const char* password = "WIFI패스워드"; //WIFI 비밀번호
07
08 // MQTT Server 환경설정
09 #define mqtt_server "m12.cloudmqtt.com"
10 #define mqtt_port 11780
11 #define mqtt_user "유저ID"
12 #define mqtt_password "유저PW"
```

```
13
14 int     pinLED = D13;                      // LED pin 13
15 int     pinState = HIGH;
16 long    lastMSG = 0;                        //데이터 전송 주기 제어용 변수
17
18 WiFiClient espClient;
19 PubSubClient client(espClient);
20
21 void setup() {
22   pinMode(pinLED, OUTPUT);
23
24   Serial.begin(115200);
25   delay(10);
26
27   Serial.println();
28   Serial.print("Connecting to ");
29   Serial.println(ssid);
30
31   WiFi.begin(ssid, password);
32
33   while (WiFi.status() != WL_CONNECTED) {
34     delay(500);
35     Serial.print(".");
36   }
37
38   Serial.println("");
39   Serial.println("WiFi connected");
40   Serial.println("IP address: ");
41   Serial.println(WiFi.localIP());
42
43   client.setServer(mqtt_server, mqtt_port);   //mqtt 서버 정보 설정
44   client.setCallback(callback); // mqtt 수신 후 처리할 callback 함수 호출
45 }
46
47 void loop() {
48
49   if (!client.connected()) {
50     Serial.print("Attempting MQTT connection...");
51     if (client.connect("ESP8266Client", mqtt_user, mqtt_password)) {
52             //수신할 토픽 주소
53       client.subscribe("/ESP8266/LED/RECI");
54       Serial.println("connected");
55     } else {
56       Serial.print("failed, rc=");
57       Serial.print(client.state());
```

```
58        Serial.println(" try again in 5 seconds");
59        delay(5000);
60        return;
61     }
62  }
63
64  digitalWrite(pinLED , pinState);   //상태값에 따라 LED On/Off
65
66
67  //3 초마다 LED 상태값 MQTT 전송
68  long now = millis();
69  if(now - lastMSG > 3000) {
70    lastMSG = now;
71    Serial.println("Publish Message >>>");
72    //데이터 송신
73    client.publish("/ESP8266/LED/SEND", pinState? "LED_ON" : "LED_OFF");
74
75  }
76
77  client.loop();
78 }
79
80 //콜백 설정
81 void  callback(char* topic, byte* payload, unsigned int length) {
82   Serial.print("message arrived [");
83   Serial.print(topic);
84   Serial.print("] ");
85   for (int i = 0; i < length; i++)
86   {
87     Serial.print((char)payload[i]);
88   }
89   Serial.println();
90   if((char)payload[0] == '1')
91   {
92     digitalWrite(pinLED, HIGH);
93     pinState = HIGH;
94   }
95   else
96   {
97     digitalWrite(pinLED, LOW);
98     pinState = LOW;
99   }
100 }
101
102
```

각 행에 해당되는 소스 코드의 내용을 알아보겠습니다.

01행: ESP8266 칩 관련 라이브러리를 추가합니다.

02행: MQTT 관련 라이브러리를 추가합니다.

05~06행: WIFI의 이름과 패스워드를 입력합니다.

09~12행: cloudMQTT 사이트의 상세정보란에 있던 정보를 입력합니다. (서버URL, 포트, ID, PW)

33~36행: WIFI에 연결합니다. 연결이 될 때까지 0.5초 간격으로 재시도합니다.

43행: MQTT 연결정보를 설정합니다.

44행: MQTT를 통해 메시지를 수신 받으면 실행할 콜백 함수를 정의합니다.

49~61행: MQTT 서버에 정상적으로 연결되면, "/ESP8266/LED/RECI"로 데이터를 수신 받기로   정의합니다. 실패하면 에러메시지를 출력한 후 재시도합니다.

63행: 13번 pin 위치에 있는 LED를 상태 값 변수 pinState에 따라 on/off 합니다.

67~74행: /ESP8266/LED/SEND라는 주소로 3초마다 LED의 상태를 송신합니다. LED가 on이면, "LED_ON" 메시지 전송합니다. LED가 off면, "LED_OFF" 메시지를 전송합니다.

76행: MQTT 접속 상태를 계속 유지합니다.

80행: 수신 주소로 데이터가 전송됐을 때 실행되는 함수로, 메시지가 1이면 LED를 on하고, 다른 경우에는 off합니다.

실행 결과는 다음과 같습니다. 그림 12.10과 같이 WIFI에 정상적으로 접속됐음을 알 수 있습니다. 이제 MQTT 서버에만 정상적으로 접속하면 됩니다. CloudMQTT 인스턴스 정보를 제대로 입력했다면 이 또한 정상적으로 연결될 것입니다.

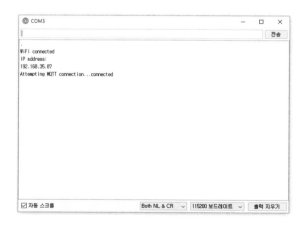

그림 12.10. 와이파이에 정상적으로 접속됐음을 표시하는 시리얼모니터 화면

CloudMQTT 홈페이지의 메뉴에서 아래 그림 12.11처럼 WEBSOCKET UI를 클릭하면, 그림 12.12처럼 수신되는 메시지를 볼 수 있습니다. 3초마다 LED 상태 값 데이터가 출력됨을 볼 수 있습니다. 수신되는 주소를 보면 아두이노에서 입력한 /ESP8266/LED/SEND가 확인됩니다. 메시지는 LED_ON이라고 출력됩니다.

그림 12.11. MQTT 데이터를 확인할 수 있는 메뉴

Received messages

Topic	Message
/ESP8266/LED/SEND	LED_ON
/ESP8266/LED/SEND	LED_ON
/ESP8266/LED/SEND	LED_ON
/ESP8266/LED/SEND	LED_ON
/ESP8266/LED/SEND	LED_ON
/ESP8266/LED/SEND	LED_ON
/ESP8266/LED/SEND	LED_OFF
/ESP8266/LED/SEND	LED_OFF
/ESP8266/LED/SEND	LED_OFF
/ESP8266/LED/SEND	LED_OFF
/ESP8266/LED/SEND	LED_ON

그림 12.12 MQTT 수신 데이터

아두이노에서 서버로 데이터가 정상적으로 송신되는 것을 확인했습니다. 이번에는 반대로 서버에서 아두이노로 데이터를 전송하겠습니다. 데이터를 받는 주소는 /ESP 8266/LED/RECI입니다. 그래서 WEBSOCKET UI 메뉴화면에서 send message 영역에 아래 그림 12.13처럼 입력합니다. 데이터는 "0"을 입력합니다. LED 불을 *끄기* 위해서입니다. 정상적으로 입력하고 Send 버튼을 누르면 LED 불이 꺼지는 것을 확인했습니다. 그림 12.14처럼 아두이노 시리얼모니터 창에서도 데이터가 정상적으로 수신됐음을 확인할 수 있습니다.

그림 12.13 데이터 보내기 화면

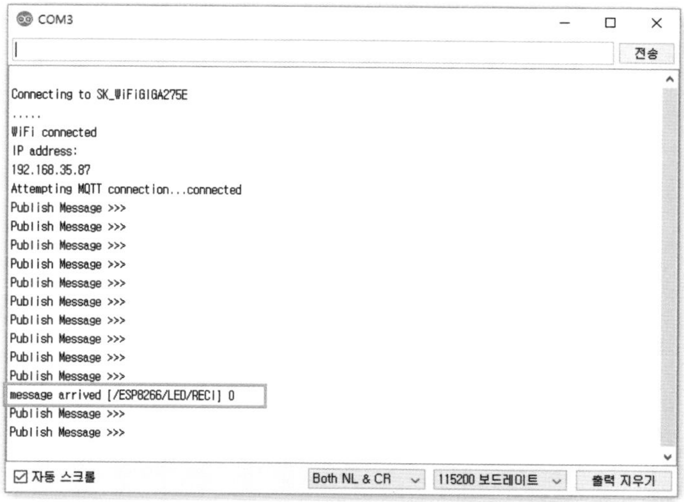

그림 12.14 MQTT 데이터가 정상적으로 수신됨을 볼 수 있는 시리얼모니터 화면

간단한 예제이지만, LED의 상태 값을 클라우드 서버에 저장하고, 더 나아가 LED를 제어하는 것까지 실습해봤습니다. 이를 통해 장소에 구애받지 않고 인터넷이 되는 환경 어디에서든지 IoT 장비의 상태를 확인하고, 제어할 수 있게 됐습니다. 이번 예제를 더 확장해서 각자 아두이노 기반 스마트 홈을 만들어 보시길 바랍니다.

12.3 정리

cloudMQTT를 통해 클라우드 활용법을 배웠고, cloudMQTT에 접속해서 데이터를 저장하는 법을 배웠습니다. CloudMQTT 뿐만 아니라 MS나 아마존처럼 전문적인 클라우드 업체도 이용할 수 있습니다. 이번 예제는 가격이 무료이고, 소량의 데이터를 이용하기에는 기능적인 측면에서 적합한 CloudMQTT 서비스를 이용했습니다. 앞서 논의된 가스 누출, LED 상태뿐만 아니라 다른 데이터도 클라우드 서비스에 올리고 이를 활용하면 더욱 더 멋진 활용 사례를 만들어볼 수 있을 것입니다.

아두이노
미세먼지 측정기

13장

미세먼지가 우리의 일상을 바꾸고 있습니다. TV에서는 서울의 연평균 미세먼지 농도가 외국 대도시보다 2배 높다고 보도하고, 미세먼지로 인해 프로야구 경기가 취소됩니다. 이제 가정집에는 공기청정기가 필수품이 됐습니다. 이처럼 미세먼지가 이슈인 요즘, 아두이노를 사용해 미세먼지 측정기를 만들어 보도록 하겠습니다.

미세먼지가 우리의 일상을 바꾸고 있습니다. TV에서는 서울의 연평균 미세먼지 농도가 외국 대도시보다 2배 높다고 보도하고, 미세먼지로 인해 프로야구 경기가 취소됩니다. 이제 가정집에는 공기청정기가 필수품이 됐습니다.

세계보건기구(WHO)에 따르면 미세먼지와 초미세먼지는 먼지의 지름 차이로 나뉩니다. 지름이 10마이크로미터(μm) 이하면 미세먼지, 2.5μm 이하면 초미세먼지입니다. (μm는 1000분의 1mm을 나타내는 지표입니다.)

그림 13.1 미세먼지 때문에 마스크를 쓴 시민들
(출처 : 한국일보, http://hankookilbo.com/v/c2854456c63a4c40940b1964f40cf723)

이처럼 미세먼지가 이슈인 요즘, 아두이노를 사용해 미세먼지 측정기를 만들어 보려고 합니다. 앞에서 배운 WIFI가 자체 내장된 LinkNode D1보드를 그대로 사용하겠습니다. 미세먼지 센서를 이용해 직접 수집해도 되지만, 국내 대기 측정소에 정확하게 측정한 데이터를 사용하려 합니다. 그리고 인터넷에서 데이터를 받아와서 처리하는 방법을 배워보겠습니다.

미세먼지 정보를 받아오기 위해 공공데이터포털(https://www.data.go.kr)에서 제공하고 있는 OpenAPI를 사용하려고 합니다. 국내 대기 측정소에서 측정된 값을 WIFI로 받아와서 아두이노로 출력하겠습니다.

13.1 Open API 사용하기

Open API를 사용하기 위해서 그림 13.2처럼 공공데이터포탈(https://www.data.go.kr/)에 접속합니다.

그림 13.2 공공데이터포탈 화면

홈페이지 상단의 검색 창에 "미세먼지"를 검색하면 아래 그림13.3과 같이 한국환경공단 대기오염정보 조회 서비스를 찾을 수 있습니다. 해당 서비스를 클릭합니다.

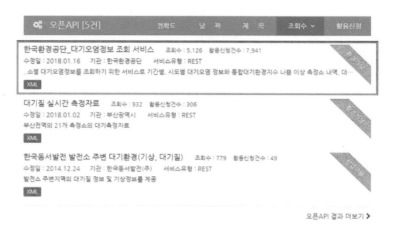

그림 13.3 대기오염정보 조회 서비스 Open API

그림의 대기오염정보 조회 서비스를 사용하기 위해서는 서비스 키가 필요합니다. 그림 13.4와 같이 **활용신청** 버튼을 클릭합니다.

그림 13.4 대기오염정보 조회서비스

안내문을 잘 읽어보시고, 그림 13.5처럼 입력합니다. 시스템 유형, 활용목적, 상세정보를 입력하고 아래 신청버튼을 클릭합니다. 이번 프로젝트에서는 '측정소별 실시간 측정정보 조회'만을 사용하겠습니다.

- 시스템 유형   : 일반
- 활 용 목 적   : 웹 사이트 개발
- 상세기능 정보 : 측정소별 실시간 측정정보 조회

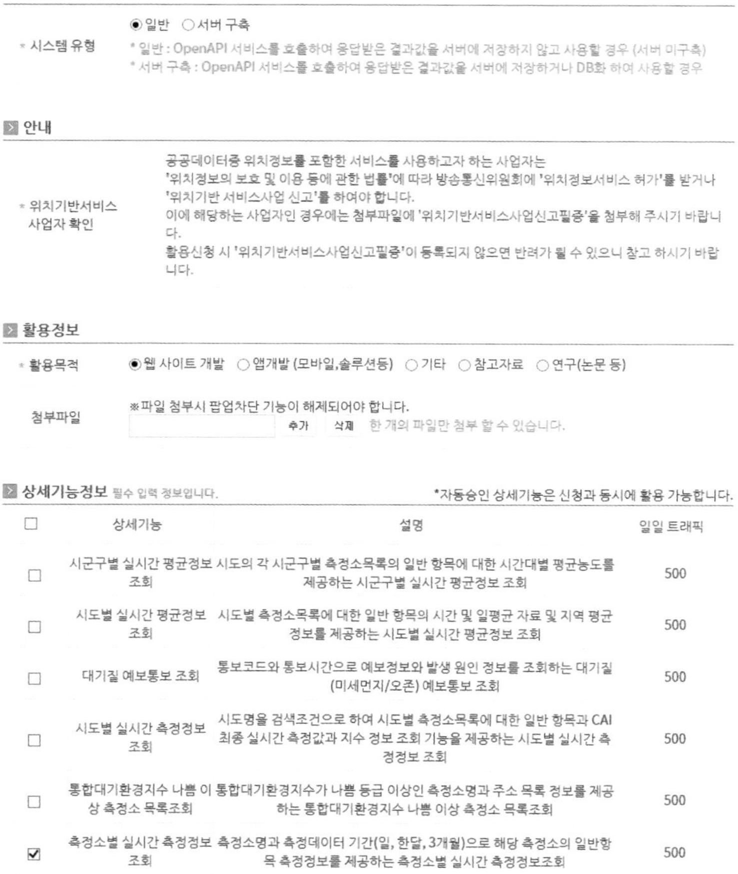

그림 13.5 대기오염정보 조회 서비스

신청하면 자동 승인돼서 아래 그림 13.6과 같은 완료 화면을 볼 수 있습니다. 방금 신청한 대기오염정보 조회 서비스를 클릭해서 상세보기 화면으로 이동합니다.

그림 13.6 정상적으로 openAPI가 신청 완료된 화면

상세보기 화면에서 그림 13.7처럼 오른쪽 상단의 일반 인증 키 발급을 클릭하면 서비스 정보에 일반 인증키가 생성됩니다.

그림 13.7 인증키 발급 화면

예제가 존재하기 때문에 공공데이터 포털 웹 브라우저에서 정상적으로 실행되는지 확인해봅니다. 그림13.8처럼 미리보기 실행버튼을 누르면, 아래에 테스트 할 수 있는 창이 생깁니다. 여기서 미리보기 버튼을 클릭하면 정상인지 확인 가능합니다. (*주의 - 개발계정 키 발급 후, 실제 동작까지는 시간이 다소 소요되는 것으로 보입니다.)

End Point	http://openapi.airkorea.or.kr/
데이터포맷	XML
참고문서	airkorea_openapi_guide-v1_6_1.docx

▣ 상세기능정보   개발가이드

NO	상세기능	설명	활용제한 여부	일일 트래픽	심의결과	미리보기 다운로드
1	측정소별 실시간 측정정보 조회	측정소명과 측정데이터 기간(일, 한달, 3개월)으로 해당 측정소의 일반항목 측정정보를 제공하는 측정소별 실시간 측정정보조회	-	500	승인	실행

▣ 요청변수(Request Parameter)

항목명	샘플데이터	설명
numOfRows	10	한 페이지 결과 수
pageNo	1	페이지 번호
stationName	종로구	측정소 이름
dataTerm	DAILY	요청 데이터기간 (하루 : DAILY, 한달 : MONTH, 3달 : 3MONTH)
ver	1.3	버전별 상세 결과 참고문서 참조

▶ 미리보기 ▶ XLS ▶ XML ▶ JSON ▶ CSV ▶ RDF

그림 13.8 키 발급 후 미리 보기 화면

아래 그림 13.9처럼 발급받은 서비스 키로 웹에서 정상적으로 데이터를 받아오는 것을 확인했기 때문에 위에 예제를 아두이노에 적용해 WIFI로 데이터를 받아올 수 있습니다.

```xml
<?xml version="1.0" encoding="UTF-8"?>
- <response>
  - <header>
      <resultCode>00</resultCode>
      <resultMsg>NORMAL SERVICE.</resultMsg>
  </header>
  - <body>
    - <items>
      - <item>
          <dataTime>2018-06-16 20:00</dataTime>
          <mangName>도시대기</mangName>
          <so2Value>0.004</so2Value>
          <coValue>0.4</coValue>
          <o3Value>0.070</o3Value>
          <no2Value>0.019</no2Value>
          <pm10Value>31</pm10Value>
          <pm10Value24>24</pm10Value24>
          <pm25Value>21</pm25Value>
          <pm25Value24>14</pm25Value24>
          <khaiValue>83</khaiValue>
          <khaiGrade>2</khaiGrade>
          <so2Grade>1</so2Grade>
          <coGrade>1</coGrade>
          <o3Grade>2</o3Grade>
          <no2Grade>1</no2Grade>
          <pm10Grade>1</pm10Grade>
          <pm25Grade>1</pm25Grade>
          <pm10Grade1h>2</pm10Grade1h>
          <pm25Grade1h>2</pm25Grade1h>
      </item>
```

그림 13.9 openAPI로 데이터 조회된 결과화면

【준비물】

실습에 필요한 준비물은 다음 표와 같습니다.

구성품	모습	개수	설명
LinkNode D1 보드		1개	Wemos D1 보드와 호환

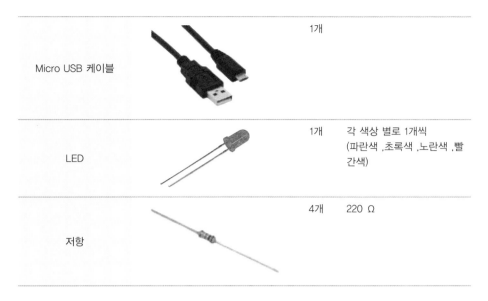

Micro USB 케이블		1개	
LED		1개	각 색상 별로 1개씩 (파란색 ,초록색 ,노란색 ,빨간색)
저항		4개	220 Ω

WIFI가 내장된 Wemos D1 보드를 활용해서 한 미세먼지측정기 만들어 보겠습니다. PM2.5 농도에 따라 다른 색상을 표시하기 위해 색상이 다른 LED 전구 4개를 준비합니다. 그리고 각 LED에 연결할 저항을 준비합니다.

13.2 하드웨어 구성

그림 13.10는 전체적인 하드웨어 연결 방법입니다.

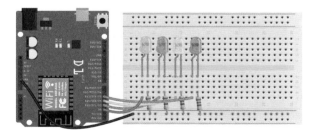

그림 13.10 하드웨어 연결 방법

1단계: 전선이 나와있는 형태보다는 예쁜 외관을 위해 작은 종이 상자를 준비합니다.

그림 13.11 종이 상자

2단계 : 종이 상자 뒷면에 그림 13.12처럼 LED 전구가 들어갈 크기의 구멍을 4개 만듭니다.

그림 13.12 LED가 들어갈 자리의 모습

3단계 : LED를 파란색, 초록색, 노란색, 빨간색 순서대로 배치합니다. 소스를 컴파일해서 업로드하고 정상적으로 동작하는지 살펴봅니다. 박스 뒷면에 선이 보이지 않도록 잘 정리합니다.

LinkNode D1 보드에 대한 아두이노 스케치 프로그램 설정 방법은 12장, '응용 작품 만들기 – 아두이노 클라우드'를 참조하길 바랍니다.

4단계 : 종이 상자의 앞면에는 그림 13.13처럼 반투명 뚜껑을 붙입니다. 반투명 뚜껑은 LED 전구를 위해 만든 구멍의 위치가 중앙에 오도록 붙이면 됩니다.

그림 13.12 LED가 들어갈 자리의 모습

5단계 : 박스 위에 예쁜 색상의 시트지를 붙입니다. LED 전구의 색깔로 미세먼지의 상태를 표시했습니다. 우선 파란색은 미세먼지가 없는 아주 좋은 상태이고, 녹색은 가벼운 외출이 가능한 수준, 노란색은 외출 시 마스크 사용을 권장하는 수준, 빨간색은 미세먼지가 많아서 외출을 삼가야 하는 상태입니다.

그림 13.14 최종 완성 모습

13.3 소프트웨어 작성

예제 13.1 미세먼저 openAPI 소스

```
01 #include <ESP8266WiFi.h>
02
03
04 // WiFI 환경설정.
05 const char* ssid = " WIFI 이름 "; //WIFI 이름
06 const char* password = " WIFI 비밀번호 "; //WIFI 비밀번호
07
08 //openAPI 환경설정
09 #define APIKEY    "VTNPPtH%2BZQsooCHLeu9Rk6bx23iB19ykWfmOZIsCJ2zZXfq4zI5vmvW15RJ
1jmFcfqoXHOm65OedtoUr%2B4d7aw%3D%3D" //APIKEY
10 #define CITY     "종로구"      //위치
11 #define VERSION   "1.3"
12 const char* server = "openapi.airkorea.or.kr";
13
14 //local Variable
15 long     lastMSG = 0;                  //데이터 전송주기 제어용 변수
16 String rcvbuf;                         //수신 데이터 저장 변수
17 boolean readingTemp = false;           //제어용 변수
18 String tempString;                     //제어용 변수
19 WiFiClient client;
20
21
22 void setup() {
23   Serial.begin(115200);
24   delay(10);
25
26   pinMode(D2, OUTPUT); //파란색
27   pinMode(D3, OUTPUT); //초록색
28   pinMode(D4, OUTPUT); //노란색
29   pinMode(D5, OUTPUT); //빨간색
30
31   Serial.println();
32   Serial.print("Connecting to ");
33   Serial.println(ssid);
34
35   WiFi.begin(ssid, password);
36
37   while (WiFi.status() != WL_CONNECTED) {
38     delay(500);
39     Serial.print(".");
```

```
40   }
41
42   Serial.println("");
43   Serial.println("WiFi connected");
44   Serial.println("IP address: ");
45   Serial.println(WiFi.localIP());
46
47 }
48
49 void loop() {
50   //open API 호출 후 결과를 받는 부분.
51   while (client.available()) {
52     char c = client.read();
53     if ( c != NULL ) {
54       if (rcvbuf.length() > 50)
55         rcvbuf = "";
56       rcvbuf += c;
57       //Serial.write(c);   //Debug 용
58
59       //PM10등급 데이터가 전송됐는지 확인
60       if ( rcvbuf.endsWith("<pm10Grade>") ) {
61         //현재 스트링이 "<pm10Grade>"로 끝났다면 데이터를 받을 준비를 한다.
62         readingTemp = true;
63         tempString = "";
64       }
65
66       //<pm10Grade> 뒤에 오는 문자열을 tempString에 저장한다.
67       if (readingTemp) {
68       //전송된 문자가 '<'이 올 때까지 등급 값으로 인식 (1자리임)
69         if (c != '<') {
70           tempString += c;
71       //전송된 문자가 '<'이라면 등급 데이터를 그만 저장하고 등급 값 출력
72         } else {
73           readingTemp = false;
74           Serial.print("pm10Grade: ");
75           tempString.replace(">", "");
76           Serial.print(tempString);
77           Serial.println("");
78
79           //스케일된 값에 따라 서보 위치를 설정한다.
80           if (tempString == "1") {
81 digitalWrite(D2, HIGH);digitalWrite(D3, LOW);digitalWrite(D4,
LOW);digitalWrite(D5, LOW);
82             }else if (tempString == "2"){
```

```
83 digitalWrite(D2, LOW);digitalWrite(D3, HIGH);digitalWrite(D4,
LOW);digitalWrite(D5, LOW);
84            }else if (tempString == "3"){
85 digitalWrite(D2, LOW);digitalWrite(D3, LOW);digitalWrite(D4,
HIGH);digitalWrite(D5, LOW);
86            }else if (tempString == "4"){
87 digitalWrite(D2, LOW);digitalWrite(D3, LOW);digitalWrite(D4,
LOW);digitalWrite(D5, HIGH);
88            }else {
89 digitalWrite(D2, HIGH);digitalWrite(D3, HIGH);digitalWrite(D4,
HIGH);digitalWrite(D5, HIGH);
90              }
91
92          }
93        }
94      } //End of IF (c )
95    } //End of while
96
97    //30 초 마다 httpRequest 함수 호출
98    long now = millis();
99    if(now - lastMSG > 30000) {  //30s
100     lastMSG = now;
101     Serial.println("Call OpenAPI >>>");
102     httpRequest(); //open API 를 호출한다.
103   }
104   //rcvbuf 변수 초기화
105   rcvbuf = "";
106 }
107
108 // 미세정보 openAPI 호출하는 함수
109 void httpRequest() {
110   //새로운 연결을 위해 이전 연결을 해제한다.
111   client.stop();
112
113   if (client.connect(server, 80)) {
114     Serial.println("Connecting...");
115
116     // HTTP request
117     client.print(F("GET /openapi/services/rest/ArpltnInforInqireSvc/getMsrstnAc
ctoRltmMesureDnsty?stationName="));
118     client.print(CITY);
119     client.print(F("&dataTerm=DAILY&pageNo=1&numOfRows=1&ServiceKey="));
120     client.print(APIKEY);
121     client.print(F("&ver="));
122     client.print(VERSION);
```

```
123     client.print(F(" HTTP/1.1\r\n"));
124
125     } else {
126         Serial.println("Connection failed");
127         digitalWrite(D2, HIGH);
128 digitalWrite(D3, HIGH);
129 digitalWrite(D4,HIGH);
130 digitalWrite(D5, HIGH);
131     }
132 } //End of httpRequest
133
134
```

각 행에 해당하는 예제의 내용을 알아보겠습니다.

01행 : ESP8266 칩 관련 라이브러리를 추가합니다.

05~06행 : WIFI의 이름과 패스워드를 입력합니다.

09~12행 : 공공데이터포털 사이트에서 신청한 openAPI 상세정보를 입력합니다. (APIKEY, CITY, VERSION, 서버주소). CITY(대기측정소)는 측정하고자 하는 지역으로 작성하면 됩니다.

26~29행 : LED의 Pinmode를 설정합니다.

35~40행 : WIFI에 연결합니다. 연결이 될 때까지 0.5초 간격으로 재시도합니다.

51~56행 : WIFI를 통해 인터넷에 정상적으로 연결되면, 인터넷으로 수신되는 데이터를 rcvbuf라는 변수에 저장합니다.

59~64행 : xml에서 〈pm10Grade〉 문자열이 끝났는지 확인합니다. 만약 수신되는 데이터 안에 찾고자 하는 문자열이 있다면 readingTemp 변수의 값 상태를 true로 바꿔서 그다음 나올 문자열을 얻고자 합니다.

67~77행 : xml은 〈pm10Grade〉1〈/pm10Grade〉와 같은 식으로 "〈" 닫은 태그가 필요합니다. 결국 가운데 있는 숫자 1이라는 값을 얻게 됩니다.

79~91행 : PM10의 등급에 따라 LED를 점등합니다.

98~106행 : 30초마다 공공데이터포털에 접속해서 데이터를 받아오는 함수 httpRequest를 실행합니다. rcvbuf의 값은 초기화합니다.

118~127행 : openAPI를 사용하기 위한 세부 요청 변수입니다.

자세한 사항은 표 13.1를 참조하세요.

▼ 표 13.1 세부 요청 변수

항 목 명	데 이 터	설 명
numOfRows	10	한 페이지 결과 수
pageNo	1	페이지 번호
stationName	종로구	측정소 이름
dataTerm	DAILY	요청 데이터 기간 (하루: DAILY, 한달: MONTH, 3달: 3MONTH)
ver	1.3	버전 아래 참조

※ 버전(ver) 항목 설명
– 버전을 포함하지 않고 호출할 경우 : PM2.5 데이터가 포함되지 않은 기존 오퍼레이션 결과 표출.
– 버전 1.0을 호출할 경우 : PM2.5 데이터가 포함된 결과 표출.
– 버전 1.1을 호출할 경우 : PM10, PM2.5 24시간 예측 이동 평균데이터가 포함된 결과 표출.
– 버전 1.2을 호출할 경우 : 측정망 정보 데이터가 포함된 결과 표출.
– 버전 1.3을 호출할 경우 : PM10, PM2.5 1시간 등급 자료가 포함된 결과 표출

세부 실행 결과는 다음과 같습니다.

WIFI에 정상적으로 접속하면 공공데이터포털 웹 화면에서 미리 테스트했던 양식과 동일한 형태가 수신됩니다. 수신 받은 데이터 구조를 자세히 살펴보면, 아래 그림 13.15와 같다. item이 반복적으로 보이며, 그 안에 현재 시각 기준으로 과거 10건의 시간대별 자료가 있습니다(DAILY 기준일 때). 제일 처음 보이는 item에서 우리가 원하는 PM10와 PM2.5의 등급을 확인할 수 있습니다.

그림 13.15 안에 표시된 등급은 아래 표를 참고하길 바랍니다.

▼ 표 13.2 미세먼지 등급표 (PM10, PM2.5)

등급	좋음	보통	나쁨	매우 나쁨
Grade 값	1	2	3	4

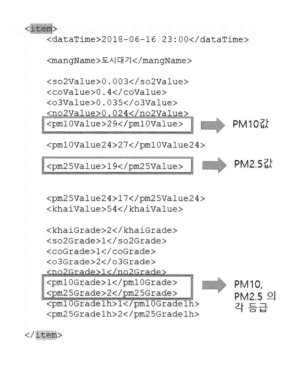

```
<item>
    <dataTime>2018-06-16 23:00</dataTime>

    <mangName>도시대기</mangName>

    <so2Value>0.003</so2Value>
    <coValue>0.4</coValue>
    <o3Value>0.035</o3Value>
    <no2Value>0.024</no2Value>
    <pm10Value>29</pm10Value>              ➡ PM10값

    <pm10Value24>27</pm10Value24>

    <pm25Value>19</pm25Value>              ➡ PM2.5값

    <pm25Value24>17</pm25Value24>
    <khaiValue>54</khaiValue>

    <khaiGrade>2</khaiGrade>
    <so2Grade>1</so2Grade>
    <coGrade>1</coGrade>
    <o3Grade>2</o3Grade>
    <no2Grade>1</no2Grade>
    <pm10Grade>1</pm10Grade>               ➡ PM10,
    <pm25Grade>2</pm25Grade>                  PM2.5 의
    <pm10Grade1h>1</pm10Grade1h>              각 등급
    <pm25Grade1h>2</pm25Grade1h>
</item>
```

그림 13.15 수신된 데이터 양식

그 외에도 한국환경공단의 여러 가지 검출된 정보를 이용할 수 있습니다.

항목명	항목 설명
items	목록
dataTime	측정일
mangName	측정망 정보
so2Value	아황산가스 농도
coValue	일산화탄소 농도
o3Value	오존 농도
no2Value	이산화질소 농도
pm10Value	미세먼지(PM10) 농도

(이어짐)

항목명	항목 설명
pm10Value24	미세먼지(PM10) 24시간예측이동농도
pm25Value	미세먼지(PM2.5) 농도
pm25Value24	미세먼지(PM2.5) 24시간예측이동농도
khaiValue	통합대기환경수치
khaiGrade	통합대기환경지수
so2Grade	아황산가스 지수
coGrade	일산화탄소 지수
o3Grade	오존 지수
no2Grade	이산화질소 지수
pm10Grade	미세먼지(PM10) 24시간 등급
pm25Grade	미세먼지(PM2.5) 24시간 등급
pm10Grade1h	미세먼지(PM10) 1시간 등급
pm25Grade1h	미세먼지(PM2.5) 1시간 등급

13.4 정리

특별한 장치 없이도 아두이노를 통해 미세먼지 정보를 가져와 멋지게 출력해봤습니다. 이를 통해 openAPI 활용법을 배웠고, xml에서 원하는 정보만 가져오는 방법을 배웠습니다. 이 프로젝트를 발전시키면 신호등 같은 LED 외에도 LCD나 OLED 같은 디스플레이 장치로 더 많은 정보를 출력할 수 있습니다. 공공데이터포털에 다른 좋은 openAPI도 많으니 동일한 방식으로 새로운 것을 만드는 데 도전해보세요. 여러 가지 openAPI를 융합하다 보면 기존에 없던 새로운 서비스를 만들 수도 있을 것입니다.

자동차 속도 측정기 제작 14장

14장에서는 고속도로에서 달리는 자동차의 속도를 측정하는 방법을 참고해서, 장난감 자동차의 속도를 측정하는 아두이노 버전의 속도 측정기를 만들어 보겠습니다.

자동차를 타고 시내의 도로나 고속도로를 운전하다 보면 과속 단속 카메라나 도로 정보 수집 장치를 많이 보게 됩니다. 도로에서 자동차 속도 측정은 어떻게 할까요? 달리는 자동차를 카메라가 찍은 다음 비디오 판독을 해서 속도를 알아내는 걸까요? 도로에서 자동차의 속도를 측정하는 대표적인 방법은 아래 세 가지입니다.

첫 번째 방법은 루프 검지기 방식의 '고정식 과속 단속 카메라'입니다. 그림 14.1처럼 두 개의 루프 코일을 도로에 설치합니다. 루프 코일에는 특정 주파수의 전기가 흐릅니다. 전기의 흐름은 주변에 있는 도체에 영향을 받아 자장이 형성되고 그로 인해 전기 흐름에 영향을 주게 됩니다. 자동차는 자기장에 영향을 줄 수 있는 커다란 쇳덩어리라고 할 수 있으므로 자동차가 지나갈 때 변화되는 전기 흐름을 감지해 시간을 측정합니다. 이렇게 감지된 루프 코일 1번과 루프 코일 2번의 시간 차이를 계산하고 두 코일 간 거리를 알고 있으면 속도를 구할 수 있습니다.

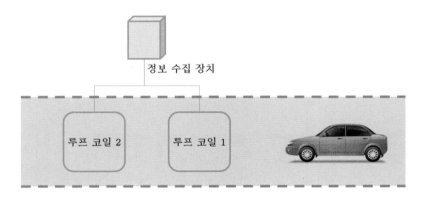

그림 14.1 루프 코일 방식 속도 측정

속도를 계산하는 식은 다음과 같습니다.

$$속도 = \frac{거리}{시간}$$

따라서 만일 두 코일 사이의 거리가 1m이고 자동차가 두 코일 사이를 지나가는데 1초의 시간이 걸렸다고 가정한 상태에서 시속을 계산하면 다음과 같습니다.

$$속도 = \frac{거리}{시간} = \frac{1m}{1초} = 1m/sec$$

즉, 초속 1m의 속도로 이동하며 시속으로 변경하면 1시간인 3600초를 곱하면 3,600m, 일반적으로 차량의 속도 측정을 위해 사용하는 km로 변환하면 시속 3.6km의 속도라고 계산할 수 있습니다. 일반인의 걸음걸이와 비슷한 속도입니다. 우리는 이와 같은 루프 감지기 방식을 응용해 속도 측정기를 만들어볼 것입니다.

두 번째 방법은 레이저 감지 방식의 '이동식 과속 단속 카메라'입니다. 설치된 카메라는 초당 약 400번의 레이저를 발사해 반사되는 신호를 감지해서 거리를 측정하고, 거리 간에 측정된 시간 차이를 이용해 속도를 측정합니다. 각 거리 구간에서의 시간을 측정한 다음 속도를 계산하는 식에 대입해서 속도를 구할 수 있습니다.

그림 14.2와 같이 약 1,200m에서 800m 구간까지 측정된 시간 차이가 20초라고 가정해 계산하면 다음과 같습니다.

$$속도 = \frac{거리}{시간} = \frac{(1,200-800)m}{20초} = 20m/sec$$

즉, 초속 20m의 속도로 차량이 이동하므로 시속으로 바꾸면 3,600초를 곱해 시속 72km라는 값을 얻을 수 있습니다.

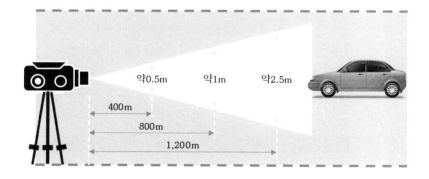

그림 14.2 레이저 속도 측정기

세 번째 방법으로는 번호판 인식을 이용한 구간 단속 카메라가 있습니다. 지점 1에서 카메라를 통해 차종과 번호를 인식하고 시간을 기록합니다. 그리고 먼 거리에 위치한 지점2에서 다시 차량을 인식하고 시간을 기록합니다. 보통은 두 지점 간 거리는 수십 km 정도입니다. 두 지점 사이에서 속도를 순간적으로 높이더라도 구간의 평균 속도를 측정하므로 평균 속도를 맞추기 위해 다시 천천히 가야 하니 과속을 하는 것이 의미가 없게 됩니다.

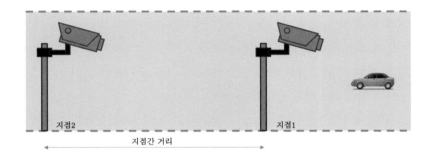

그림 14.3 구간 속도 측정

만약 그림 14.3에서 두 지점간 거리가 10km이고 두 지점간 지나가는 데 소요된 시간이 5분이라고 가정한 다음 평균 속도를 시속으로 계산해보면 다음과 같습니다.

$$평균\ 속도 = \frac{거리}{시간} = \frac{10km}{5분} = 2km/minute$$

다시 말해 10km의 거리를 1분만에 주파했으므로 시속 120km가 됩니다. 만약 구간 평균 속도 제한이 110km였다면 과속으로 벌금을 내야 합니다.

14.1 모션 감지 센서를 이용해 고정식 과속 측정기 만들기

이제 아두이노를 이용해 과속 측정기를 만들어 보겠습니다. 우리는 위의 세 가지 방식 중에서 루프 검지기를 응용한 고정식 과속 측정기를 만들어 볼 예정입니다. 루프 검지기를 갖고 있지는 않지만 움직임을 감지하는 여러 센서들을 알고 있습니다. 그 중 물체의 움직임을 감지하는 데 적합한 적외선 모션 센서를 이용할 것입니다.

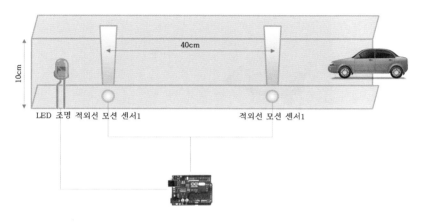

그림 14.4 차량 속도 측정 구성

구성은 그림 14.4와 같습니다. 우선 두꺼운 종이 박스로 도로를 만듭니다. 양쪽에는 자동차가 빠져나가지 않도록 방지턱을 설치합니다. 약 20cm 간격으로 구멍을 뚫어 모션 센서를 설치하고 지나가는 자동차를 감지할 예정입니다. 두 센서 사이를 지나가는 시간을 측정해 시간과 거리의 관계를 이용해 속도를 계산할 것입니다. 계산한 속도는 LED를 통해 표시합니다.

【준비물】

실습에 필요한 준비물은 다음 표와 같습니다.

구성품	모습	개수	설명
아두이노 보드		1개	우노(Uno) 보드 사용

브레드 보드		1개	
적외선 모션 센서		2개	
USB 케이블 및 점퍼선		2개	10KΩ (갈색–검은색–주황색)
저항		2개	10KΩ (갈색–검은색–주황색) 다른 저항으로 대체 가능
점퍼선		여러 개	주로 검은색은 접지, 붉은색은 전원, 나머지 색은 데이터를 위해 사용. 길이는 모션 센서 사이와 LCD를 연결할 수 있도록 각 20cm 준비
16X2 1062 LCD		1개	측정한 속도를 출력 I2C를 지원하는 16X2 LCD
두꺼운 종이		40cm X 20cm	도로 구간 제작용

14.1.1 하드웨어 구성하기

이제 자동차가 지나갈 도로를 만들어 보겠습니다. 움직이는 자동차의 경로가 불규칙 할 수 있기 때문에 도로 양쪽에 턱이 있는 길을 두꺼운 종이로 만들어 보겠습니다.

그림 14.5와 같이 2절 크기의 골판지 박스 종이의 양쪽에 1~2cm 정도의 간격으로 4개의 선을 그어 접을 준비를 합니다.

그림 14.5 접이 선을 그어 놓은 박스 종이

접은 후에는 그림 14.6과 같이 양쪽을 접고 테이프나 풀을 이용해 턱이 있는 길을 완성합니다.

그림 14.6 턱이 있는 길의 완성

그림 14.7과 같이 턱의 한쪽을 잘라 적외선 모션 센서를 고정합니다. 이 때 양쪽에 설치하는 두 개의 모션 센서 사이의 거리를 주의해야 합니다.

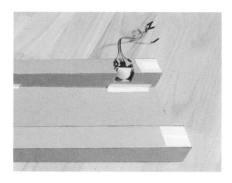

그림 14.7 모션 감지 센서를 설치한 모습

그림 14.8과 같이 도로의 양쪽 끝에 모션 감지 센서를 설치했고 그림 14.4에서 설계한 것과 같이 두 센서 사이의 거리는 40cm로 했습니다. 두 센서 간 거리가 정확해야 두 지점 간 시간을 거리로 비례해 속도를 정확히 계산할 수 있습니다.

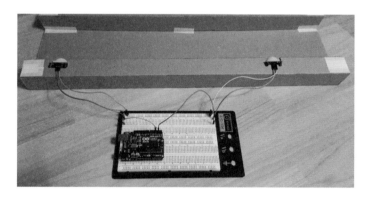

그림 14.8 모션 감지 센서를 이용해 완성한 도로

14.1.2 아두이노와 센서 연결하기

이제 아두이노와 센서를 구성할 차례입니다. 아래의 주요 내용을 참고해 그림 14.9와 같이 회로를 구성합니다.

- 첫 번째 모션 센서에서 좌측의 양극(+)은 아두이노의 5V 핀에 연결하고 우측의 음극(-)

은 접지(GND)에 연결합니다. 또한 중간의 데이터 제어 핀은 디지털 4번 핀에 연결합니다.

- 두 번째 모션 센서도 양극(+)과 음극(-)은 동일하게 5V 핀과 접지(GND)에 연결합니다.
- 마지막으로 LED를 연결합니다. 먼저 긴 다리를 디지털 13번 핀에 연결하고 나머지는 접지(GND)에 연결합니다.

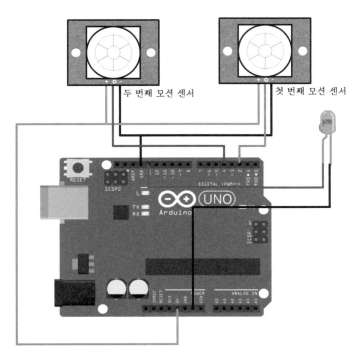

그림 14.9 모션 감지 센서를 이용한 차량 속도 측정 회로 구성

14.1.3 소프트웨어 작성하기

이제 아래와 같이 프로그램을 작성합니다.

예제 14.1 속도 측정 프로그램 예제 – speedgun.ino

```
01 int MOTION_IN_1 = 2;
02 int MOTION_IN_2 = 4;
03 int LED_OUT = 13;
04
```

```
05 void setup( ) {
06   Serial.begin(9600);
07   pinMode(MOTION_IN_1, INPUT);
08   pinMode(MOTION_IN_2, INPUT);
09   pinMode(LED_OUT, OUTPUT);
10 }
11
12
13 unsigned long pre_time = 0;
14 unsigned long cur_time = 0;
15 bool mode1 = false;
16 bool mode2 = false;
17 void loop( ) {
18
19   if (digitalRead(MOTION_IN_1) == HIGH) {
20     if (mode1 == false) {
21       Serial.println("Number 1");
22       pre_time = (unsigned long)millis( );
23       mode1 = true;
24     }
25   }
26   else {
27     if (mode1) {
28       mode1 = false;
29       Serial.println("free 1");
30     }
31   }
32
33   if (digitalRead(MOTION_IN_2) == HIGH) {
34     if (mode1 == true && mode2 == false) {
35       Serial.println("Number 2");
36       cur_time = (unsigned long)millis( );
37       float km_per_hour = 3600 * 0.0004 / (cur_time - pre_time) * 1000;
38       Serial.println(cur_time - pre_time);
39       Serial.println(String(km_per_hour) + " km/hour");
40
41       mode2 = true;
42     }
43   }
44   else {
45     if (mode2) {
46       mode2 = false;
47       Serial.println("free 2");
48     }
49   }
50
```

```
51    if (mode1 == false && mode2 == false) {
52      digitalWrite(LED_OUT, HIGH);
53    } else {
54      digitalWrite(LED_OUT, LOW);
55    }
56  }
57
```

각 줄에 해당하는 소스 코드의 내용에 대해 설명하겠습니다.

01~02행 : 모션 센서의 입력을 받을 핀 번호를 지정합니다.

03행 : LED 출력을 위한 핀 번호를 지정합니다.

06행 : 시리얼 출력을 위해 통신 속도를 설정합니다.

07~09행 : 모센 센서 입력 핀과 LED 출력 핀을 설정합니다.

13~14행 : 시간 저장을 위한 변수를 선언합니다.

15~16행 : 모션 센서가 작동했는지 상태를 저장하기 위한 변수입니다. 모션 센서 1번과 2번이 짧은 시간 내
          에 순서대로 작동하는지 조건을 검사하기 위한 변수입니다.

19행 : 1번 모션 센서에서 감지를 했는지 검사합니다.

20행 : 연속해서 1번 모션 센서 값이 HIGH값으로 들어오는 것을 무시하고 첫 번째 것만 저장하기 위한 조건
      을 검사합니다. 모션 센서는 한번 HIGH가 되면 일정 기간 동안 계속 HIGH값이 입력됩니다.

22행 : 현재의 시간을 저장합니다. 이 때 저장되는 값은 몇 시인지 나타내지는 않지만 CPU에서 클럭을 통해
      계산되는 1/1000초입니다. 즉 밀리초입니다. 나중에 측정된 시간에서 현재 시간을 빼면 그 사이의 시
      간 간격을 계산할 수 있습니다.

23행 : 1번 모션 센서의 상태를 HIGH로 저장합니다.

28행 : 1번 모션 센서가 HIGH 상태에서 시간이 지나 LOW로 바뀌면 상태 변수를 변경합니다.

33행 : 2번 모션 센서가 HIGH 상태인지 검사합니다.

34행 : 1번 모션 센서도 HIGH 상태인지 확인합니다. 왜냐하면 이미 1번 모션 센서가 HIGH이고 1번 모션 센서
      가 그 다음에 HIGH로 순서대로 바뀌었을 때만 감지해야 하기 때문입니다.

36행 : 현재의 시간을 저장합니다.

37행 : 두 시간 차이를 이용해 속도를 계산합니다. 계산하려는 속도의 단위는 시속, 즉 1시간 동안 달릴 수 있
      는 거리를 km 단위로 계산한 것입니다. 즉, 우리나라에서 자동차의 속도를 측정할 때 계산하는 단위
      와 같습니다. 3600을 곱한 것은 1시간이 3600초이기 때문이고, 0.0004를 곱한 것은 두 모션 센서 사
      이의 거리가 40㎝이고, 이를 ㎞로 변환하려면 100,000으로 나눠야 하기 때문에 0.0004㎞가 됩니다.
      마지막으로 1,000을 곱한 것은 계산한 것은 밀리 초를 초로 변환하기 때문입니다.

38~39행 : 시간과 속도를 시리얼 콘솔로 출력합니다.

46행 : 시간이 지나 2번 모션 센서가 LOW 상태로 바뀌면 상태 변수 값을 비활성으로 설정합니다.

51행 : 현재 준비 상태를 LED로 표시하기 위해 1번과 2번 모션 센서가 모두 LOW 상태인지 확인해서 맞으면
       LED에 불을 켭니다. 그렇지 않다면 불을 끕니다.

위 코드를 컴파일하고 아두이노에 업로드해 실행합니다. 현재 준비 상태인 경우, 즉 LED가 켜진 상태가 되면 자동차를 지나가게 할 준비가 된 것입니다. 그림 14.10과 같이 장난감 자동차를 지나가게 합니다. 그리고 **툴 ➤ 시리얼 모니터**를 통해 출력되는 값을 확인합니다.

그림 14.10 모션 감지 센서를 이용한 자동차 속도 측정

그림 14.11은 실행 결과를 보여 있습니다. 두 센서 사이의 시간 차이는 939 밀리 초이고, 계산된 속도는 시속 $1.53km$ 입니다.

그림 14.11 시리얼 출력 결과

여기서 모션 감지 센서의 특성을 주의해야 합니다. 모션 감지 센서는 감지 반경이 넓습니다. 따라서 자동차가 아니라 주변 사람의 움직임에도 반응해서 자동차만 감지하는게 쉽지 않습니다. 따라서 모션 감지 센서 뒤에 있는 감지 반경을 최소한으로 해주기 바랍니다. 이처럼 센서들의 특성을 잘 이해하고 사용해야 합니다.

14.2 적외선 장애물 감지 센서를 이용해 고정식 과속 측정기 만들기

이번에는 차량을 감지하는 센서를 다른 것으로 바꿔서 시도해 보겠습니다. 차량이 지나가는지 감지할 수 있는 방법에는 여러 가지가 있는데 앞에서는 모션 센서를 사용했고, 이번에는 적외선 장애물 감지 센서를 사용하려고 합니다. 이 외에도 레이저를 송신 및 수신하는 센서를 이용하는 등 다양한 방법으로 구현할 수 있습니다.

구성은 그림 14.4와 동일합니다. 다만 모션 센서 대신 적외선 장애물 감지 센서를 사용하는 것만 차이가 납니다. 모션 센서를 설치했던 위치에 새로운 센서를 설치하고 회로를 구성해 보겠습니다. 그림 14.12는 새롭게 사용할 적외선 장애물 감지 센서(혹은 적외선 근접센서)입니다.

그림 14.12 적외선 장애물 감지 센서

적외선 장애물 감지 센서는 그림 14.13과 같이 감도 조절부(포텐셔미터)를 조정해 감지거리를 조정할 수 있습니다. 십자(+) 드라이버를 이용해 감도 조절부를 시계 방향으로 돌리면 멀리 있는 물체도 감지할 수 있고, 시계 반대 방향으로 회전시키면 감지 범위가 가까운 거리로 바뀝니다.

그리고 두 개의 LED가 있습니다. 동작 상태를 표시하는 LED는 센서를 확인했을 때 잘 동작하고 있으면 불이 들어옵니다. 따라서 정상이라면 계속 불이 들어와 있어야 합니다. 다른 하나는 감지 상태를 확인하기 위한 LED입니다. 이 LED는 감지 전에는 불이 꺼져 있고 전면에 장애물이 지나가면 불이 들어옵니다. 이 불을 확인하면 시리얼 출력을 하지 않더라도 감지됐는지 상태를 바로 눈으로 확인할 수 있습니다. 평상시에는 꺼져 있다가 장애물이 지나갈 때 불이 켜져야 합니다.

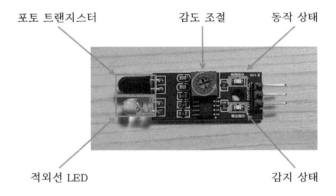

그림 14.13 적외선 장애물 감지 센서의 사용 기능

물체 감지 전과 후의 사진은 그림 14.14와 같습니다. 좌측은 장애물을 감지했을 때 두 개의 LED가 켜진 상황이고, 우측의 감지되지 않은 상태에서는 한 개의 LED만 켜진 것입니다.

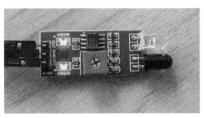

감지된 상태

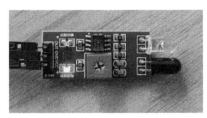

감지되지 않은 상태

그림 14.14 감지 상태에 따른 LED 점등 상태

준비물은 다음과 같습니다. 앞의 사례에서 감지 센서만 적외선 장애물 감지 센서로 변경했습니다.

【준비물】

구성품	모습	개수	설명
아두이노 보드		1개	우노(Uno) 보드 사용
브레드 보드		1개	
적외선 장애물 감지 센서		2개	감지 거리: 2cm∼30cm
USB 케이블 및 점퍼선		2개	
저항		2개	10KΩ (갈색–검은색–주황색) 다른 저항으로 대체 가능
점퍼선		여러 개	주로 검은색은 접지, 붉은색은 전원, 나머지 색은 데이터를 위해 사용. 길이는 모션 센서 사이와 LCD를 연결할 수 있도록 각 20cm 준비

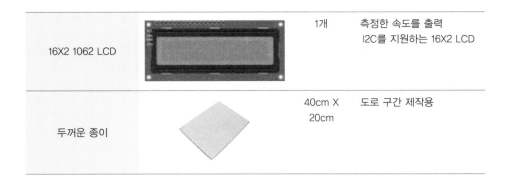

		1개	측정한 속도를 출력
16X2 1062 LCD			I2C를 지원하는 16X2 LCD
두꺼운 종이		40cm X 20cm	도로 구간 제작용

14.2.1 하드웨어 구성하기

이제 구성을 변경해야 합니다. 이전에 만든 구성에서 센서만 간단히 변경했습니다. 변경된 도로의 구성은 그림 14.15와 같습니다.

그림 14.15 적외선 장애물 감지 센서를 이용해 완성한 도로

여기서 주의할 점은 자동차가 지나가지 않을 때는 적외선 장애물 감지 센서의 상태 LED 값이 꺼져 있어야 합니다. 그림 14.13의 거리 조절 레버를 십자(+) 드라이버로 돌려 상태 LED가 꺼지도록 조정합니다. 가능하면 LED가 켜져 있다가 바로 꺼지는 거리를 찾으면 지나가는 차를 찾는데 도움이 됩니다.

14.2.2 아두이노와 센서 연결하기

이제 아두이노와 센서를 구성할 차례입니다. 아래의 주요 내용을 참고해 그림 14.16과 같이 회로를 구성합니다.

- 첫 번째 장애물 감지 센서의 우측 핀(VCC)은 5V 핀에 연결합니다.
- 첫 번째 장애물 감지 센서의 가운데 핀(GND)은 접지에 연결합니다.
- 첫 번째 장애물 감지 센서의 좌측 핀(OUT)은 디지털 2번 핀에 연결합니다.
- 두 번째 장애물 감지 센서의 우측 핀(VCC)은 5V 핀에 연결합니다.
- 두 번째 장애물 감지 센서의 가운데 핀(GND)은 접지에 연결합니다.
- 두 번째 장애물 감지 센서의 좌측 핀(OUT)은 디지털 4번 핀에 연결합니다.

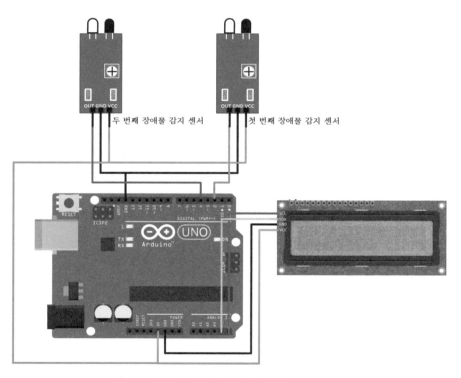

그림 14.16 적외선 장애물 감지 센서를 이용한 차량 속도 측정 회로 구성

14.2.3 소프트웨어 작성하기

먼저 I2C 방식의 LCD를 제어하기 위해서는 LiquidCrystal_I2C 라이브러리를 다운받아야 합니다. 6.3절의 전용 라이브러리 다운받는 방법을 참고해서 먼저 라이브러리를 설치하기 바랍니다.

이제 아래와 같이 프로그램을 작성합니다.

예제 14.2 속도 측정 프로그램 예제 – speedgun2.ino

```
01 #include <Wire.h>
02 #include <LiquidCrystal_I2C.h>
03
04 int MOTION_IN_1 = 2;
05 int MOTION_IN_2 = 4;
06
07 LiquidCrystal_I2C lcd(0x3F, 16, 2);
08
09 void setup() {
10
11   lcd.init();
12   lcd.backlight();
13   lcd.setCursor(0, 0);  // 1번째 컬럼, 1번째 라인
14   lcd.print("Speedgun");
15
16   Serial.begin(9600);
17   pinMode(MOTION_IN_1, INPUT);
18   pinMode(MOTION_IN_2, INPUT);
19 }
20
21
22 unsigned long pre_time = 0;
23 unsigned long cur_time = 0;
24 bool mode1 = false;
25 bool mode2 = false;
26 void loop() {
27
28   if (digitalRead(MOTION_IN_1) == HIGH) {
29     if (mode1 == false) {
30       Serial.println("Number 1");
31       pre_time = (unsigned long)millis();
32       mode1 = true;
33     }
34   }
35   else {
```

292

```
36    if (mode1 && (millis() - pre_time) > 1000) {
37      mode1 = false;
38      Serial.println("Number 1 : Low");
39    }
40  }
41
42  if (digitalRead(MOTION_IN_2) == HIGH) {
43    if (mode1 == true && mode2 == false) {
44      Serial.println("Number 2 : HIGH");
45      cur_time = (unsigned long)millis();
46      float km_per_hour = 3600 * 0.0004 / (cur_time - pre_time) * 1000;
47      Serial.println(cur_time - pre_time);
48      Serial.println(String(km_per_hour) + " km/h");
49
50      lcd.setCursor(0, 1);   // 1번째 컬럼, 2번째 라인
51      lcd.print(String(km_per_hour) + "km/h");
52
53      mode2 = true;
54    }
55  }
56  else {
57    if (mode2 && (millis() - cur_time) > 1000) {
58      mode2 = false;
59      Serial.println("Number 2 : Low");
60    }
61  }
62 }
```

소스 코드의 각 행을 설명하겠습니다.

01~02행 : LCD I2C를 제어하기 위한 라이브러리를 사용하기 위해 모듈의 헤더 파일을 포함시킵니다.

04~05행 : 장애물 감지 센서의 입력과 LED 출력 핀 번호를 지정합니다.

07행 : LCD 제어를 위한 객체를 생성합니다. 첫 번째 파라미터 값이 ox3F인데 아두이노 보드에 따라 사용하는 주소가 다릅니다(어떤 보드는 0x27 값을 사용하는 경우도 있습니다.).

11~14행 : LCD를 초기화하고 첫 번째 줄에 "Speedgun" 문자를 출력합니다.

16행 : 시리얼 출력을 위해 통신 속도를 설정합니다.

17~18행 : 장애물 감지 센서 입력 핀을 설정합니다.

22~23행 : 시간 저장을 위한 변수를 선언합니다.

24~25행 : 장애물 감지 센서가 작동했는지 상태를 저장하기 위한 변수입니다. 장애물 감지 센서 1번과 2번이 짧은 시간 내에 순서대로 작동하는지 조건을 검사하기 위한 변수입니다.

28행 : 1번 장애물 감지 센서가 감지했는지를 검사합니다.

29행 : 연속해서 1번 장애물 감지 센서 값이 HIGH 값으로 들어오는 것을 무시하고 첫 번째 것만 저장하기 위한 조건을 검사합니다. 장애물 감지 센서는 한번 HIGH가 되면 일정 기간 동안 계속 HIGH 값이 입력됩니다.

31행 : 현재의 시간을 저장합니다. 이 때 저장되는 값에 몇 시인지 나타나지는 않고, CPU에서 클럭을 통해 계산되는 1/1000 초, 즉 밀리 초를 나타냅니다. 나중에 측정된 시간에서 현재 시간을 빼면 두 시간 간격을 계산할 수 있습니다.

32행 : 1번 장애물 감지 센서의 상태를 HIGH로 저장합니다.

36행 : 이전에 첫 번째 장애물 감지 센서 값이 HIGH 시간과 비교했을 때 1초 (1000 밀리초) 이내인 경우는 제외합니다. 이는 모션 감지 센서와 장애물 감지 센서의 차이입니다. 모션 감지 센서는 한번 HIGH로 바뀌면 지정한 시간 동안 HIGH가 지속되는데, 장애물 감지 센서는 상태를 지연시키는 기능이 없어서 시간을 계산합니다. 그렇지 않으면 한 번 HIGH로 바뀐 후 여러 번에 걸쳐 HIGH 값이 들어올 것 입니다.

37행 : 시간이 지나 1번 장애물 감지 센서가 HIGH 상태에서 LOW로 바뀌면 상태 변수를 변경합니다.

42행 : 2번 장애물 감지 센서가 HIGH 상태인지 검사합니다.

43행 : 1번 장애물 감지 센서의 상태와 2번 센서의 상태 모두 true인지 확인합니다. 왜냐하면 이미 1번 장애물 센서가 HIGH인 상태에서 2번 장애물 감지 센서가 순서대로 HIGH로 바뀌었을 때만 감지해야 하기 때문입니다.

45행 : 2번 장애물 감지 센서가 HIGH 되었을 때의 시간을 저장합니다.

46행 : 두 시간 차이를 이용해 속도를 계산합니다. 계산하려는 속도의 단위는 시속, 즉 1시간에 달릴 수 있는 거리를 km 단위로 계산한 것입니다. 우리나라에서 자동차의 속도를 측정할 때 계산하는 단위와 같습니다. 3600을 곱한 이유는 1시간이 3600초기 때문입니다. 0.0004를 곱한 이유는 두 장애물 감지 센서 사이의 거리가 40㎝이고, 이를 100,000으로 나눠서 0.0004㎞로 단위를 변환하기 위해서입니다. 마지막으로 1,000을 곱한 것은 계산한 값을 밀리초에서 초로 변환하기 때문입니다.

47~48행 : 시간과 속도를 시리얼 콘솔로 출력합니다.

50~51행 : 계산한 속도 값을 LCD 2번째 라인에 출력합니다.

57행 : 이전에 두 번째 장애물 감지 센서 값이 HIGH 시간과 비교하여 1초 (1000 밀리초) 이내인 경우는 제외합니다

58행 : 시간이 지나 2번 장애물 감지 센서가 LOW 상태로 바뀌면 상태 변수 값을 비활성으로 설정합니다.

위 코드를 컴파일하고 아두이노에 업로드해 실행합니다. LED가 켜진 상태가 되면 자동차를 지나가게 할 준비가 된 것입니다. 그림 14.17과 같이 장난감 자동차를 지나가게 합니다. 그리고 **툴 > 시리얼 모니터**를 통해 출력되는 값을 확인합니다.

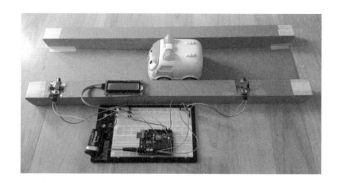

그림 14.17 적외선 장애물 감지 센서를 이용한 자동차 속도 측정

그림 14.18은 LCD에 표시된 결과입니다. 속도가 $2.51km/h$로 표시됐습니다.

그림 14.18 시리얼 출력 결과

적외선 장애물 감지 센서는 모션 감지 센서에 비해 주변 영향을 조금 덜 받는 것을 확인했습니다. 감지 거리를 자신의 환경에 맞게 조정해서 자동차가 감지가 잘 되도록 조정하기 바랍니다.

이렇게 서로 다른 센서를 이용해서 유사한 사례를 구현해 봤습니다. 또 다른 방법은 레이저 송신기와 수신기를 사용하는 방법입니다. 실제 대중교통 버스에서 사람이 후문으로 하차할 때 문이 닫히지 않도록 감지하는 것도 이 레이저 센서를 이용하는 것입니다. 이처럼 동일한 기능을 구현할 때도 다양한 센서들 중 어떤 것을 선택할지 찾아보는 것도 참으로 재미있는 경험이 될 것입니다.

가정용 채소 재배기 제작

요즘은 가정에서 상추, 치커리, 겨자 등과 같은 채소를 직접 재배해서 먹곤 합니다. 이 장에서는 가정에서 채소를 간단히 재배할 수 있게 도와주는 가정용 채소 재배기를 만들어 보겠습니다.

스마트팜은 발달한 IT 기술을 1차 산업인 농업에 적용해 더욱 똑똑한 농장을 만드는 것입니다. ICT 기술을 이용해서 온실 자동 개폐, 온·습도 및 양액 조절 등 농사 현장에서 필요로 하는 자동제어설비 시설을 집중 보급해 품질 고급화 비용 절감을 꾀하는 것입니다. 농가는 날씨나 환경정보 등을 참고해서 최적의 농작물 재배 환경을 알아내어 더 높은 품질의 제품으로 농가 수익을 높이고 더 깨끗한 농산물을 사용자에게 제공할 수 있습니다.

그중에서 식물 공장은 건물 내에서 대량 재배가 가능한 환경을 만들어 집중 호우, 태풍, 가뭄 등에도 영향을 받지 않고 계절에 상관없이 온도와 습도, 영양분을 제공하고 햇빛 대신에 전력 소모량이 적은 LED를 활용하여 항상 안정적인 계획 생산이 가능하여 미래의 농업으로 각광을 받고 있습니다.

이제 만들어볼 가정용 채소 재배기는 LED 조명을 통해 빛을 제공하여 햇빛이 없는 실내에서도 채소가 자랄 수 있는 환경을 만들어 주어 식물 공장을 체험해볼 수 있습니다. 단, 가정용 채소 재배기는 빛의 밝기, 채소 종류에 따라 자라는 상태가 다를 수 있습니다. 매일같이 적당한 물을 주는 것도 잊지 마세요.

【준비물】
실습에 필요한 준비물은 다음 표와 같습니다.

구성품	모습	개수	설명
아두이노 보드		1개	우노(Uno) 보드 사용
브레드 보드		1개	
USB 케이블 및 점퍼선			

(이어짐)

구성품	모습	개수	설명
끈 형태 LED		1개	15개의 LED가 길게 연결된 끈 형태의 LED(LED 스트랩)를 구입해 자신에게 필요한 만큼 잘라서 사용합니다 (Adafruit 회사의 NeoPixel LED Strap 제품을 사용함)
저항		2개	10KΩ(갈색–검은색–주황색) 다른 저항으로 대체 가능
점퍼선		여러 개	주로 검은색은 접지, 붉은 색은 전원, 나머지 색은 데이터를 위해 사용
16x2 LCD		1개	조도 값과 시간, 상태 등을 표시
5V 전원 어댑터		1개	여러 개의 LED 조명을 밝히기 위해 입력 전원으로 220V 콘센트에 연결하며 5V 출력으로 변환하는 어댑터
전원 어댑터 결합 커넥터		1개	5V 전원 어댑터를 아두이노와 연결, 결합하기 위해 사용
플라스틱 컵		여러 개	주변의 커피숍에서 먹고 남은 일회용 커피 컵을 모아 두었다가 작은 화분으로 사용
배양토		적당량	컵에 2/3정도 채울 양으로 개수에 맞게 준비

(이어짐)

구성품	모습	개수	설명
파일 케이스		1개	화분 전체를 덮을 수 있는 정도의 크기 파일 케이스가 아니더라도 LED를 설치해 지붕 역할을 할 수 있는 것을 찾아 재활용
전기 인두 세트		1개	자른 끈 형태 LED에 전선을 연결하기 위해 사용 인두, 실 납 등 인두를 사용하기 위한 주변 용품

15.1 하드웨어 구성

1단계: 일회용 플라스틱 컵을 이용해 간단히 화면을 만드는 방법입니다. 주변에서 쉽게 구할 수 있는 일회용 플라스틱 컵을 이용해 화분을 만들겠습니다. 먼저 채소 재배기의 크기를 결정할 사각형 용기를 구합니다. 용기의 크기는 플라스틱 컵의 개수를 고려해서 정하면 됩니다. 그림 15.1과 같은 컵의 개수를 고려해서 적당한 크기의 용기를 찾으면 됩니다.

이제 플라스틱 컵 바닥에 구멍을 뚫어야 합니다. 화분에 물을 주면 물이 고여서 썩을 수 있으므로 물이 흘러내릴 수 있도록 바닥에 구멍을 뚫어 줍니다. 그림 15.1과 같이 송곳 등을 이용해 4개 정도의 구멍을 뚫습니다. 이때 송곳이 위험할 수 있으므로 어른들에게 도움을 요청해서 안전 사고가 나지 않도록 주의해주세요.

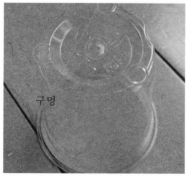

그림 15.1 바닥에 구멍을 뚫은 플라스틱 컵

2단계: 이제 컵에 배양토를 채우면 간단하게 화분이 완성됩니다. 배양토를 컵의 2/3 정도 높이가 되도록 채워주면 됩니다.

그림 15.2 플라스틱 컵에 배양토를 넣은 모습

완성된 화분의 모습은 그림 15.3과 같습니다. 화분에 물을 줄 때 물이 바닥으로 흐를 수 있으므로 가능하면 바닥이 막혀 있는 용기를 사용하는 것이 좋습니다.

그림 15.3 완성한 화분을 모습

3단계: 다음은 화분에 빛을 제공해 줄 LED 조명 지붕을 만들겠습니다. 그림 15.4와 같이 가볍고 지붕 역할을 할 수 있는 충분한 크기의 용품을 찾아서 활용하면 됩니다. LED와 아두이노, 브레드 보드 등을 연결할 것입니다.

그림 15.4 LED 조명 지붕

4단계: 다음은 끈 형태 LED, 일명 LED 스트랩을 준비할 차례입니다. 그림 15.5와 같이 길게 연결된 끈 형태의 LED를 구입해 지붕 연결을 위해 잘라서 사용할 것입니다.

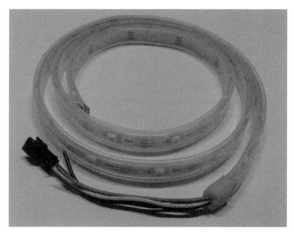

그림 15.5 LED 스트랩

끈 형태의 LED 끝 부분에는 3개의 접점이 있습니다. 일부 제품의 경우 전선이 연결돼 있지 않을 수가 있으니 전기 인두를 이용해 그림 15.6과 같이 전선을 연결합니다(※주의: 전기 인두는 뜨거운 열을 이용하는 기구이므로 꼭 선생님이나 부모님의 도움을 받아서 작업하기 바랍니다!).

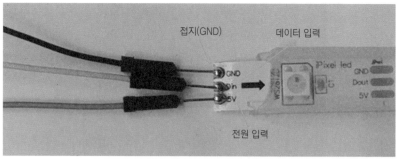

그림 15.6 끈 형태 LED 시작 부분 전선 연결

5단계: 다음은 채소 재배기 지붕에 LED를 연결하기 위해 길이에 맞도록 끈 형태 LED를 잘라서 전선으로 연결할 것입니다. 이 작업은 원하는 LED의 구성 모습에 맞게 자유롭게 배치하면 되는데, 중요한 점은 만들고 싶은 재배기 지붕에 골고루 LED를 배치하는 것입니다.

그러기 위해서는 한 줄에 몇 개의 LED를 연결하고 몇 개의 줄로 전체를 구성할지 미리 준비해야 합니다. 그런 다음 한 줄이 끝나는 곳을 가위로 절단하고 전선을 이용해서 연결해줘야 합니다. 그림 15.7과 같이 LED와 LED 사이의 중간 부분을 가위로 절단합니다.

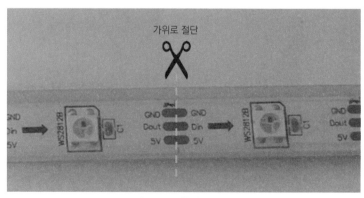

그림 15.7 끈 형태 LED 절단

6단계: 그리고 나서 3개의 점퍼 선을 이용해 연결해줍니다. 이때 연결은 전기 인두를 이용해 납땜을 해야 하니 이전과 같이 이 부분은 주위 선생님이나 부모님에게 도움을 받아서 안전하게 진행해주세요. 끈 형태 LED를 원하는 길이만큼 자른 다음 전선으로 연결한 모습은 그림 15.8과 같습니다.

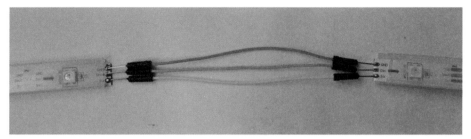

그림 15.8 끈 형태 LED를 절단하고 전선을 납땜으로 연결한 모습

절단한 선들을 모두 연결한 모습은 그림 15.9와 같습니다.

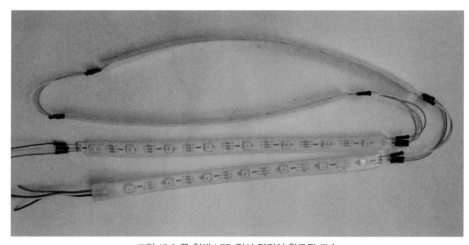

그림 15.9 끈 형태 LED 전선 연결이 완료된 모습

그림 15.9에서 완성한 끈 형태 LED를 채소 재배기 지붕에 테이프나 글루건 등을 이용해 화분에 빛이 골고루 퍼질 수 있도록 잘 배치해서 붙여주면 됩니다. 그림 15.10은 끈 형태 LED 부착을 완료한 모습입니다. 이때 5V 전원 어댑터를 연결할 위치를 잘 고려해 아두이노와 브레드 보드도 함께 부착해주세요.

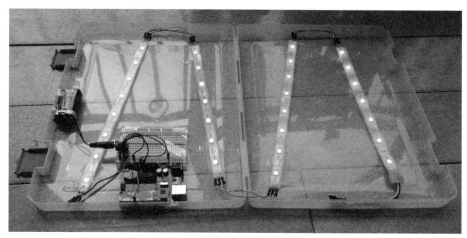

그림 15.10 LED 스트랩을 연결한 모습

7단계: 이제는 아두이노와 끈 형태 LED를 연결하는 방법입니다. 아두이노 연결의 시작은 끈 형태 LED를 아두이노 보드와 연결하는 것입니다. 그림 15.6에서 LED에 연결했던 전선을 그림 15.11과 같이 연결하겠습니다.

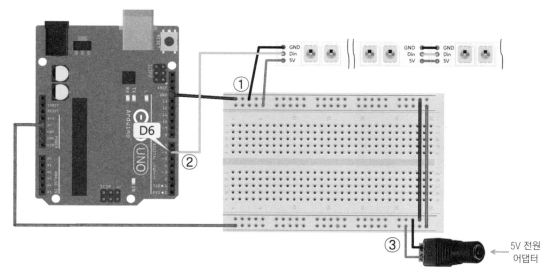

그림 15.11 LED와 전원 커넥터 연결

그림 15.11의 ①과 같이 끈 형태 LED의 접지를 브레드 보드의 공통 접지 핀에, 5V(전원 입력부) 전선을 브레드 보드의 공통 전원 핀에 연결합니다. 회로가 동작할 때는 5V 전원 어댑터에서 공급받은 전원이 연결돼 끈 형태 LED에서 사용하게 될 것입니다.

다음은 그림 15.11의 ②와 같이 LED 제어를 위한 데이터 선을 아두이노의 디지털 6번 핀에 연결합니다. 그리고 공급 전원을 연결할 차례입니다.

그림 15.11의 ③과 같이 전원 어댑터 연결용 결합 커넥터를 연결합니다. + 전원 부분을 브레드 보드의 전원 입력부(빨간색)에 연결하고 – 전원 부분을 브레드 보드의 전원 출력부(검정색)에 연결합니다.

8단계: 다음은 조도 센서를 연결할 차례입니다. 그림 15.12의 ①과 같이 조도 센서의 한쪽 단자를 전원과 연결합니다. 조도 센서의 다른 쪽은 아날로그 A0 핀에 연결하고 그 중간에는 저항을 연결합니다. 이 저항의 값에 따라서 조도 센서에서 출력되는 조도 값의 수준도 영향을 받게 됩니다.

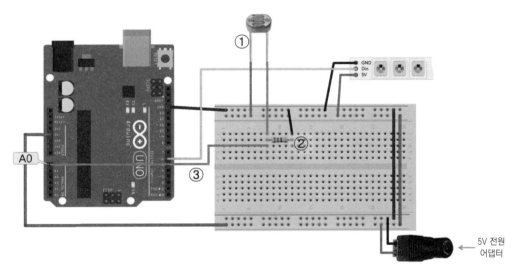

그림 15.12 조도 센서 연결

9단계: 다음은 LCD를 연결하겠습니다. 그림 15.13을 참고해 연결하면 됩니다. LCD에는 총 16개의 핀이 있는데, 각 핀 별로 연결하는 자세한 방법은 표 15.1을 참고합니다.

▼ 표 15.1 LCD 단자 연결

단자	아두이노 핀 연결	설명
1번째 핀	–	사용 안 함
2번째 핀	5V 전원	기능 처리 전원 입력
3번째 핀	GND	접지 연결
4번째 핀	D12	디지털 출력
5번째 핀	GND	접지 연결
6번째 핀	D11	디지털 출력
7~10번째 핀	–	사용 안 함
11번째 핀	D5	디지털 출력
12번째 핀	D4	디지털 출력
13번째 핀	D3	디지털 출력
14번째 핀	D2	디지털 출력
15번째 핀	5V 전원	후면 광 전원 입력
16번째 핀	GND	접지 연결

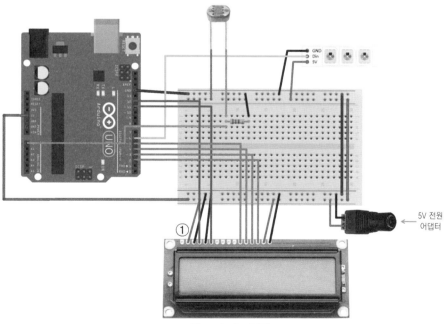

그림 15.13 LCD 연결

15.2 소프트웨어 작성

1단계: 시계 기능을 수행해줄 소프트웨어 라이브러리인 swRTC 라이브러리를 설치하는 방법에 대해 알아보겠습니다. 식물은 낮 시간에 햇빛을 받아야 자랄 수 있는데, 실내에서는 빛을 제대로 받을 수 없습니다. 채소 재배기는 햇빛 대신 LED로 빛을 제공합니다. 그러므로 낮 시간에만 빛을 제공하려면 시계를 통해 현재 시간이 몇 시인지 알아야 합니다.

보통 아두이노에서 시간 계산을 위해서는 그림 15.14와 같은 RTCReal Time Clock 모듈을 이용해야 하지만 시계와 같이 정확한 시간이 필요하지 않은 경우에는 소프트웨어로 제공해주는 라이브러리를 사용해도 됩니다. 우리는 소프트웨어 라이브러리인 swRTC를 설치해 사용할 것입니다.

그림 15.14 실시간 클럭 모듈

우선 웹 브라우저를 통해 라이브러리를 다운로드할 홈페이지로 이동합니다.

https://github.com/leomil72/swRTC

그림 15.15와 같이 이동한 홈페이지에서 오른쪽 하단의 **Download Zip**을 클릭해 압축 파일을 다운로드합니다. 다운로드한 파일 위치를 기억해둡니다.

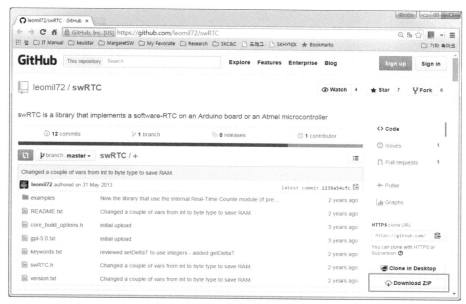

그림 15.15 swRTC 모듈 다운로드 홈페이지

2단계: 이제 아두이노 통합 개발 도구에서 다운로드한 압축 파일을 추가하겠습니다. 메뉴에서 **스케치 ➤ Include Library ➤ Add Zip Library**…를 클릭해 보여지는 파일 선택 화면에서 다운로드한 압축 파일을 선택합니다. 그러면 **파일 ➤ 예제 ➤ swRTC-master**와 같이 소스 코드가 추가된 것을 확인할 수 있습니다. 이 목록이 보이면 라이브러리의 설치가 성공한 것입니다.

3단계: 끈 형태 LED 제어를 위해 애드어프룻(Adafruit) 사의 네오픽셀(NeoPixel) 라이브러리를 다운로드해야 합니다. 다음의 홈페이지 주소로 이동합니다.

https://learn.adafruit.com/adafruit-neopixel-uberguide/arduino-library

홈페이지 중간에 보면 영문으로 라이브러리를 설치하는 방법에 대해 설명이 나와 있는데, 그 중에서 2번 click this link를 클릭해 라이브러리의 압축 파일을 다운로드합니다.

그림 15.16 네오픽셀 라이브러리 다운로드

4단계: 이제 아두이노 통합 개발 도구에서 다운로드한 압축 파일을 추가하겠습니다. 메뉴에서 **스케치 ➤ Include Library ➤ Add Zip Library…**를 클릭해 보여지는 파일 선택 화면에서 다운로드한 압축 파일을 선택합니다. 그러면 **파일 ➤ 예제 ➤ Adafruit NeoPixel**과 같이 소스 코드가 추가된 것을 확인할 수 있습니다. 이 목록이 보이면 라이브러리의 설치가 성공한 것입니다.

5단계: 예제 15.1을 참고해 소프트웨어 프로그램을 작성합니다. 이때 LCD를 제어를 위해 LiquidCrystal.h 파일의 내용을 사용하게 되는데 보통은 아두이노 통합 개발 도구를 설치하면 함께 설치되니 별도로 설치할 필요가 없습니다. 혹시라도 설치돼 있지 않아서 오류가 발생된다면 **스케치 ➤ Include Library ➤ Library Manager**에서 LiquidCrystal을 검색한 후 설치하면 됩니다.

```
01 #include <Adafruit_NeoPixel.h>
02 #ifdef __AVR__
03   #include <avr/power.h>
04 #endif
05
06 // 소프트웨어 시계 사용
07 #include <swRTC.h>
08 #include <LiquidCrystal.h>
09
10 swRTC rtc;
11 LiquidCrystal lcd(12, 11, 5, 4, 3, 2);
12
13 const int DELAY_INTERVAL = 1000 * 10;
14 const int LED_NUMBER = 30;
15 #define LIGHT_THRESHOLD 1000
16 #define STRIP_PIN 6
17 int prev_light = 0;
18
19
20 Adafruit_NeoPixel strip = Adafruit_NeoPixel(LED_NUMBER, STRIP_PIN, NEO_GRB +
   NEO_KHZ800);
21
22
23 void setup() {
24
25   #if defined (__AVR_ATtiny85__)
26     if (F_CPU == 16000000) clock_prescale_set(clock_div_1);
27   #endif
28
29   Serial.begin(9600);
30
31   rtc.stopRTC();
32   rtc.setTime(9,0,0);
33   rtc.setDate(7,14,2015);
34   rtc.startRTC();
35
36   strip.begin();
37   strip.show(); // LED의 모든 불을 끄고 초기화
38
39   lcd.begin(16, 2);
40
```

```
41    delay(2000);
42 }
43
44
45 void loop() {
46
47    byte h = rtc.getHours();
48    byte m = rtc.getMinutes();
49    byte s = rtc.getSeconds();
50    byte led_pos = m / 10;
51
52    // CDS 센서 값 읽기: 0~1023
53    int light_value = analogRead(A0);
54
55    int avg_light = (prev_light + light_value) / 2;
56    int mode = 0;
57
58
59    if (9 <= h && h < 17) {
60
61      if (avg_light < LIGHT_THRESHOLD) {
62
63        // 모든 짝수 시간인 경우(8, 10, 12, 14, 16시)
64        if ((h % 2) == 0) {
65
66          smartFarm(strip.Color(255, 0, 0), 5, led_pos);
67
68        }
69        // 모든 홀수 시간인 경우(9, 11, 13, 15, 17시)
70        else {
71          smartFarm(strip.Color(0, 0, 255), 5, led_pos);
72        }
73
74        mode = 1;
75      } else {
76        turnOff();
77
78        mode = 2;
79      }
80    }
81    // 모든 LED 끄기
82    else {
```

```
83      turnOff();
84
85      mode = 3;
86    }
87
88
89    lcd.setCursor(0, 0);
90    lcd.print("Date:");
91    lcd.print(h);
92    lcd.print("/");
93    lcd.print(m);
94    lcd.print("/");
95    lcd.print(s);
96
97    lcd.setCursor(0, 1);
98    lcd.print("L:");
99    lcd.print(light_value);
100
101    lcd.print(" M:");
102    if (mode == 1) {
103      lcd.print("Day-on");
104    } else if (mode == 2) {
105      lcd.print("Day-off");
106    } else if (mode == 3) {
107      lcd.print("Night-off");
108    } else {
109      lcd.print("None");
110    }
111
112    Serial.print("CDS: ");
113    Serial.print(light_value, DEC);
114    Serial.print(", AVG: ");
115    Serial.print(avg_light, DEC);
116    Serial.print(", led pos: ");
117    Serial.print(led_pos, DEC);
118    Serial.print(", ");
119    Serial.print(h);
120    Serial.print(":");
121    Serial.print(m);
122    Serial.print(":");
123    Serial.print(s);
124    Serial.println("");
```

```
125
126   prev_light = light_value;
127
128
129   delay(DELAY_INTERVAL);
130 }
131
132 void smartFarm(uint32_t c, uint8_t interval, uint8_t shift) {
133
134   // 모든 LED를 흰색으로 설정
135     for(uint16_t i=0; i<strip.numPixels(); i++) {
136         strip.setPixelColor(i, strip.Color(255, 255, 255));
137     }
138
139     strip.show();
140 }
141
142 // 모든 LED 불 끄기
143 void turnOff() {
144   for(uint16_t i=0; i<strip.numPixels(); i++) {
145     strip.setPixelColor(i, strip.Color(0,0,0));
146   }
147
148   strip.show();
149 }
150
```

각 행에 해당되는 소스 코드의 내용을 알아보겠습니다.

01~04행: Adafruid 라이브러리를 사용하기 위한 기본 설정입니다.

07행: swRTC 라이브러리를 사용하기 위해 헤더 파일을 소스 코드에 포함시킵니다.

08행: LCD를 사용하기 위해 헤더 파일을 소스 코드에 포함시킵니다.

10행: 시계로 사용할 swRTC 객체를 선언합니다.

11행: LCD 객체를 선언합니다. 이때 LCD 제어를 위해 사용되는 아두이노 입력 핀의 정보를 설정해 야 합니다. 만약 책의 내용과 다르게 설정한 경우 그에 맞도록 변경해야 합니다.

13행: 현재 상태를 조사하기 위한 시간 간격으로 10초로 설정돼 있습니다.

14행: 끈 형태 LED를 구성하는 LED의 개수입니다. 책에서는 LED 30개를 연결해 사용합니다. 만약 개수가 다를 경우 여기에서 설정을 바꿔줘야 합니다.

15행: 조도 기준값입니다. 현재는 1000으로 설정돼 있는데 만약 기준값보다 더 밝은 빛을 감지하면 LED 조명이 꺼지고 그 값보다 작은 값이어서 어두우면 LED 조명을 켜줍니다.

16행: 끈 형태 LED의 제어를 위해 사용하는 아두이노 출력 핀 정보입니다.

20행: 끈 형태 LED 제어를 위한 객체를 선언합니다. 이 객체를 통해 LED 조명을 끄거나 켜고, 색을 지정할 수 있습니다.

31~34행: 시계 객체의 초깃값을 지정하고 동작의 시작을 알려줍니다. 우리 프로그램에서는 시간을 조정하는 기능이 갖춰져 있지 않기 때문에 아두이노에 전원이 들어오는 시간이 시작 시간입니다. 그러므로 지정된 시간인 오전 9시에 전원을 입력하면 그때부터 아두이노와 실제 시간이 동기화돼 동작할 것입니다.

36~37행: 끈 형태 LED의 동작을 위해 초기화 명령을 전달합니다.

39행: LCD 동작을 위해 화면이 크기 정보를 전달합니다.

47~49행: 현재의 시간 정보를 구합니다.

53행: 조도 값을 읽어옵니다.

55행: 조도 값이 불규칙할 수 있어서 이전과의 평균값을 계산합니다.

59~80행: 오전 9시부터 5시 사이인 경우 수행되는 프로그램입니다.

61~74행: 낮 시간이며 조도 값이 기준보다 낮아서 LED 조명을 밝혀야 하는 경우 수행되는 프로그램입니다. 조명의 색이나 내용은 바뀔 수 있습니다. 책의 경우 홀수 시간대와 짝수 시간대를 나누어 빨간색과 파란색 조명을 위치를 바꿔가며 켜주는 예제입니다.

75~78행: 낮 시간이지만 조도 값이 기준보다 높아서 LED 조명을 꺼야 하는 경우 수행되는 프로그램입니다.

82~86행: 밤 시간이어서 LED 조명을 끄기 위해 수행되는 프로그램 내용입니다.

89~85행: LCD의 첫 번째 줄에 현재 시간을 표시해줍니다.

97~110행: LCD의 두 번째 줄에 조도 값과 수행 모드(낮에 조명 켜기/낮에 조명 끄기/밤에 조명 끄기)를 표시해줍니다.

132~140행: 끈 형태 LED 조명을 조건에 따라 값을 설정할 수 있도록 별도 함수로 구현한 것입니다.

143~149행: 끈 형태 LED 조명을 모두 끄기 위한 함수입니다.

15.3 정리

우리가 만든 채소 재배기는 시간과 조도 값을 기본으로 LED 조명을 켜야 할지, 꺼야 할지를 결정하는 간단한 방법으로 단순히 화분에 빛을 비춰주는 기능을 구현한 것입니다. 시중에서 판매되는 가정용 채소 재배기는 단순히 조명만 조정하는 것이 아니라 물이나 영양분을 공급하는 기능을 가지고 있는 제품도 있습니다. 하지만 기본은 부족한 빛을 대신해서 비춰주는 것입니다. 기본 기능 이외에 대기 온도나 습도 정보를 수집해 참고할 수도 있습니다.

채소 재배기가 아니더라도 우리가 배운 끈 형태의 LED는 다양한 재미있는 응용 작품들을 만들 수 있습니다. 끈 형태 LED를 제작해 판매하는 애드어프룻 홈페이지에 가서 다양한 응용 작품을 확인하고 재미있는 작품에 도전해보는 것도 좋을 것 같습니다.

다음 홈페이지를 참고해보세요.

https://learn.adafruit.com/category/leds

손가락 전자 드럼 제작

이 장에서는 아두이노를 이용해 악기를 만듭니다. 진동 센서를 이용해 손가락으로 연주할 수 있는 미니 전자 드럼을 만들어 보겠습니다.

아두이노로 기발한 아이디어의 악기를 만들어 보려고 합니다. 인터넷에 보면 터치 센서를 이용해서 만든 손가락 피아노를 이용해 연주하는 자료들을 많이 볼 수 있을 것입니다. 기본적인 원리는 어떠한 방법으로 아두이노에게 연주하기 위한 신호를 전달하고 그에 맞게 아두이노가 소리로 연주하게 하는 것입니다.

우리가 만들려고 하는 전자 드럼은 터치 센서가 아니라 진동 센서입니다. 피아노는 손가락으로 누르면서 연주하지만 드럼은 손가락으로 두드려야 하는 차이점이 있으니까요.

그림 16.1 손가락 전자드럼이 완성된 모습

【준비물】

실습에 필요한 준비물은 다음 표와 같습니다.

구성품	모습	개수	설명
아두이노 보드		1개	우노(Uno) 보드 사용
브레드 보드		1개	
USB 케이블			
피에조		1개	호환 모듈 사용
피에조 진동 감지 센서		2개	
플라스틱 컵		3개	커피숍에서 먹고 남은 일회용 커피 컵을 모아 두었다가 사용

16.1 하드웨어 구성

1단계: 피에조 진동 감지 센서를 플라스틱 컵에 부착하겠습니다. 플리스틱 컵을 뒤집어서 뚫린 부분이 바닥을 향하도록 놓습니다. 그리고 피에조 감지 센서의 피에조 부분을 컵의 바닥 중앙 부분에 위치시키고 스카치테이프로 고정시킵니다. 피에조를 컵의 안쪽에 부착시키지 않는 이유는 진동 센서가 직접 충격을 받아야 좀 더 잘 감지할 수 있기 때문입니다. 그림 16.2처럼 부착하면 됩니다.

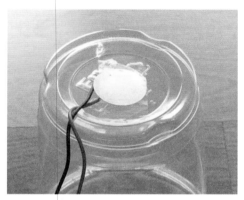

그림 16.2 컵에 피에조를 부착한 모습

2단계: 그다음은 나머지 2개의 컵에도 똑같이 피에조를 부착해 총 3개의 손가락 전자 드럼을 만듭니다.

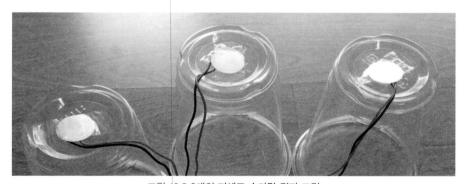

그림 16.3 3개의 피에조 손가락 전자 드럼

3단계: 전자 드럼을 아두이노에 연결할 차례입니다. 진동 센서는 총 3개의 연결 단자를 가지고 있습니다. 그림 16.4와 같이 3개의 단자를 가지고 있는 쪽이 아두이노에 연결하는 단자입니다. 아두이노와 연결하는 단자 중 첫 번째 단자는 5V 전원부와 연결하고 두 번째 단자는 접지(GND) 단자와 연결합니다. 마지막으로 오른쪽 끝의 단자는 데이터 전송용 단자로 아두이노의 아날로그 입력 핀에 연결할 것입니다.

그림 16.5를 참고해 3개의 피에조 진동 센서를 아두이노에 연결합니다. 각 아날로그 핀은 순서대로 A0, A1, A2 입력 핀입니다.

그림 16.4 피에조 진동 센서

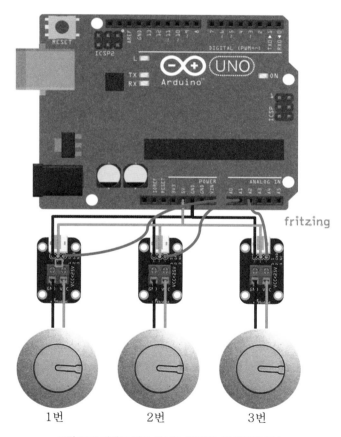

그림 16.5 피에조 진동 센서를 아두이노에 연결한 모습

4단계: 출력을 위한 피에조를 연결할 순서입니다. 드럼을 손가락으로 두들기면 피에조 스피커로 서로 다른 소리가 출력될 것입니다. 피에조에게 신호를 전달하기 위해 아두이노의 디지털 5번 핀을 피에조에 연결합니다. 다른 한쪽은 아두이노의 접지에 연결합니다.

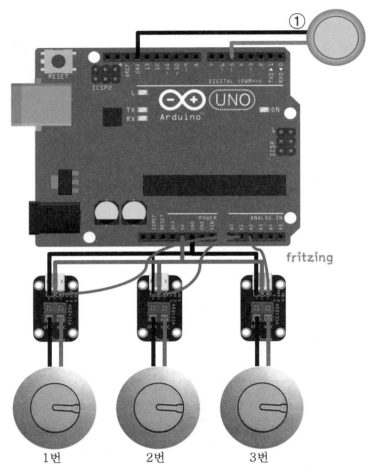

그림 16.6 피에조와 아두이노 접지에 연결

16.2 소프트웨어 작성

예제 16.1을 참고해 소프트웨어 프로그램을 작성합니다.

예제 16.1 손가락 전자 드럼

```
01 #define VIBRATION_INPUT1   A0
02 #define VIBRATION_INPUT2   A1
03 #define VIBRATION_INPUT3   A2
04
05 #define PIEZO_OUTPUT 5
06
07 int previsou_value1 = 0;
08 int previsou_value2 = 0;
09 int previsou_value3 = 0;
10 const int threshold = 20;
11
12 void setup() {
13   // 시리얼 통신 속도 설정
14   Serial.begin(9600);
15   pinMode(PIEZO_OUTPUT, OUTPUT);
16 }
17
18 void loop() {
19   // 반복되는 주요 코드 작성
20   int val1 = analogRead(VIBRATION_INPUT1);
21   int val2 = analogRead(VIBRATION_INPUT2);
22   int val3 = analogRead(VIBRATION_INPUT3);
23
24   bool hitted = false;
25   if (previsou_value1 + threshold < val1)
26   {
27     Serial.println("hit 1");
28     tone(PIEZO_OUTPUT, 261); // C
29     hitted = true;
30   }
31   if (previsou_value2 + threshold < val2)
32   {
33     Serial.println("hit 2");
34     tone(PIEZO_OUTPUT, 330); // e
35
36     hitted = true;
37   }
38   if (previsou_value3 + threshold < val3)
```

```
39   {
40     Serial.println("hit 3");
41     tone(PIEZO_OUTPUT, 392); // F
42
43     hitted = true;
44   }
45
46   if (hitted) {
47     delay(100);
48     noTone(PIEZO_OUTPUT);
49   }
50
51     previsou_value1 = val1;
52     previsou_value2 = val2;
53     previsou_value3 = val3;
54 }
```

각 행에 해당되는 소스 코드의 내용을 알아보겠습니다.

01~03행: 피에조 진동 센서에서 데이터를 수집할 아날로그 입력 핀을 정의합니다. 3개의 진동 센서를 연결할 것이므로 A0, A1, A2의 입력 핀을 정의합니다.

05행: 피에조 스피커를 통해 소리를 출력할 핀을 정의합니다. 5번 핀을 사용할 것입니다.

07~09행: 진동 센서에서 감지한 진동값을 저장할 변수입니다. 이전의 진동값과 현재의 진동값을 비교하기 위해 사용합니다.

10행: 진동 센서의 변화량 기준값입니다. 이전 값과 현재의 값을 비교할 때 기준값보다 더 크게 변동했을 때만 동작을 감지하기 위해 사용하는 기준값입니다.

15행: 피에조 스피커에 사용할 핀을 출력 모드로 설정합니다.

20~22행: 3개의 진동 센서값을 동시에 읽어옵니다.

25~30행: 첫 번째 진동 센서 값이 이전의 진동값과 비교해서 임계치를 넘어가는지 검사합니다.

28행: 첫 번째 진동 센서에서 진동을 감지했으면 스피커를 통해 C(도) 음을 출력합니다.

31~37행: 두 번째 진동 센서 값이 이전의 진동값과 비교해서 임계치를 넘어가는지 검사합니다.

34행: 두 번째 진동 센서에서 진동을 감지했으면 스피커를 통해 C(도) 음을 출력합니다.

38~44행: 세 번째 진동 센서 값이 이전의 진동값과 비교해서 임계치를 넘어가는지 검사합니다.

41행: 세 번째 진동 센서에서 진동을 감지했으면 스피커를 통해 C(도) 음을 출력합니다.

46~49행: 소리로 출력한 내용이 있는 경우에 소리 출력을 종료해줍니다. 출력을 종료하지 않으면 끝없이 소리가 지속됩니다.

16.3 정리

피에조 스피커를 이용하면 다양한 악기를 흉내내어 만들 수 있습니다. 악기는 보통 연주하는 사람의 신호와 그 신호에 맞는 소리 출력으로 구성됩니다. 진동 센서, 감지 센서, 근접 센서 등 사람의 신호를 감지할 수 있는 방법을 응용해 아두이노에게 신호를 전달하고 그 조건에 따라서 원하는 계이름이나 멜로디, 효과음 등으로 소리를 출력한 다음 거기에 조명으로 재미를 더하면 이전에는 보지 못했던 재미있는 나만의 악기를 만들 수 있을 것입니다.

또한 진동 센서를 신발이나 장갑, 운동 기구 등 충격 신호를 받을 수 있는 물체에 설치하면 또 다른 재미있는 작품을 만들 수 있을 것입니다.

계산기 제작

아두이노는 USB 케이블만으로 PC와 통신할 수 있습니다. 이 점을 이용해 간단한 계산기를 만들어 보겠습니다. 아두이노 보드와 USB 케이블, PC만 있으면 됩니다.

아두이노와 PC는 특별한 장치 없이 USB 케이블만으로 서로 통신할 수 있습니다. 아두이노를 개발하는 과정에서 PC에서 작성한 프로그램을 아두이노로 업로드할 때 이미 PC와 아두이노는 서로 통신하고 있었습니다. 아두이노 내부적으로 USB를 시리얼로 전환하는 기능을 탑재하고 있어서 가능했던 것입니다.

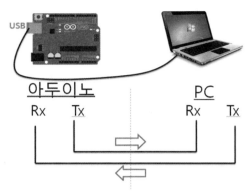

그림 17.1 아두이노와 PC 간 시리얼 통신 모습

아두이노는 시리얼 통신을 하기 위해서 디지털 0, 1번이 예약돼 있습니다(우노 보드 기준). 아두이노 우노 보드의 디지털 핀 0번과 1번에 각각 RX, TX라고 표시돼 있습니다. RX는 수신을, TX는 송신을 뜻합니다. PC에서 프로그램을 업로드하면 PC의 입장에선 송신Transmitter이 되고, 아두이노 입장에선 데이터를 받는 역할이니 수신Receiver이 됩니다. 아두이노에서 데이터를 보내는 경우에는 반대의 경우가 됩니다.

이번 프로젝트는 아두이노와 PC와의 통신이 전부입니다. 다른 하드웨어 장비는 필요가 없습니다. 이번 프로젝트를 통해 아두이노와 PC 사이에 어떻게 정보를 주고받을 수 있는지 배워보겠습니다.

그럼 프로그램의 개요부터 알아보겠습니다. 우리는 간단한 계산기를 만들려고 합니다. 사용자가 PC를 통해 숫자를 입력하고 계산식을 입력하면 그것에 대한 결과를 보여주는 아주 간단한 계산기입니다.

프로그램 사용 방법은 프로그램이 아두이노로 정상적으로 업로드된 후 아두이노 통합 개발 도구 시리얼 모니터에 숫자를 입력하면 결과를 보여주는 방식입니다. 예를 들면, 다음과 같이 입력했다고 합니다.

```
2+4-5+1=
```

아두이노 IDE 시리얼 모니터 창에는 다음과 같은 결과가 나타납니다(*주의: 시리얼 모니터 창의 오른쪽 하단에 있는 9600보드 레이트를 확인해야 합니다).

```
2+4-5+1=2
```

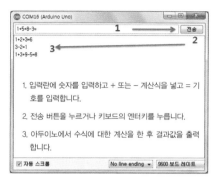

그림 17.2 실행 방법

17.1 하드웨어 구성

계산기를 만드는 데 필요한 하드웨어 구성부터 살펴보겠습니다.

【준비물】

실습에 필요한 준비물은 다음 표와 같습니다.

구성품	모습	개수	설명
아두이노 보드		1개	우노(Uno) 보드 사용
USB 케이블		1개	

아두이노와 PC와의 통신이 전부이므로 별도의 다른 하드웨어 장비는 필요가 없습니다. 통합 개발 도구에서 시리얼 모니터만 구동하면 됩니다.

17.2 소프트웨어 작성

계산기 예제를 만들어 보겠습니다. 다음 예제 17.1을 참고해 프로그래밍합니다.

예제 17.1 계산기 예제

```
01 /*
02 "="        ASCII 값이 61
03 "0-9"      ASCII 값이 48~47
04 "-"        ASCII 값이 45
05 "+"        ASCII 값이 43
06 */
07
08 byte inputByte; // 시리얼 통신에 사용할 버퍼
09 long calSum;      // 계산 결과 저장
10 int tmpNum;       // 임시 변수
11
12
13 void setup() {
14   Serial.begin(9600);
15 }
16
17 void loop() {
18
19   calSum = 0;
20   tmpNum = 0;
21
22   if (Serial.available() > 0) {
23    while(Serial.available() > 0){ // 시리얼 통신에서 수신된 데이터가 있는 동안 반복
24
25      inputByte = Serial.read(); // 시리얼 데이터 읽기
26
27      // 합을 출력
28      if (inputByte == 61) {
29
30        Serial.print('=');
31        delay(5);
32
33        Serial.println(calSum);
```

```
34        delay(5);
35      }
36
37    // 읽어온 값이 숫자인지 검사
38      if (inputByte >= 48 && inputByte <= 57) {
39        tmpNum = inputByte-48;
40        calSum = tmpNum;
41        Serial.print(tmpNum); delay(5);
42      }
43
44    // "-" 빼기 계산인 경우
45      if (inputByte == 45) {
46        inputByte = Serial.read( ); // 뒤에 값을 읽어옴
47        tmpNum = inputByte-48;      // 숫자인 경우 ASCII 문자를 숫자로 변환
48
49        Serial.print('-');
50        delay(5);
51
52        Serial.print(tmpNum);
53        delay(5);
54
55      calSum = calSum - tmpNum; // 빼기 계산
56      }
57
58    // "+" 더하기 계산인 경우
59      if (inputByte == 43) {
60        inputByte = Serial.read( ); // 뒤에 값을 읽어옴
61        tmpNum = inputByte-48;      // 숫자인 경우 ASCII 문자를 숫자로 변환
62
63        Serial.print('+');
64        delay(5);
65
66        Serial.print(tmpNum);
67        delay(5);
68
69        calSum = calSum + tmpNum; // 더하기 계산
70      }
71    } // while 반복문의 끝
72
73  }// if 조건문의 끝
74 }
```

각 행에 해당되는 소스 코드의 내용을 알아보겠습니다.

14행: 시리얼 통신 9600 속도로 하겠다고 선언합니다.

19~20행: calSum은 계산식의 총합을 저장하는 변수고, tmpNum은 시리얼 통신으로 입력받은 숫자를 잠시 저장해두는 변수입니다. 이 두 변수를 0으로 초기화합니다.

22~23행: 시리얼 통신이 가능한 상태에서 입력을 기다리는 상태가 됩니다.

25행: Serial.read()를 통해 사용자가 입력한 바이트 정보를 가져옵니다. 이때 중요한 것은 사용자가 숫자 1을 입력했지만 아두이노는 ASCII 코드 값을 읽게 됩니다.

28행: 만약 '입력된 값이 ASCII 값이 61이면'이라는 내용으로 실제로 사용자가 입력한 값은 등호(=) 기호입니다.

31행: 아주 작은 수치를 입력해서 지연을 발생시킵니다. 화면에 28행에 해당되는 내용이 출력될 수 있도록 시간을 지연시켜주는 것입니다.

38~41행: '입력된 값이 ASCII 값으로 48보다 크고, 57보다 작으면'이라는 뜻으로, ASCII 값의 48~57은 실제로는 0~9까지의 숫자 값을 의미합니다. 사용자는 시리얼 모니터 상에 숫자 0~9까지 입력하지만 아두이노는 ASCII 값 48~57 사이의 값으로 인식하게 됩니다.

45행: 만약 '입력된 값이 ASCII 값이 45이면'이라는 내용으로 실제로 사용자가 입력한 값은 뺄셈(-) 기호입니다.

47, 61행: ASCII 값의 48~57은 실제로는 0~9까지의 숫자 값을 의미하므로, 입력된 값에서 0에 해당되는 ASCII 값인 48을 빼게 되면 실제로 사용자가 입력한 숫자가 됩니다.

55행: 총합을 저장하는 변수 calSum에서 임시 값을 빼줍니다.

59행: 만약 '입력된 값이 ASCII 값이 43이면'이라는 내용으로 실제로 사용자가 입력한 값은 덧셈(+) 기호입니다.

69행: 총합을 저장하는 변수 calSum에서 임시 값을 더합니다.

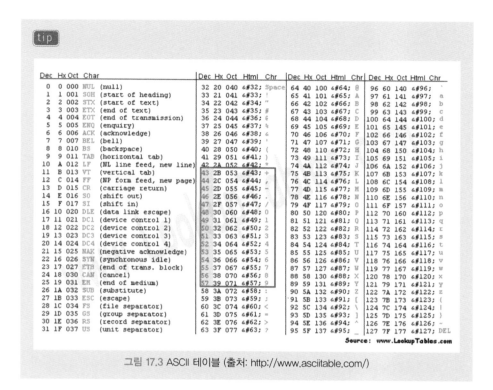

그림 17.3 ASCII 테이블 (출처: http://www.asciitable.com/)

17.3 정리

특별한 장치 없이 아두이노와 PC 간의 시리얼 통신으로 조그마한 계산기를 만들어 보았습니다. 간단한 프로그래밍이지만 여기서 시리얼 통신을 읽고 쓰고 연산까지 하는 방법을 배웠습니다. 이 프로그램을 개선하자면 곱셈과 나눗셈도 추가하면 더욱 기능이 많은 계산기가 될 것입니다. 이 계산 프로그램은 두 자리 이상의 숫자는 계산할 수 없습니다. 시리얼 모니터에서 입력될 때 한자리씩 처리하게끔 되어 있어서 그렇습니다. 두 자리 이상 처리할 수 있도록 하는 것은 여러분의 몫으로 남겨두겠습니다.

부록

부록에서는 아두이노 전문 쇼핑몰 안내, 라이브러리를 직접 추가하는 방법, 프로그래밍 기본 문법을 설명하며, 마이크로컨트롤러와 마이크로프로세서의 차이, 옴의 법칙, 기본적인 용어를 다룹니다.

A.1 참고 사이트

아두이노를 좀 더 공부하고 싶다면 다음 사이트를 참고합니다.

A.1.1 아두이노 관련 참고 사이트

- Sparkfun(http://www.sparkfun.com/)
- Adafruit(http://www.adafruit.com/)

A.1.2 아두이노 및 부품 구매를 위한 쇼핑몰

- 디바이스마트(http://www.devicemart.co.kr)
- 에듀이노(http://eduino.kr)
- 메카솔루션(http://www.mechasolution.com)
- 아트로봇(http://artrobot.co.kr)

A.2 라이브러리 추가 방법

라이브러리를 추가하는 방법은 크게 2가지가 있습니다. 첫 번째는 아두이노 IDE 버전이 1.6으로 올라가면서 추가된 기능으로 메뉴의 **스케치 > Include Library > Manage Libraries**를 이용하는 것입니다.

두 번째는 아두이노가 설치된 위치에 직접 설치하는 방법입니다. 이 경우는 라이브러리를 인터넷에서 다운로드하거나 사용자 라이브러리인 경우 직접 설치합니다.

자세한 사항은 다음을 참고합니다.

- 5.7. '온습도 센서' 참조
- 6.2. '8×8 도트 매트릭스를 이용한 하트 표시' 참조

A.3 프로그래밍 기본

A.3.1 프로그램 구성

아두이노 프로그램은 크게 void setup과 void loop( ) 함수로 구성돼 있습니다. setup( ) 함수는 아두이노 스케치가 실행될 때 최초 1회 실행됩니다. 이 함수에서 변수 초기화, 핀 설정, 시리얼 통신 등을 사용하기 시작합니다. 아두이노의 전원이 들어오거나 RESET 버튼을 누르면 이 함수가 실행되게 됩니다. loop( ) 함수는 용어 그대로 여기의 내용들이 반복되면서 실행됩니다. LED를 끄거나 켤 수도 있고, 계속적으로 들어오는 센서 정보를 처리할 수도 있습니다.

A.3.2 주요 함수

주요 함수를 하나씩 살펴보겠습니다.

pinMode( )

각 포트를 입력으로 사용할 것인지 출력으로 사용할 것인지를 정하는 명령입니다.

```
예) pinMode(3 , OUTPUT); // 출력 모드
    pinMode(4, INPUT);   // 입력 모드
```

digitalWrite( )/digitalRead( )

디지털 입출력 관련 명령으로, 단 pinMode( ) 명령이 미리 설정돼 있어야 합니다.

```
예) digitalWrite( 3, HIGH);      // 3번 포트에 HIGH(1)를 출력
    int tmp = digitalRead( 4 );  // 4번 포트에서 1 또는 0을 입력 받음
```

analogRead( )/analogWrite( )

아날로그 입출력 관련 명령으로, 우노 기준으로 아날로그 입력포트는 정해져 있으므로 pinMode( ) 설정은 불필요합니다. 출력은 PWM(~)의 모양이 있는 포트만 아날로그 출력이 가능합니다.

```
예) analogWriteRead( 3 );        // ~3번 포트에서 아날로그 값 출력
    int tmp = analogRead(A0);    // A0번 포트에서 아날로그 수치를 입력 받음
```

Serial.print( )/println( )

시리얼 모니터에 출력하는 것으로 print( )와 println( )의 차이점은 줄바꿈이 있는지 없는지의 차이입니다. print( ) 함수는 계속 한 줄에 이어서 출력을 하고 println( ) 함수는 출력 후 자동으로 줄바꿈을 해줍니다.

예) Serial.println("hello world!"); // 시리얼 모니터에 hello world! 출력

A.3.3 변수 타입

아두이노에서 가장 많이 사용되는 변수 타입을 위주로 정리했습니다. 더 자세한 내용은 www.arduino.cc/en/Reference/HomePage에서 Data Types를 참고하기 바랍니다.

▼ 대표적인 변수 타입

타입	크기(bits)	크기(bytes)	최소값	최대값
byte	8	1	−128	127
int	16	2	−32768	32767
long	32	4	−2147483648	2147483647

A.3.4 조건문

if ~ else 문

if 조건 함수는 수식의 결과에 따라 원하는 명령어를 수행하도록 제어하기 위해 사용합니다. 조건문의 수식 결과가 참(TRUE)이면 뒤에 이어지는 {} 그룹 내의 명령어를 수행하고 거짓(FALSE)이면 수행하지 않고 지나갑니다.

 else if 문은 필수는 아니고 필요한 경우에 추가해 사용할 수 있는데, 항상 if 문과 else 문 중간에 위치해야 합니다. else if 문의 개수는 상관없지만 if 문이나 else if 문은 위에서부터 순서대로 수행되다가 참(TRUE)인 조건문을 만나면 뒤의 조건문은 검사를 하지 않고 지나갑니다.

 else 문은 필수가 아니고 선택적으로 한 번만 사용할 수 있는데 항상 if 조건문 마지막에 위치합니다. else 조건문은 앞의 if나 else if 조건문을 검사했을 때 참(TRUE)이 없는

경우 무조건 실행하기 위해 사용됩니다.

```
01 if (조건문 A) {    // if 블록 시작
02     명령어 A
03 } else if (조건문 B) {
04     명령어 B
05 }
06 else {
07     명령어 C
08 } // if 블록 끝
```

만약 조건문을 만족한다면 명령어 A를 실행, 그렇지 않으면 명령어 B를 실행합니다.

for 문

```
for(초깃값 ; 조건문 ; 변화값) {명령어 블록}
```

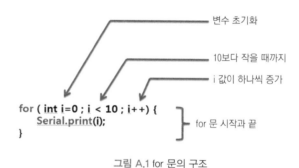

그림 A.1 for 문의 구조

for 문 안에 있는 시리얼 출력이 0번일 때부터 시작해서 10보다 작은 수 9일 때까지 진행되므로, 총 10번이 수행됩니다.

while 문

```
while (조건문) {명령어 블록}
```

조건문을 만족하는 동안 명령어 블록을 실행합니다.

```
while (i < 10) {
    Serial.print("i = ");
    Serial.println(i);
    i++;
}
```

위의 내용을 풀이하면, "i가 10보다 작은 경우를 만족하면 i를 하나씩 증가시키면서 계속 실행하라."라는 의미입니다.

A.4 마이크로컨트롤러와 마이크로프로세서 비교

마이크로컨트롤러는 마이크로프로세서의 일종으로 하나의 칩에 중앙처리장치 기능과 입출력 인터페이스, 일정 용량의 메모리를 내장한 장치입니다. 마이크로컨트롤러는 하나의 칩 안에 컴퓨터가 필요한 대부분의 기능을 포함하고 있어 단일칩 마이크로컴퓨터 또는 마이컴이라고 부릅니다.

마이크로프로세서가 운영체제를 통해 다수의 프로그램을 설치하고 실행시킬 수 있는 반면에 마이크로컨트롤러는 주로 제어 목적의 특정 작업을 위한 하나의 프로그램만을 설치하고 운영합니다.

마이크로프로세서는 집적도가 높아 처리 속도가 빠른 작업에 적합한 반면에 마이크로컨트롤러는 낮은 집적도를 가지며 설계가 간단해 가격이 저렴할 뿐만 아니라 제어 목적에 필요한 기능을 포함하고 있어 제어장치 설계 및 제작 과정이 단순합니다.

마이크로프로세서   마이크로컨트롤러

그림 A.2 마이크로프로세서와 마이크로컨트롤러 비교

A.5 옴의 법칙

옴의 법칙은 V = IR로 회로 이론에 기본이 되는 법칙입니다. V는 전압, I는 전류, R은 저항입니다. 전류는 전압에 비례하고, 저항에 반비례합니다. 전압은 저항에 반비례합니다. 간단하게 예를 들면, 1V = 1A×1Ω입니다. 1V는 1A와 1Ω을 사용한다는 의미입니다.

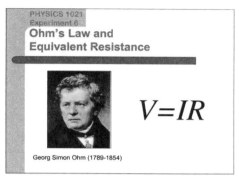

그림 A.3 옴의 법칙 (출처: http://www.fameimages.com/georg-ohm-law)

전압 1V 전류가 0.5라면 저항은 얼마일까요?

공식에 의거해서 1V = 0.5A×X이므로, 저항은 2Ω이 됩니다.

A.6 기본 용어 정리

A.6.1 전류

전류란 전기가 흘러간다는 뜻으로 '전하'라고 하는 알갱이가 물처럼 한쪽 방향에서 다른쪽 방향으로 이동하는 것입니다. 전기는 양극(+극)에서 음극(-극)으로 흘러가는데 물로 치자면 양극은 높은 곳이고 음극은 낮은 곳이라고 생각하면 됩니다.

다음 그림은 전류의 흐름과 전하의 흐름에 대해 설명합니다. 전류는 건전지의 양극에서 나와 음극으로 흘러갑니다. 그런데 전하의 흐름은 반대로 음극에서 양극으로 흘러갑니다. 이상하지요? 실제 전기를 처음 발견했을 때 사람들은 양전하(+)가 흐르는 방향을 전류의 방향으로 정했습니다. 그러나 이후에 실제로 움직이는 전하는 양전하(+)가 아니라 음전하(-)라는 것을 알았습니다. 이미 늦은 것이지요. 그래서 실제 양전하가 흐르지는 않지만 전류의 방향은 그대로 사용하고 있는 것입니다.

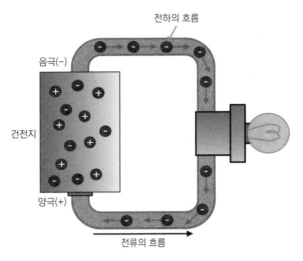

전하의 흐름

음극(-)

건전지

양극(+)

전류의 흐름

그림 A.3 전류의 흐름

전기는 강처럼 흘러갈 수 있는 길이 있어야 하는데 전기가 흐를 수 있는 선, 즉 도체를 통해 이동합니다. 전기가 흐르는 물질은 구리나 알루미늄, 철 등 여러 가지가 있습니다.

전하는 전기 에너지, 즉 힘을 가지고 있어서 전선을 통해 이동하다가 힘을 필요로 하는 곳을 만나면 열심히 운동을 합니다. 물이 물레방아를 만나서 돌리듯이 전기는 전구나, 모터, 스피커 등을 만나면 그냥 넘어가는 법이 없이 힘을 발휘합니다. 이렇듯 전기가 힘을 발휘하고 나면 조금씩 힘을 잃게 됩니다. 그러니 에너지를 필요로 하는 곳이 많거나 힘든 일이 필요하면 더 많은 전기를 제공해줘야 하는데 이러한 경우 건전지를 여러 개 연결하거나 220V 콘센트를 통해 아주 센 힘의 전기를 사용하게 되는 것입니다.

A.6.2 전기 회로도

전기가 흐르는 길을 간략하게 기호들로 나타낸 그림을 전기 회로도라고 합니다. 사람이 다니는 길을 나타낸 그림을 지도라고 부르는 것과 같습니다. 사람들이 아침에 집을 나서면 저녁에 돌아오듯이 전기도 집을 나서면 꼭 다시 집으로 돌아옵니다. 그래서 한 바퀴 쭉 돌아서 온다는 의미에서 돌아올 회(回), 길 로(路), 그림 도(圖) 자를 써서 회로도라고 부릅니다.

회로도는 간단한 부품으로 작성하는 것이기 때문에 다른 사람들도 이해할 수 있도록 약속된 기호를 사용해야 합니다. 나만 알아볼 수 있는 기호는 암호처럼 다른 사람이 이해할 수 없을 것입니다.

다음 그림은 일반적으로 사용되는 회로도 기호들을 나타내고 있습니다.

그림 A.4 회로도 기호 (출처: 위키피디아)

A.6.3 발광 다이오드

발광Light 다이오드Emitting는 빛을 내는 다이오드Diode라는 뜻입니다. 영어를 줄여서 LEDLight Emitting Diode라고 부르지요. LED는 다음 그림과 같이 위에는 둥근 원통 안에 빛을 내는 발광 반도체 소자가 들어 있고 밑에는 두 개의 긴 다리를 가지고 있습니다. 두 개의 다리 중에서 긴 다리는 양극(+), 짧은 다리는 음극(-)에 연결해야 합니다.

음극(-)

양극(+)

그림 A.5 발광 다이오드

LED는 백열 전구에 비해 수명이 매우 깁니다. 전기도 적게 소모하고 색깔도 여러 가지로 바꿀 수 있어서 미래의 백열등을 대체할 친환경 조명으로 각광을 받고 있습니다.

A.6.4 전동기

전동기는 흔히들 모터라고도 부릅니다. 전동기는 돌돌 말려 있는 코일과 그것을 감싼 자석으로 구성돼 있습니다. 전기가 에나멜로 구성돼 있는 코일에 공급되면 코일 주위에 자기장이 생깁니다. 이 자기장은 자석과 서로 밀고 당기는 힘이 생겨서 이 힘을 이용해 코일이 감긴 회전체가 회전을 하게 됩니다.

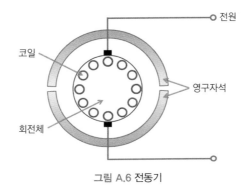

그림 A.6 전동기

A.7 스크래치를 이용해 아두이노 제어하기

스크래치는 개발 언어를 모르는 어린 학생들도 블록을 조립하듯이 프로그래밍해 볼 수 있는 개발 도구입니다. C 언어 같은 프로그래밍 언어를 이용해 직접 개발하는 것이 일반적이지만 어린 학생들은 영어로 작성된 언어를 문법에 맞게 개발할 때 어려움을 겪을 수 있습니다. 따라서 어린 학생들도 게임을 하듯이 쉽게 개발을 체험할 수 있도록 MIT 대학에서 개발한 프로그래밍 환경입니다. 스크래치를 이용하면 어린 학생들도 간단하고 재밌는 게임을 구현할 수 있습니다.

　스크래치 도구를 이용해 아두이노를 제어하는 방법은 몇 가지가 존재합니다. 스크래치 X_{ScratchX}라고 하는 스크래치를 수정한 도구와 브라우저 플러그인을 이용해 아두이노와 통신하는 방법이 있고, S4A_{Scratch for Arduino}라고 하는 스크래치 설치 프로그램을 이용해 아두이노 프로그램을 개발하는 방법이 있습니다.

　스크래치X를 이용하려면 온라인 도구인 스크래치X 이용에 필요한 브라우저에 해당하는 플러그인을 설치해야 스크래치가 아두이노와 통신을 할 수 있습니다. 하지만 이 방법은 브라우저와 운영체제의 특성에 영향을 받기 때문에 경우에 따라 사용에 어려움을 겪기도 합니다. 따라서 이 책에서는 별도의 개발 도구를 설치해 사용하는 S4A로 개발 방법을 설명하겠습니다.

그림 A.7 스크래치와 아두이노 (출처: https://scratchx.org)

A.7.1 스크래치 도구인 S4A 설치하기

S4A를 설치하는 과정은 그림 A.8과 같습니다.

그림 A.8 S4A 설치 단계

■ 먼저 아두이노 프로그램인 S4A를 설치하기 위해 홈페이지(http://s4a.cat)로 이동합니다.
홈페이지에는 S4A에 대한 설명과 사용 방법, 간단한 예제를 제공하고 있습니다.

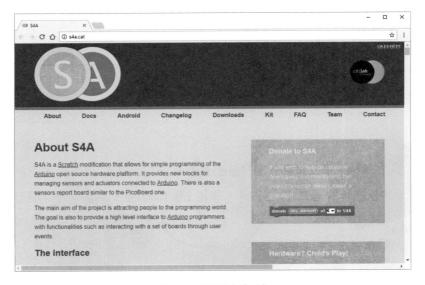

그림 A.9 스크래치와 아두이노

홈페이지의 메뉴에서 Downloads를 클릭해 이동합니다. 그림 A.10과 같이 운영체제별로
설치할 수 있는 링크를 제공합니다. 우리는 윈도우 운영체제에서 개발하므로 Windows를
클릭해 설치 파일을 다운로드합니다.

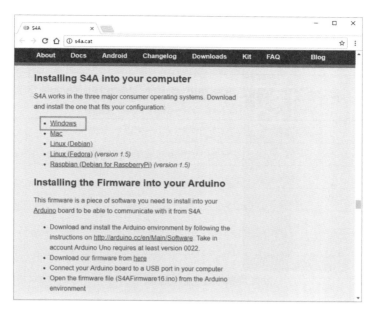

그림 A.10 스크래치와 아두이노

다운로드한 zip 파일의 압축을 해제하면 그림 A.11과 같이 S4A16.exe라는 설치 파일이 보입니다.

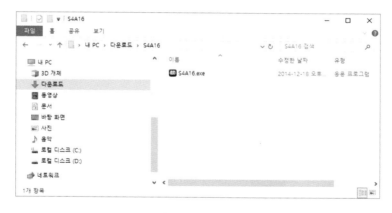

그림 A.11 S4A 설치 파일

이제 S4A16.exe 파일을 더블 클릭해 설치를 시작합니다.

그림 A.12에서 **다음(Next)** 버튼을 클릭합니다.

그림 A.12 설치 시작 화면

설치가 성공적으로 완료되면 그림 A.13과 같은 창이 보입니다. Launch S4A의 체크를 해제하고 Finish 버튼을 클릭하면 설치가 완료됩니다.

그림 A.13 설치 완료

다음은 펌웨어를 아두이노에 설치할 단계입니다. 펌웨어 역시 S4A.cat 홈페이지에서 다운로드하면 됩니다. Downloads의 Installing the Firmware into your Arduino로 이동합니다. 두 번째 문구(Download our firmware from here)의 here에서 오른쪽 마우스를 눌러 다른 이름으로 **링크 저장(k)**을 클릭해 파일을 다운로드합니다.

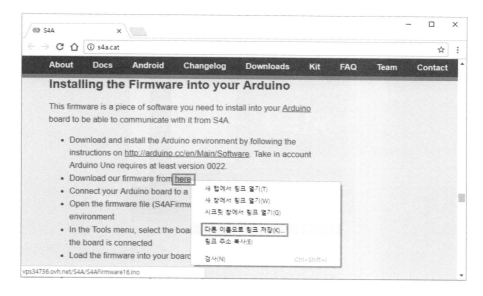

그림 A.14 펌웨어 파일 다운로드

다운로드한 파일은 그림 A.15와 같이 S4AFirmware16.ino 파일입니다.

그림 A.15 설치 파일 다운로드

펌웨어를 설치하기 위해 먼저 아두이노를 컴퓨터와 USB 케이블로 연결합니다. 그다음 그림 A.16과 같이 **파일 ➤ 열기**를 클릭해 다운로드한 펌웨어 파일을 선택합니다.

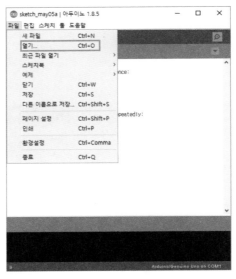

그림 A.16 아두이노 스크래치 파일 열기

그림 A.17과 같이 S4AFirmware16.ino 파일이 있는 곳으로 이동해 **열기**를 클릭합니다.

그림 A.17 펌웨어 파일 열기

파일 열기를 클릭하면 그림 A.18과 같이 파일을 기본 폴더로 이동하겠냐는 메시지가 뜹니다. **확인**을 클릭합니다.

그림 A.18 펌웨어 파일 복사 확인

그러면 그림 A.19와 같이 아두이노에 업로드할 펌웨어 스크립트가 보입니다. 이 코드는 아두이노와 S4A 스크래치를 이어주는 역할을 합니다.

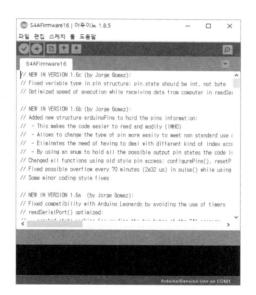

그림 A.19 S4AFirmware16 파일

이제 툴 바에서 업로드 버튼을 클릭해 아두이노에 펌웨어 파일을 전송합니다. 업로드에 성공하면 그림 A.20과 같이 출력 창에 업로드 완료 메시지가 표시됩니다.

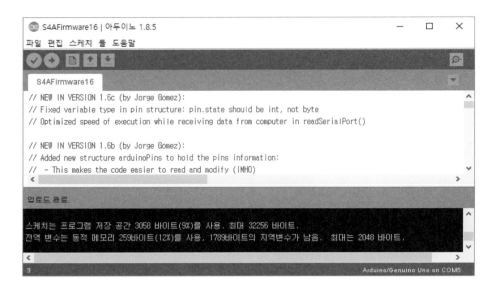

그림 A.20 펌웨어 업로드 완료

A.7.2 첫 번째 스크래치 프로그램 실행하기

이제 테스트 코드를 실행해보겠습니다. 간단히 실행하기 위해 아래 주소로 이동해 led_blink.sb 파일을 다운로드합니다.

- https://github.com/Charlesma/arducamp2/tree/master/소스 코드/스크래치

이제 다운로드한 파일을 S4A 프로그램에서 열어보겠습니다. 그림 A.21와 같이 메뉴에서 **파일 ➤ 열기**를 클릭합니다.

그림 A.21 S4A에서 파일 열기

파일 열기 창에서 다운로드한 led_blink 파일을 선택하고 **확인** 버튼을 클릭합니다.

그림 A.22 파일 열기

파일이 열리면 그림 A.23과 같이 가운데에 스크립트가 보이고 우측에 아두이노의 모습이 보입니다. 아두이노가 정상적으로 연결됐다면 아두이노가 보이는 화면 좌측 상단에 연결된 포트 정보가 보입니다(그림 A.23에서는 COM5에 연결됐습니다). 그리고 Analog0~Analog5번의 정보가 수신되면서 값이 계속 바뀌는 것이 보입니다.

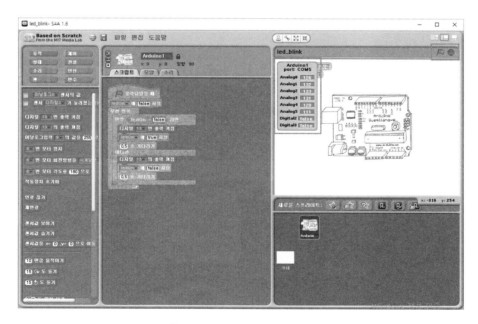

그림 A.23 led_blink 프로젝트가 열린 모습

이제 실행해보겠습니다. 우측 상단의 **깃발**( ) 버튼을 클릭합니다. 정상적으로 동작되면 그림 A.24의 빨간 박스와 같이 아두이노 보드에 있는 기본 13번 led가 0.5초에 한 번씩 꺼졌다, 켜졌다하면 성공한 것입니다.

그림 A.24 led_blink 출력 결과

만일 프로그램을 종료하고 싶으면 S4A 프로그램 우측 상단에 있는 **모두 멈춤**( ) 버튼을 클릭하면 됩니다.

이외에도 그림 A.25와 같이 http://s4a.cat 홈페이지에서 추가적인 예제들도 제공하고 있으므로 스크립트 파일을 다운로드받고 회로 구성 그림을 참고해 구현해보기 바랍니다.

A.7.3 입출력 제어 블록 알아보기

S4A 스크래치에서 아두이노를 이용해 개발할 때 사용할 수 있는 블록에 대해 알아보겠습니다.

먼저 센서의 아날로그 출력 값을 이용하려면 아래의 블록을 사용하면 됩니다.

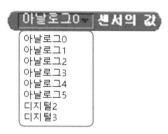

다음은 푸쉬 버튼을 통해 눌렸는지 확인할 때 사용할 수 있는 블록입니다.

다음은 디지털 출력을 켤(On) 때 사용하는 블록입니다. 지정한 핀의 디지털 출력을 계속 송출go LED와 같은 센서를 켜 둘 때 사용할 수 있습니다.

```
디지털 13▼ 번 출력 켜짐
        10
        11
        12
        13
```

다음은 디지털 출력을 끌(Off) 때 사용하는 블록입니다. 지정한 핀에 출력을 멈춰 LED와 같은 센서를 끌 수 있습니다.

```
디지털 13▼ 의 출력 꺼짐
        10
        11
        12
        13
```

다음은 모터를 제어할 때 사용하는 블록입니다. 지정한 핀에 연결된 모터를 정지할 때 사용합니다.

다음은 모터를 회전시킬 때 사용하는 블록입니다. 지정된 핀에 연결된 모터를 시계 방향 혹은 반 시계 방향으로 회전하도록 명령합니다.

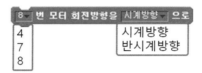

다음은 지정된 핀에 연결된 서브 모터를 입력한 각도로 회전시키는 데 사용합니다. 회전시키는 각도는 직접 지정해 변경할 수 있습니다.

지금까지 S4A를 이용해 아두이노를 제어하기 위한 개발 환경 구성과 아두이노를 이용할 때 사용할 수 있는 대표적인 블록에 대해 알아봤습니다. 이 책에서 스크래치 프로그램의 내용을 자세히 설명하지는 않습니다. 블록을 조립하듯이 프로그래밍하는 스크래치의 장점을 살려서 아두이노와 멋진 응용 작품을 만드시길 바랍니다.

찾아보기

에이콘출판의 기틀을 마련하신 故 정완재 선생님 (1935-2004)

아빠와 함께
과학 영재를 만드는 아두이노 교실 2/e

발   행 | 2018년 9월 28일

지은이 | 최 재 철 · 마 창 수

펴낸이 | 권 성 준
편집장 | 황 영 주
편   집 | 배 혜 진
         이 지 은
         조 유 나
디자인 | 박 주 란

에이콘출판주식회사
서울특별시 양천구 국회대로 287 (목동)
전화 02-2653-7600, 팩스 02-2653-0433
www.acornpub.co.kr / editor@acornpub.co.kr

한국어판 © 에이콘출판주식회사, 2018, Printed in Korea.
ISBN 979-11-6175-206-8
ISBN 978-89-6077-091-1 (세트)
http://www.acornpub.co.kr/book/arduino-2e

이 도서의 국립중앙도서관 출판시도서목록(CIP)은 서지정보유통지원시스템 홈페이지(http://seoji.nl.go.kr)와
국가자료공동목록시스템(http://www.nl.go.kr/kolisnet)에서 이용하실 수 있습니다.(CIP제어번호: CIP2018030033)

책값은 뒤표지에 있습니다.